北京新农村建设研究基地
首都农产品安全产业技术研究院　　　　资助
北京市属高等学校人才强教深化计划

新农村经济社会管理手册丛书

农村常用法律知识速查手册

佟占军　编著

金盾出版社

内 容 提 要

本书是“新农村经济社会管理手册丛书”中的一个分册。主要内容包括：法律基本常识、村民自治、农村行政管理、农村治安管理与农村犯罪、农村土地、农业生产经营、农村常用合同及担保、农村侵权责任、婚姻家庭与财产继承、农村纠纷解决等。本书的主要特点是：涵盖了所有农村常用法律，查询面宽、信息量大；以解读法律条文为基本内容，权威、可靠；穿插了大量的农村实例、案例和相关文书范本，易懂、实用；以目录与索引互补查找，方便、快捷。适合各级农业部门、农村基层干部和农民使用，也可供相关院校师生阅读参考。

图书在版编目(CIP)数据

农村常用法律知识速查手册/佟占军编著.—北京：金盾出版社，2014.1(2017.1重印)
(新农村经济社会管理手册丛书)
ISBN 978-7-5082-8840-6

Ⅰ.①农… Ⅱ.①佟… Ⅲ.①法律—中国—手册 Ⅳ.①D920.5-62

中国版本图书馆CIP数据核字(2013)第222746号

金盾出版社出版、总发行
北京太平路5号(地铁万寿路站往南)
邮政编码:100036 电话:68214039 83219215
传真:68276683 网址:www.jdcbs.cn
封面印刷:北京精美彩色印刷有限公司
正文印刷:北京万博诚印刷有限公司
装订:北京万博诚印刷有限公司
各地新华书店经销

开本:850×1168 1/32 印张:11.5 字数:265千字
2017年1月第1版第3次印刷
印数:10 001～15 000册 定价:25.00元

序

党的十六大以来，党中央、国务院出台了一系列强农惠农富农政策，对农民收入水平的提高、农业生产的发展、农村社会的稳定都起到了十分重要的作用。近日，收到北京农学院和金盾出版社共同策划出版的《新农村经济社会管理手册丛书》的相关稿件，并邀我作序。我连日翻阅，深受启发。这套丛书对党的有关强农惠农富农政策进行了系统梳理，对宣传党的农村政策有十分重要的作用。我乐意为之作序。

众所周知，经济发展和社会管理事关国家建设全局。农业是第一产业，农民是最大群体，农村是最基层社区，因此，加快农村经济发展与加强农村社会管理，是我国构建和谐社会，确保国家繁荣发展和长治久安的基础性工程。尤其是，当前我国正处在由农业社会向工业社会、由传统社会向现代社会加快转型的关键时期，农业生产经营方式、农村经济社会结构、农民思想观念等各个方面都在发生着深刻的变化。党中央、国务院审时度势，针对农村经济社会中出现的新情况、新问题，先后出台了一系列加强农村经济社会管理的方针、政策，如何把这些方针、政策尽快地传播到农村基层，转化为广大农民热爱新农村、建设新农村的强大动力，推动我国农村经济的繁荣和社会的发展，是我们面临的一个十分紧迫的重大任务。

北京农学院和金盾出版社以其职业使命感的敏捷思维，策划出版的这套《新农村经济社会管理手册丛书》，正是为宣传贯彻党中央、国务院关于近年来出台的一系列“三农”工作方针政策而组织编写的。它以构建和创立现代农村经济社会管理体系为主线，以党和国家的规范性文件为依据，以回答当前“三农”工作中遇到的一些难点、热点问题为重点，以系列手册性工具书为载体，涵盖了农村土地流转、农民专业合作社、农业补贴政策、农村常用法律法规、农村社会保障、农产品营销、农民进城务工、新农村村干部等方面的内容。参加本套丛书编写的都是长期从事农村社会管理研究、具有相应专业特长和实践经验的专家和学者，每个分册都以相关政策法规、重点难点解读、实施办法和典型案例分析为基本内容，具有很强的科学性、查询性和指导性。工欲善其事，必先利其器。相信这套丛书的出版，必将成为各级农业部门特别是广大农村基层管理者实施农村社会管理的好参谋，必将成为广大农民朋友创业增收的好帮手。

我认为，现代农村经济社会管理是一个重大而长远的课题，随着我国经济社会的不断发展，我们在这方面还会遇到一些新情况、新问题，这就要求我们从事农村经济社会管理研究的专家和学者，在不断研究相关方针政策的同时，也要像北京农学院的同志那样，拿出一定时间和精力，同步开展一些推广普及性研究，以推动这些方针政策真正落实到农村基层，为新农村建设做出一个专家学者应有的贡献。

农业部农村经济研究中心主任 宋洪远

前言

党的十六届五中全会提出,推进社会主义新农村建设是现代化进程中的重大历史任务,是党领导亿万农民共同进行的一项伟大事业,是经济社会发展进入新阶段的客观要求,是全面建设小康社会、构建社会主义和谐社会的迫切需要,是巩固党的执政基础的重要举措。

农村法治建设是社会主义新农村建设的有效保障,也是依法治国方略的重要组成部分。农村法治建设一方面要求有关组织和个人增强权利意识,在权利受到侵害时通过法律途径维护自己的合法权利;另一方面也要求有关组织和个人遵守法律的规定,履行法律规定的义务,不得从事法律所禁止的行为。

本书是为了方便广大读者学习和应用法律而编写的,具有以下几个特点:

第一,本书融合了教材型、问答型、案例型法律图书的风格。全书不但有基本法律术语和条文的阐述,还包括行文中的举例说明、解释重点法律规定的简短案例和法院判决的真实案例。本书以问答的方式在文后编排了索引,以方便读者查找相关知识点。

第二,本书写作贴近农村经济社会生活。本书选取了与农村经济社会生活密切相关的法律加以阐述。文中的举例说明都以农村经济社会生活为背景,简短案例和真实案例均发生在农村或者行为主体是村民。

第三，本书以方便读者使用为目的来安排内容和结构。本书以实用为出发点，避免了抽象的理论说教，舍弃了与农村日常活动联系较少的法律条文。本书采用通俗易懂的语言阐释严谨的法律条文，并辅以案例加以说明。本书还列举了重要的文书范本供读者参考。

感谢金盾出版社对编写出版此书的指导和帮助。感谢北京新农村建设研究基地、首都农产品安全产业技术研究院、北京市属高等学校人才强教深化计划对本书写作提供的资助。本书在写作过程中参考了北大法律信息网的真实案例和一些文书范本以及相关文献资料，在此向有关单位和个人表示感谢！

由于作者水平所限，书中难免有疏漏和错误之处，敬请读者批评指正！

佟占军

目 录

第一章 法律基本常识

法律在维护农村社会秩序、管理农村社会经济活动和维护农民合法权益方面具有不可替代的作用。法律是由国家制定或认可，由国家强制力保障实施的行为规范。法律不但有不同的表现形式，也可以划分为不同的法律部门。本章将介绍法律的含义、法律的表现形式和法律部门，以便为理解其他章节的内容奠定基础。

一、法律的含义

简单地说，法律是由国家制定的，由国家强制力保障实施的行为规范。我们可以从以下三个方面来理解法律。

第一，法律是一种行为规范。人与人之间的交往离不开行为规范的指引和约束，伦理道德、单位纪律、宗教教规都是行为规范。法律也是一种行为规范，是人们应当遵守的行为准则。法律指引人们安排自己的行为，协调相互关系，保障形成和谐稳定的社会秩序。

第二，法律由国家制定。法律与其他社会规范最显著的区别就在于它是由国家制定的。国家制定法律的过程又称为立法，是指享有立法职权的国家机关按照一定的程序，制定并公布具有普遍约束力的规则。例如，全国人民代表大会制定《中华人民共和国农业法》，国务院制定《中华人民共和国基本农田保护条例》。

第三，法律以国家强制力作保障。法律不仅代表国家意志，而且通过国家强制力保障它能够被人们所遵守。如果有人违反法律，将会受到来自国家强制力的制裁，如给予行政处罚或者判处徒刑。是否具有国家强制力是判断一种社会规范是不是法律的重要标志。

二、法律的表现形式

人们通常所说的法律只是一个笼统的称呼，法律有很多表现形式，有更为具体的名称。根据法律不同的效力层级，可以分为以下六种形式。

（一）宪　法

《中华人民共和国宪法》由全国人民代表大会制定和修改，是国家的根本大法，具有最高的法律效力。其他法律规范的制定都必须以它为依据，必须与它保持一致，如果与它发生冲突则是无效的。例如，《中华人民共和国宪法》中关于农村土地所有权的规定，关于农村集体经济组织实行家庭承包经营为基础、统分结合的双层经营体制的规定，是《中华人民共和国农业法》、《中华人民共和国农村土地承包法》等其他法律的依据。

（二）狭义法律

与人们笼统称呼的法律不同，狭义的法律是由全国人民代表大会及其常务委员会制定和修改，由国家主席签署主席令予以公布的规范。狭义上的法律一般以“中华人民共和国××法”命名。例如，《中华人民共和国农业法》、《中华人民共和国农民专业合作社法》等。狭义的法律依据宪法制定，是宪法的原则规定在各方面的具体展开，在效力上仅次于宪法。其中刑事、民事、国家机构等方面的法律为基本法律，由全国人民代表大会制定和修改，如《中华人民共和国刑法》。在全国人民代表大会闭会期间，全国人大常委会可以部分补充和修改基本法律，但是不得同该法律的基本原则相抵触。基本法律以外的其他法律由全国人民代表大会常务委员会制定和修改,如《中华人民共和国农业法》。

(三)行政法规

行政法规由国务院制定和修改,由国务院总理签署国务院令予以公布。行政法规一般以“中华人民共和国××条例”等命名。例如,《中华人民共和国农民专业合作社登记管理条例》、《中华人民共和国植物新品种保护条例》等。

(四)地方性法规

地方性法规由具有立法权的地方人民代表大会及其常务委员会制定和修改。地方性法规包括两种,第一种是省、自治区、直辖市人民代表大会及其常务委员会制定的法规,如《北京市村民委员会选举办法》。第二种是较大的市人民代表大会及其常务委员会制定的法规,但是还需要报省级人大常委会批准。“较大的市”是指省会、自治区首府所在地的市、经济特区所在地的市和经国务院批准的较大的市。例如,沈阳市是辽宁省的首府,深圳是经济特区所在的市,青岛市是经国务院批准的较大的市。

(五)自治条例、单行条例

自治条例和单行条例由民族自治地方的人民代表大会制定。其中,自治区的自治条例和单行条例,报全国人民代表大会常务委员会批准后生效。自治州、自治县的自治条例和单行条例,报省、自治区、直辖市的人民代表大会常务委员会批准后生效。

自治条例和单行条例可以依照当地民族的特点,对法律和行政法规的规定作出变通规定。但是自治条例和单行条例不得违背法律或者行政法规的基本原则,不得对宪法和民族区域自治法的规定以及其他有关法律、行政法规专门就民族自治地方所作的规定作出变通规定。例如，我国一些少数民族地区可以通过单行条例对结婚年龄进行与《婚姻法》不同的变通规定，但是变通规定不能允许一夫多妻，因为一夫一妻是《婚姻法》的基本原则。

（六）规　章

规章包括部门规章和地方政府规章。部门规章是由国务院各部、委员会、中国人民银行、审计署和具有行政管理职能的直属机构制定的规范性文件，如农业部颁布的《农村土地承包经营权流转管理办法》。地方政府规章是由省、自治区、直辖市政府和较大的市政府制定的规范性文件，如《北京市新型农村社会养老保险试行办法》。

效力层级低的法律文件其规定的内容不得与效力层级高的法律文件相冲突。

三、法律部门

虽然我国的法律很多，但是它们具有较为清晰的内在结构体系，可以划分为不同的法律部门。根据全国人大常委会法工委对法律体系的划分，可以将各种法律文本按照所属的部门进行汇编分类，以便于国家机关、企事业单位、公民进行查询。我国的法律通常可以划分为以下七个法律部门。

（一）宪法相关法

宪法相关法涉及的是有关国家基本制度、公民基本权利和义务、国家机构组织与活动的基本原则等方面的法律规范。从法律的表现形式方面讲主要包括《宪法》、《全国人民代表大会和地方各级人民代表大会选举法》、《全国人民代表大会组织法》、《国务院组织法》、《村民委员会组织法》、《居民委员会组织法》、《民族区域自治法》、《国籍法》等。

(二)民法商法

民法是调整平等主体之间的财产关系和人身关系的法律。例如,《中华人民共和国民法通则》、《中华人民共和国物权法》、《中华人民共和国合同法》、《中华人民共和国婚姻法》、《中华人民共和国继承法》、《中华人民共和国收养法》。商法是规范平等主体之间以营利为目的的经营行为的法律。例如,《中华人民共和国公司法》、《中华人民共和国票据法》、《中华人民共和国保险法》等。

(三)行政法

行政法是规范政府行政行为的法律。行政是最日常的国家管理活动,对人们的生活影响最为直接,为了避免行政机关和公务员滥用职权,行政行为必须纳入法治轨道,规范行政管理的法律就是行政法。例如,《行政许可法》、《行政处罚法》等。

(四)经济法

经济法是规范政府对经济的管理活动的法律。经济法包括《中华人民共和国产品质量法》、《中华人民共和国消费者权益保护法》、《中华人民共和国反不正当竞争法》、《中华人民共和国反垄断法》等。

(五)社会法

社会法主要包括劳动法和社会保障法。劳动法是调整劳动关系的法律规范,如《中华人民共和国劳动法》、《中华人民共和国劳动合同法》等。社会保障法是调整社会保障关系的法律规范,如《中华人民共和国社会保险法》。劳动权和社会保障权是《中华人民共和国宪法》所规定的一项基本权利,对人的生存和发展至关重要，需要通过专门的法律进行详尽保护。

（六）刑 法

刑法是专门规定犯罪和刑罚的法律。犯罪是一种严重的危害社会行为，需要通过国家的力量给予严厉的处罚，也就是刑罚，如有期徒刑、无期徒刑、乃至死刑。由于这些刑罚涉及人的重大利益，为了避免被滥用，需要由法律进行明确规定。刑法主要包括《中华人民共和国刑法》以及刑法的修正案。

（七）诉讼与非诉讼程序法

这是有关诉讼程序和其他非诉讼程序的法律。例如，《中华人民共和国民事诉讼法》、《中华人民共和国行政诉讼法》。此外，其他非诉讼纠纷解决机制也需要法律进行规范，如《中华人民共和国人民调解法》、《中华人民共和国仲裁法》等。

第二章　村民自治

村民自治是指农民按照农村居住区域组织起来，通过民主选举村民委员会，对本村事务进行民主决策、民主管理和民主监督的制度。《中华人民共和国村民委员会组织法》（以下简称《村民委员会组织法》）规定了村民自治制度。

一、村民委员会

（一）村民委员会的含义

根据《村民委员会组织法》第 2 条的规定，村民委员会是村民自我管理、自我教育、自我服务的基层群众性自治组织，依法实行民主选举、民主决策、民主管理和民主监督。村民委员会办理本村的公共事务和公益事业，调解民间纠纷，协助维护社会治安，向人民政府反映村民的意见、要求，提出建议。

根据《村民委员会组织法》第 3 条的规定，村民委员会根据村民居住状况、人口多少，按照便于群众自治，有利于经济发展和社会管理的原则设立。村民委员会的设立、撤销、范围调整，由乡、民族乡、镇的人民政府提出，经村民会议讨论同意，报县级人民政府批准。

村民委员会不是国家机关，是农村实施基层直接民主的组织形式。根据《村民委员会组织法》第 5 条的规定，乡、民族乡、镇的人民政府对村民委员会的工作给予指导、支持和帮助，但是不得干预依法属于村民自治范围内的事项。同时，村民委员会协助乡、民族乡、镇的人民政府开展工作。

（二）村民委员会的组成和职责

1. 村民委员会的组成 根据《村民委员会组织法》第6条的规定，村民委员会由主任、副主任和委员共3～7人组成。村民委员会成员中，应当有妇女成员，多民族村民居住的村应当有人数较少的民族的成员。同时，对村民委员会成员根据工作情况，给予适当补贴。

根据《村民委员会组织法》第7条的规定，村民委员会根据需要设人民调解、治安保卫、公共卫生与计划生育等委员会。村民委员会成员可以兼任下属委员会的成员。人口少的村的村民委员会可以不设下属委员会，由村民委员会成员分工负责人民调解、治安保卫、公共卫生与计划生育等工作。

2. 村民委员会的职责 根据《村民委员会组织法》的规定，村民委员会具有如下职责：

（1）组织生产的职责 根据《村民委员会组织法》第8条的规定，村民委员会应当支持和组织村民依法发展各种形式的合作经济和其他经济，承担本村生产的服务和协调工作，促进农村生产建设和经济发展。

村民委员会依照法律规定，管理本村属于村民集体所有的土地和其他财产，引导村民合理利用自然资源，保护和改善生态环境。

村民委员会应当尊重并支持集体经济组织依法独立进行经济活动的自主权，维护以家庭承包经营为基础、统分结合的双层经营体制，保障集体经济组织和村民、承包经营户、联户或者合伙的合法财产权和其他合法权益。这里的联户是指农户通过合作、合资、入股等方式，将人力、物力、机械等进行整合所形成的联合经营模式。这里的合伙是指两个以上的村民按照协议，各自提供资金、实物、技术等，合伙经营、共同劳动、共担风险、共获收益的经营形式。

【例】 村民甲和村民乙签订合伙协议，协议规定村民甲提供10万元资金，村民乙提供猪舍，二人共同从事养猪业。二人要共同劳动，共同承担生猪死亡等经营风险，共享养猪获得的收入。

(2)法制、文化、社区、民族等工作的职责　根据《村民委员会组织法》第9条的规定，村民委员会应当宣传宪法、法律、法规和国家的政策，教育和推动村民履行法律规定的义务，爱护公共财产，维护村民的合法权益，发展文化教育，普及科技知识，促进男女平等，做好计划生育工作，促进村与村之间的团结、互助，开展多种形式的社会主义精神文明建设活动。

村民委员会应当支持服务性、公益性、互助性社会组织依法开展活动，推动农村社区建设。

【例】 村民委员会应当支持志愿者组织、义工队、留守妇女互助组这样的社会组织开展活动。

多民族村民居住的村，村民委员会应当教育和引导各民族村民增进团结，互相尊重，互相帮助。

(3)加强自身建设的职责　根据《村民委员会组织法》第10条的规定，村民委员会及其成员应当遵守宪法、法律、法规和国家的政策，遵守并组织实施村民自治章程、村规民约，执行村民会议、村民代表会议的决定、决议，办事公道，廉洁奉公，热心为村民服务，接受村民监督。

(三)村民委员会的选举

1. 村民委员会的任期及交接　根据《村民委员会组织法》第11条的规定，村民委员会主任、副主任和委员，由村民直接选举产生，任何组织或者个人不得指定、委派或者撤换村民委员会成员。

【例】 乡镇人民政府不得任命村民委员会的成员，否则属于违法。

村民委员会每届任期3年，届满应当及时举行换届选举，村民委员会成员可以连选连任。

村民委员会应当自新一届村民委员会产生之日起10日内完成工作移交。工作移交由村民选举委员会主持，由乡、民族乡、镇的人民政府监督。

2. 村民选举委员会 根据《村民委员会组织法》第12条的规定，村民委员会的选举，由村民选举委员会主持。

村民选举委员会由主任和委员组成，由村民会议、村民代表会议或者各村民小组会议推选产生。村民会议、村民代表会议、村民小组会议将在本章二中详细解释。

村民选举委员会成员被提名为村民委员会成员候选人时，应当退出村民选举委员会。村民选举委员会成员退出村民选举委员会或者因其他原因出缺的，按照原推选结果依次递补，也可以另行推选。

【例】 村民选举委员会成员为5人，如果1人退出，那么原推选中排名第6的村民递补进村民选举委员会。

3. 参加选举的村民 根据《村民委员会组织法》第13条的规定，年满18周岁的村民，不分民族、种族、性别、职业、家庭出身、宗教信仰、教育程度、财产状况、居住期限，都有选举权和被选举权。也就是说，村民在村民委员会的选举中地位平等，都可以被选举为村民委员会委员或者参加村民委员会委员的投票。但是，依照法律被剥夺政治权利的人除外。

【例】 某村民因犯诽谤罪被判处剥夺政治权利1年，该村民在此1年期间不享有被选举权和选举权。

村民委员会选举前，应当对下列人员进行登记，列入参加选举的村民名单：①户籍在本村并且在本村居住的村民；②户籍在本村，不在本村居住，本人表示愿意参加选举的村民；③户籍不在本村，在本村居住1年以上，本人申请参加选举，并且经村民会议或者村民代表会议同意参加选举的公民。

已在户籍所在村或者居住村登记参加选举的村民，不得再参加其他地方村民委员会的选举。

根据《村民委员会组织法》第 14 条的规定，登记参加选举的村民名单应当在选举日的 20 日前由村民选举委员会公布。对登记参加选举的村民名单有异议的，应当自名单公布之日起 5 日内向村民选举委员会申诉，村民选举委员会应当自收到申诉之日起 3 日内作出处理决定，并公布处理结果。

4. 村民委员会的选举程序 根据《村民委员会组织法》第 15 条的规定，选举村民委员会，由登记参加选举的村民直接提名候选人。村民提名候选人，应当从全体村民利益出发，推荐奉公守法、品行良好、公道正派、热心公益、具有一定文化水平和工作能力的村民为候选人。候选人的名额应当多于应选名额。村民选举委员会应当组织候选人与村民见面，由候选人介绍履行职责的设想，回答村民提出的问题。

选举村民委员会，由登记参加选举的村民过半数投票，选举才有效。候选人获得参加投票的村民过半数的选票，始得当选。当选人数不足应选名额的，不足的名额另行选举。另行选举的，第一次投票未当选的人员得票多的为候选人，候选人以得票多的当选，但是所得票数不得少于已投选票总数的 1/3。

【例】 某村在选举村民委员会时，应选 5 人，候选人为 7 人，但是第一轮投票仅有 4 人的选票过半数，这 4 人当选。剩余的 1 个名额以未当选的 3 名候选人中得票多的 2 位为候选人另行选举，其中得票多的一位当选为村民委员会委员。

选举实行无记名投票、公开计票的方法，选举结果应当当场公布。选举时，应当设立秘密写票处。登记参加选举的村民，选举期间外出不能参加投票的，可以书面委托本村有选举权的近亲属代为投票。村民选举委员会应当公布委托人和受委托人的名单。

根据《村民委员会组织法》第 17 条的规定，以暴力、威胁、欺骗、贿赂、伪造选票、虚报选举票数等不正当手段当选村民委员会成员的，当选无效。

【例】 某村民为了当选村民委员会的委员，给予每个投他票的选民 100 元钱，该村民的当选就是无效的。

对以暴力、威胁、欺骗、贿赂、伪造选票、虚报选举票数等不正当手段，妨害村民行使选举权、被选举权，破坏村民委员会选举的行为，村民有权向乡、民族乡、镇的人民代表大会和人民政府或者县级人民代表大会常务委员会和人民政府及其有关主管部门举报，由乡级或者县级人民政府负责调查并依法处理。

5. 村民委员会委员的罢免 根据《村民委员会组织法》第 16 条的规定，本村 1/5 以上有选举权的村民或者 1/3 以上的村民代表联名，可以提出罢免村民委员会成员的要求，并说明要求罢免的理由。被提出罢免的村民委员会成员有权提出申辩意见。

罢免村民委员会成员，须有登记参加选举的村民过半数投票，并须经投票的村民过半数通过。

根据《村民委员会组织法》第 18 条的规定，村民委员会成员丧失行为能力或者被判处刑罚的，其职务自行终止，不必经过罢免程序。

【例】 某村民委员会委员在当选后患精神分裂症，无法继续工作，不必经过罢免程序，其职务自行终止。

二、村民会议和村民代表会议

（一）村民会议

1. 村民会议的召集 根据《村民委员会组织法》第 21～22 条的规定，村民会议由本村 18 周岁以上的村民组成。村民会议由村民委员会召集。有 1/10 以上的村民或者 1/3 以上的村民代表提议，应当召集村民会议。召集村民会议，应当提前 10 天通知村民。

召开村民会议，应当有本村 18 周岁以上村民的过半数，或者本村 2/3 以上的户的代表参加，村民会议所作决定应当经到会人员的过半数通过。召开村民会议，根据需要可以邀请驻本村的企业、事业单位和群众组织派代表列席。

2. 村民会议的职权

(1)审议村民委员会的报告、决定　根据《村民委员会组织法》第 23 条的规定，村民会议审议村民委员会的年度工作报告，评议村民委员会成员的工作；有权撤销或者变更村民委员会不适当的决定；有权撤销或者变更村民代表会议不适当的决定。

村民会议可以授权村民代表会议审议村民委员会的年度工作报告，评议村民委员会成员的工作，撤销或者变更村民委员会不适当的决定。关于村民代表会议将在下文加以解释。

(2)讨论决定涉及村民利益的事项　根据《村民委员会组织法》第 24 条的规定，涉及村民利益的下列事项，经村民会议讨论决定方可办理。

①本村享受误工补贴的人员及补贴标准。

②村集体经济所得收益的使用。例如，村办企业所获得利润的使用。

③本村公益事业的兴办和筹资筹劳方案及建设承包方案。例如，兴办村养老院的决定。

④土地承包经营方案。

⑤村集体经济项目的立项、承包方案。例如，某村兴办砖厂的立项方案。

⑥宅基地的使用方案。

⑦征地补偿费的使用、分配方案。

⑧以借贷、租赁或者其他方式处分村集体财产。

⑨村民会议认为应当由村民会议讨论决定的涉及村民利益的其他事项。

村民会议可以授权村民代表会议讨论决定上述事项。

(3)制定和修改村民自治章程、村规民约 根据《村民委员会组织法》第27条的规定，村民会议可以制定和修改村民自治章程、村规民约，并报乡、民族乡、镇的人民政府备案。

村民自治章程、村规民约以及村民会议或者村民代表会议的决定不得与宪法、法律、法规和国家的政策相抵触，不得有侵犯村民的人身权利、民主权利和合法财产权利的内容。村民自治章程、村规民约以及村民会议或者村民代表会议的决定，有违反规定的，由乡、民族乡、镇的人民政府责令改正。

【范 本】

村民自治章程

第一章 总 则

第一条 为贯彻实施《中华人民共和国村民委员会组织法》，加强村级民主政治建设，搞好村民自治，调动村民建设社会主义新农村的积极性，促进农村精神文明、政治文明和物质文明建设，特制定本章程。

第二条 本章程依据《中华人民共和国村民委员会组织法》和《辽宁省实施村民委员会组织法办法》及有关法律法规、结合本村实际制定。

第三条 本村实行民主自治，是在国家的政策和法律规定的范畴内，在党支部的领导下，通过村委会具体管理本村的经济、文化及其他社会事务。

第四条 本章程是村委会实施村务管理的工作规程，也是全体村民的行为规范,一经制定,对村委会、村干部、全体村民具有约束力,必须严格遵守。

第五条 本章程由村民会议或村民代表会议讨论通过,由村民会议或村民代表会议选举产生的“村务监督委员会”监督执行。

第二章 村民组织

第一节 村民会议和村民代表会议

第六条 村民会议是全村最高权力机构和决策机构。由户口在本村的18周岁以上的村民组成。召开村民会议,应该有本村18周岁以上村民过半数参加,或者有本村2/3以上的户代表参加,所作决定应当经到会人员的过半数通过。

村民代表会议由村民代表组成,村民代表由相邻村民的每5～15户选举产生1名。村民代表不得少于30人。

村民代表必须热爱党、热爱社会主义,有参政议政能力和相应的政策水平,作风正派,办事公道,敢于坚持原则,主持正义,在各项工作中起模范带头作用,在群众中享有一定威望的村民。

村民代表应密切联系村民,收集村民意见和建议,及时向党支部、村委会以及上级政府反映。学习宣传和模范地遵守国家法律法规,积极参加会议。带头执行决议,协助村委会开展工作。

村民代表与村民委员会任期一致,每届任期3年。村民代表可以连选连任,缺额时可依法补选。

不称职代表本着哪里产生就在哪里罢免的原则进行。罢免村民代表需由原推选户(或小组选民)1/3以上的户或村民提出建议,并有一半以上的户或选民通过方可罢免,任何人或组织都不能随意撤换。

补选程序按选举程序办理,报乡镇人民政府备案。

第七条 村民会议和村民代表会议由村民委员会或村务监督

组织负责召集和主持。村民会议每半年至少召开1次,村民代表会议每季度至少召开1次,必要时可随时召开。有1/3以上的村民代表或1/10以上村民提议,可以临时召开村民代表会议或村民会议。

村民代表会议向村民会议负责。

第八条 村民会议除选举、罢免村民委员会成员以外的下列重大事项可授权村民代表会议讨论决定。

1. 讨论决定本村建设规划、经济和社会发展规划

(1)本村享受误工补贴的人数及补贴标准;

(2)村集体收益的使用(5 000元以上);

(3)兴办学校、道路、水利等村公益事业的经费筹集方案;

(4)村集体经济项目的立项、承包方案及村公益事业的承包方案;

(5)村集体资产、资源的转让、承包、出租、抵押方案;

(6)土地征用及各项补偿费的使用方案(有法律法规规定的按规定执行);

(7)宅基地的分配方案;

(8)村民会议、村民代表会议认为应当讨论的涉及村民利益的其他重大事项。

2. 审议村民委员会工作报告,评议村民委员会成员的工作

3. 撤销村民委员会作出的侵害村民利益的决定

第九条 村民代表会议应制定议事规则、村委会议事规则及财务管理等制度。

第二节 村民委员会

第十条 村民委员会是村民自我管理、自我教育、自我服务的群众性自治组织,具有法人资格。村民委员会要在村民会议或村民代表会议授权和委托的权限内开展工作,是村民会议或村民代

表会议的执行机构。

村民委员会从事村务管理活动，必须遵守法律、法规、政策，遵守社会公德，诚实守信，接受党组织、乡镇政府和村民的监督，承担相应的民事责任和法律责任。

村民委员会由主任、委员组成，每届任期3年，成员由村民直接选举产生，可以连选连任。村民委员会成员在任职期内被依法追究刑事责任或被劳动教养的，由村民会议或村民代表会议讨论通过终止其村民委员会成员职务。

村民委员会的主要职责是：

(1)组织村民发展生产、扩大经营，支持和组织村民发展多种形式的合作经济和其他经济，承担本村生产、经营服务和协调工作，促进本村经济发展和新农村建设；

(2)保障集体经济组织和村民、承包经营户、联户或者合伙的合法财产权和其他合法权益；

(3)编制并实施本村建设规划，整顿村容村貌，改善居住环境，办理本村的公共事务和公益事业；

(4)依法管理本村集体所有的土地和其他财产，教育村民爱护公共财物和公共设施，合理开发利用自然资源，保护和改善生态环境，管理本村财务；

(5)宣传宪法、法律、法规和国家的政策，教育和推动村民依法履行纳税、服兵役、实行计划生育，督促村民遵守村民自治章程、村规民约，维护村民合法权益；

(6)调解民间纠纷，促进村民团结和家庭和睦，加强村和村之间的团结、互助，协助乡镇政府维护村民的生产、生活和社会治安秩序；

(7)发展文化教育，普及科技知识，教育村民尊老爱幼、尊重妇女，拥军优属，扶贫帮困，移风易俗，树立社会主义新风尚；

(8)组织村民参加抢险、救灾活动；

(9)支持共青团、妇女、民兵等组织开展工作；

(10)召集村民会议、村民代表会议，执行村民会议、村民代表会议的决议、决定。村民会议或村民代表会议由村委会主任主持，村委会主任不能履行职务或不履行职务的，由半数以上村委会成员共同推举1名村委会成员主持。村委会不能履行或不履行召集村民代表会或村民会议的，由村务监督组织负责召集和主持，否则由1/3以上村民代表、1/10以上村民提议，可以自行召集和主持村民代表会议和村民会议；

(11)接受乡镇政府指导，协助乡镇政府开展工作，向人民政府反映村民的意见、要求和提出建议；

(12)法律、法规赋予的其他职责。

第十一条　村民委员会会议由村民委员会主任召集并主持；村民委员会主任如有特殊情况不能出席会议的，可委托1名委员主持会议。

第十二条　有下列情况之一的，应当召开村民委员会会议。

(1)村民委员会3人以上提议的；

(2)村民代表会议决定召开的；

(3)30名以上村民联名书面提请召开的；

(4)村务监督委员会提议的；

(5)党支部提议的；

(6)上级部门要求召开的。

第十三条　村民委员会会议必须有村委会成员2/3以上出席方可举行。举行会议时，应邀请村党支部成员参加。

第十四条　村民委员会会议决定的事项，应当及时张榜向全体村民公布。

第十五条　对涉及本《章程》第八条规定的村民利益重大事项的决定，村民委员会应当广泛听取村民代表及各界人士意见，提出方案，并提请村党支部通过，报村民代表会议讨论通过。

第十六条 村民委员会的工作制度。

1. 学习制度 每月至少学习2次，由党支部统一组织政府的有关文件，主要学习党的路线、方针、政策和各级党委文件，不断提高思想水平和政策水平。

2. 会议制度 村委会每周1次办公会，每月1次汇报会，年终1次总结会，根据工作需要，也可随时召开。

3. 目标制度 建立任期目标、年度目标和岗位责任制度，并定期进行总结检查，年终考核计酬。

4. 村务公开制度 凡村民需要知道的村务都要公开，主要包括上级党委、政府有关政策规定，本村重要公共事务，村干部的工资报酬、财务收支、义务工使用、农用物资分配、电费收缴管理、宅基地审批、计划生育、救灾救济、优抚政策和有关村民关心的重大问题。公开的形式包括建立村务公开栏，召开村民会议或村民代表会议等。

第十七条 村民委员会下设农业生产、人民调解、治安保卫、文教卫生、财务管理、社会福利等工作委员会。

人民调解委员会主要职责是进行法制宣传教育，调解民间纠纷，协助政府和公安、司法部门做好司法行政工作。

治安保卫委员会的主要职责是做好本村优抚安置、五保供养、救灾救济、婚姻、殡改等方面的工作。

第三节 村 民

第十八条 凡户口在本村的村民享有以下权利。

(1)依照宪法的规定，享受公民应当享有的一切权利。

(2)参加村里活动，提出有关村务的批评和建议，对村干部和村务进行监督。

(3)18周岁以上的村民有选举权和被选举权(依法被剥夺政治权利的人除外)，有参加村民会议、讨论决定村中重大问题的权利。

(4)享受本村举办的各项公共事业和公益事业利益的权利。

(5)向有关部门提出申诉和检举的权利。

第十九条 每个村民在村内都有以下义务。

(1)村民必须履行法律规定的义务,遵守村民自治章程和村规民约。

(2)尊重教育,开展捐资助教活动,爱护公共财物,维护村集体财产所有权。

(3)按时完成村民委员会分配的各项任务。

(4)团结互助、尊老爱幼、维护村民利益,并敢于向违法犯罪行为作斗争。

(5)自觉开展移风易俗,争创文明村和星级文明户活动。

(6)全体村民享有对村集体资产的所有权和使用权,并依法委托村委会进行经营和管理。

第四节 村干部

第二十条 村干部是指村委会成员及合村后经济独立的小组长。村干部是全体村民的公仆,必须牢固树立全心全意为人民服务的思想,立足本职,努力为村民做好事实事。

第二十一条 村干部在任职期间要模范遵守国家法律、法规、规章制度,严格按照村民自治章程规定的内容和程序办事。

第二十二条 村干部当选后,要向乡镇党委政府递交《正确履职承诺书》。承诺对下列事项由于违规决策、违规管理、违规审批给村集体造成损失的,承担相应的赔偿、返还责任。

(1)村集体建设项目的确定及其工程发包;

(2)土地规划和宅基地分配、使用;

(3)土地征用及各项补偿费的使用(法律另有规定的除外);

(4)集体资产出租和其他收益的管理与使用;

(5)建设资金的筹集管理与使用；

(6)村集体资产的转让未经评估或竞卖的；

(7)以集体资产为其他单位或个人提供担保的；

(8)给村集体造成新的债务；

(9)违反规定报销的；

(10)超过接待标准又不能说明理由的；

(11)挪用集体资金的；

(12)经村务监督委员会审核确定为不合理财务开支的事项；

(13)公款私存或违反现金管理规定的；

(14)侵占其他集体资产的；

(15)其他违规决策、违规管理、违规审批的行为。

第二十三条 村干部要按照对乡镇党委政府的书面承诺内容，以个人身份与全体村民代表签订《承担民事责任协议书》并接受其约束。协议书的内容是：

(1)村干部应严格遵守国家的法律、法规、规章制度、村民自治章程的规定，不得违反法律、法规决策管理和审批。

(2)村干部违反村民自治章程和民主议事原则，对下列事项擅自违规决策、违规管理，给集体造成损失的承担赔偿责任：

①村集体建设项目的确定和发包；

②土地规划和宅基地的分配、使用；

③土地征用及各项补偿费的使用方案(法律另有规定的除外)；

④集体资产出租和其他收益的管理与使用；

⑤建设资金筹集管理与使用；

⑥村集体资产的转让未经评估或竞卖的；

⑦以集体资产为其他单位或个人提供担保的；

⑧给集体造成新的债务；

⑨其他违规决策、违规管理的行为。

(3)村干部违反法律、法规、自治章程和财务、财产管理规定，给村集体经济造成损失的承担赔偿、返还责任：

①违反规定报销的；

②超过接待标准又不能说明理由的；

③挪用集体资金的；

④公款私存或违反现金管理规定的；

⑤侵占其他集体资产的。

第二十四条　村委会主任代表村民进行对外事务的交往和诉讼活动，在前届村委会主任或本届村委会其他委员违反协议内容给村集体经济造成损失的，由本届村委会主任代表村民按照协议提起民事诉讼。

第二十五条　村委会主任或其他委员集体违规决策、管理、审批给村经济造成损失，但未被改选或罢免的，村民代表会议授权村务监督委员会主任作为诉讼代表人，村务监督委员会主任不能履行或不履行职责的，由村民代表会议另行推选诉讼代表人。

第二十六条　诉讼代表人对村委会主任及村委会其他成员的违规行为进行诉讼前，应充分听取村民代表的意见。

第二十七条　村干部若违反协议，是村民委员会班子成员的，须主动辞职，不辞职的，启动罢免程序，构成犯罪的，移交司法机关依法追究其刑事责任。

第五节　村民小组长

第二十八条　村民小组长的产生。根据《辽宁省村民委员会选举办法》的规定，新一届村民委员会组成后，要立即通过村民小组会议推选产生村民小组长。有选举权的本组村民50%以上参加投票，以得票多者当选。每届任期3年，可以连选连任，自觉接受监督。

第二十九条　村民小组长的主要职责：

(1)组织本组村民落实村民会议、村民代表会议和村委会的决定,完成村民委员会布置的各项工作任务。

(2)召开本小组会议,组织本组村民开展各项活动。

(3)及时反映本组村民的意见、要求和建议,对村民委员会的工作进行监督等。

第六节　民主监督

第三十条　在选举村委会成员的同时,整合村里原有监管资源,成立与村委会地位对等的村务监督委员会。

村务监督委员会设主任1人,委员2～4人。村务监督委员会成员应当从本村有正义感、热心村务的"明白人"当中产生。其中应当有党员、村民代表、原优秀的村民理财小组成员。村务监督委员会主任召集和主持村务监督委员会会议,村务监督委员会不能履行职务或不履行职务的,由半数以上村务监督委员会成员共同推举1名成员召集和主持村务监督委员会。

村"两委"成员及其近亲属不得担任村务监督委员会成员。

村民会议或村民代表会议授权其监督村委会及其成员工作,不受村委会领导,独立行使监督之责。

第三十一条　村务监督委员会职责:

(1)对村委会执行党的路线、方针、政策及村务管理制度的情况进行监督。

(2)列席涉及群众利益的重要村务会议,对报账前的凭证进行审核,对财务公开清单和建议村委会就有关问题召开村民会议。

(3)对不按村民自治章程和村务管理制度作出决定或决策提出废止意见,将村委会作出的具体工作事项提交村民会议表决。

(4)年中和年终对村干部承诺事项完成情况进行检查并将检查情况在"村干部勤廉双述双评"大会上向全体村民公开,对有违法违纪问题和不称职的村干部,根据多数村民的意见,提出请辞或罢免建议，提请村党支部报上级党委、政府批准后依法启动罢免程序。

(5)当村组干部因违反《村民自治章程》，违规管理、违规决策、违规审批给村组集体造成“资产、资金、资源”损失的，要自动辞职，并承担民事赔偿责任。责任人拒不赔偿的，由村务监督委员会要求乡镇人民政府扣减其财政转移支付的工资，同时按照其当选后与乡镇党委、政府《正确履职承诺》和其与村民代表签订的《承担民事责任书》提起民事诉讼，负责相关追偿工作。

第三章　民主管理

第三十二条　本村所有土地，包括宅基地、耕地、林地等，都归村民集体所有，由村委会统一管理，土地承包者和依法使用者只有使用权，没有所有权。

第三十三条　土地在规定的承包期内承包者依法有权转包、出租、互换、转让或其他方式的流转。

第三十四条　土地承包经营权流转的转包费、租金、转让费等，应当由当事人双方确定。流转的收益归承包方所有，任何组织和个人不得擅自截留、扣缴。

第三十五条　土地承包经营权采取转包、出租、互换、转让或者其他方式的流转，当事人双方应当签订书面合同。采取转让方式流转的，需经村委会同意；采取转包、出租、互换、或者其他方式流转的，需报村委会备案(流转合同规定详见《中华人民共和国农村土地承包法》第 37 条下款)。

第三十六条　承包期内，妇女结婚，在新居住地未取得承包地的，原所在村不得收回承包地；妇女离婚或者丧偶，仍在原居住地生活或者不在原居住地生活但在新居住地未取得承包地的，原所在村不得收回承包地。

第三十七条　村集体所有的荒山、荒沟、荒丘、荒滩等农村土地，经村民代表会议讨论决定后可通过招标、拍卖、公开协商等方式承包，并签订承包合同。在同等条件下，本村村民享有优先承包权。

第三十八条 为加强土地资源的管理，村委会建立健全土地管理档案，将土地坐落面积、承包人、土地质量、土地附产物、新增的水利设施及土地使用权变动情况详细记载，长期存档。

第四章 社会秩序

第一节 社会治安

第三十九条 每个村民都要学法、懂法、守法、用法，自觉地维护法律的权威和尊严，同一切违法犯罪行为作斗争。

第四十条 村民之间应团结友善，和睦相处，不打架斗殴、酗酒滋事。不准侮辱、诽谤他人，严禁造谣惑众，搬弄是非。

第四十一条 自觉维护社会秩序和公共安全，不扰乱公共秩序，不妨碍公务人员执行公务。

第四十二条 严禁偷盗、敲诈、哄抢国家、集体和个人财物，严禁黄、赌、毒等犯罪行为。

第四十三条 严禁非法生产、运输、储存和买卖爆炸物品及枪支弹药。严禁非法生产、销售烟花、爆竹。

第四十四条 爱护公共财物，不得损坏水利、交通、供电、生产等公共设施。

第四十五条 树立环保意识，爱护生态环境，不得任意在村民生活区内安装、使用声音超标准的音响、器械。

第四十六条 不得在公路上打场晒粮、挖沟开渠、堆放残土、摆摊设点，不得以任何理由妨碍交通秩序。

第四十七条 遵守社会公德，不制作、出售、传播淫秽物品，不污辱妇女。

第四十八条 严禁非法限制他人人身自由，或者非法侵占他人财产，不准隐匿、毁弃、私拆他人邮件。

第四十九条 严禁滥砍盗伐林木。不准在村屯附近或田边路旁挖土采石。严禁损害庄稼和牲畜啃青。

第五十条 严格用水、用电管理，不经有关部门批准，不准私自安装用水用电设施。爱护水电设施，节约用水用电，严禁偷水偷电。

第五十一条 认真遵守户籍管理规定，出生、死亡要及时申报和注销。外来人员需要在本村短期居住的，应向村治保会报告，办理暂住手续。

第五十二条 对违反本节条款者，按以下办法处理：

(1)触犯法律法规构成犯罪的，报送司法机关处理；

(2)违反本节规定，但尚未构成犯罪和治安处罚的，除批评教育外给予30～100元经济处罚。

第二节 村风民俗

第五十三条 提倡社会主义精神文明，崇尚科学、尊重知识、移风易俗，反对封建迷信及其他不文明行为；树立良好的社会风尚，尊师重教，对擅自辍学者追究家长责任。

第五十四条 喜事新办，丧事从俭，不铺张浪费，废除陈规旧俗。

第五十五条 不请神弄鬼，不算卦相面，不看风水，不悬挂带有迷信色彩和伤风败俗的图像，不听、不看、不传播迷信和淫秽的书刊、音像。

第五十六条 建立正常的人际关系，不搞宗族派性和民族纠纷。

第五十七条 搞好公共环境卫生，保持村容整洁，不随地倒垃圾、污物，柴草和粪便按指定地点堆放。

第五十八条 村民建房要服从村建规划，不扩占、不超高。拆旧翻新，必须办理审批手续，否则不准擅自动工。

第五十九条 违反本节规定的，给予批评教育，情节较重的除批评教育外，给予50元以下罚款。

第三节 相邻关系

第六十条 村民之间要相互尊重，团结友善，互相帮助，和睦相处，建立良好的邻里关系。

第六十一条 在生产、生活、经营、借贷和社会交往过程中，应按法律规定遵循平等、自愿、互利、互让的原则。在生产、经营过程中，服从村委会统一安排，不争水、争电，不随意更换、移动地界标志。

第六十二条 村民饲养的牲畜和家禽造成他人危害的，饲养人或管理人应承担民事责任。无行为能力或限制行为能力人，造成他人损害的，监护人应承担连带责任。

第六十三条 邻里发生纠纷，应本着互谅互让的原则，申请调解，避免矛盾激化。

第四节 婚姻家庭

第六十四条 村民要遵循婚姻自由、男女平等、一夫一妻、尊老爱幼的原则，建立团结和睦的新家庭。

第六十五条 婚姻自主，禁止包办、买卖婚姻和其他干涉婚姻的行为，禁止借婚姻索取财物；对非法同居的要严肃处理。

第六十六条 自觉实行计划生育，做到晚婚晚育。

第六十七条 夫妻在家庭中的地位平等，反对男尊女卑，反对家庭暴力，夫妻双方共同承担家务和生产劳动，共同管理家庭财产。

第六十八条 父母对子女必须尽抚养教育的责任；子女对父

母必须尽赡养义务；夫妻间要尽相互扶养的义务。

第六十九条 不准虐待、遗弃老人及病残儿。

第七十条 对父母的遗产，子女依法享有平等继承权。

第七十一条 对违反本节规定、触犯法律的，交司法机关处理；情节轻微的，给予批评教育；情节较重尚未触犯法律的，除批评教育外，处以100元以下罚款。

第五节 计划生育

第七十二条 计划生育是我国的基本国策，全体村民要认真执行计划生育的有关政策、法规。自觉控制人口增长，提高人口素质。

第七十三条 严禁弃婴，违者报司法机关依法处理。

第七十四条 不得藏匿外来躲避计划生育人员，不准刁难、围攻、打骂计划生育工作人员；不准在计划生育中徇私舞弊，弄虚作假，欺骗政府。

第六节 档案管理

第七十五条 承包合同、协议、账簿、表、卡、册要及时分类归档管理。

第七十六条 年度计划、文件、会议记录及有关刊物要整理存档。

第五章 附 则

第七十七条 本章程所执行的罚款，严格按财务制度管理，用于村公益事业。

第七十八条 本《章程》自公布之日起执行。

【真实案例】

周×自出生起就在××村民小组成长生活，户籍所在地为长沙县××镇×村××村民小组××号。2007 年 1 月，周×与浏阳市的胡×结婚，但户口并未从××村民小组迁出，2012 年双方解除婚姻关系。周×的户籍一直保留在××村民小组。周×作为家庭成员在××村民小组承包经营了土地，在××村民小组参与了养老保险、农村合作医疗等。××村民小组因油茶山、水库、茶场等土地流转及片石厂出租等获得集体收益。××村民小组将部分集体收益在××村民小组成员间进行了分配，第一次分配人均分得收益 1 500 元，第二次分配人均分得收益 5 500 元，第二次分配时领取了独生子女父母光荣证的成员额外多分得 1 500 元。周×参与了第一次分配，获得收益 1 500 元。

第二次分配集体收益时，××村民小组以组上制定的老政策规定出嫁女不能参与分配为由，拒绝再向周×分配。周×认为××村民小组拒不分配行为严重侵犯其合法权益，诉至法院，请求法院判令××村民小组发放组集体收益分配 5 500 元。

法院认为，周×通过出生的合法方式取得了户籍登记，落户××村民小组，周×在土地发包时合法取得了土地承包经营权，周×现没有享有城镇或其他农村集体经济组织的生活保障，其对××村民小组集体经济组织及××村民小组土地具有一定程度的依赖，应当认定周×具有××村民小组集体经济组织成员资格，享有与××村民小组其他村民同等分配集体收益的权利。根据《中华人民共和国村民委员会组织法》第二十七条第二款“村民自治章程、村规民约以及村民会议或者村民代表会议的决定不得与宪法、法律、法规和国家的政策相抵触，不得有侵犯村民的人身权利、民主权利和合法财产权利的内容”的规定，××村民小组不得以村民小组决议、村规民约的形式排除周×上述合法权利，××村民小组未就土地出租、片石厂出租等获得的集体收益按其他村民的同等待遇分配给周×，侵害了周×的权利，故周×提出要求与其他村民享有同等分配集体收益的请求，应予以支持。判决如下：

限被告长沙县××镇×村××村民小组在本判决生效之日起3日内发放原告周×集体收益5 500元。

如果未按本判决指定的期间履行给付金钱义务，应当依照《中华人民共和国民事诉讼法》第二百二十九条的规定，加倍支付迟延履行期间的债务利息。

本案受理费50元，减半收取25元，由被告长沙县××镇×村××村民小组负担。

（案例来源：北大法律信息网）

(4)补选村民委员会成员　根据《村民委员会组织法》第19条的规定，村民委员会成员出缺，可以由村民会议或者村民代表会议进行补选。补选的村民委员会成员的任期到本届村民委员会任期届满时止。

（二）村民代表会议

1. 村民代表会议的组成　根据《村民委员会组织法》第25条的规定，人数较多或者居住分散的村，可以设立村民代表会议，讨论决定村民会议授权的事项。

村民代表会议由村民委员会成员和村民代表组成，村民代表应当占村民代表会议组成人员的4/5以上，妇女村民代表应当占村民代表会议组成人员的1/3以上。

村民代表由村民按每5～15户推选1人，或者由各村民小组推选若干人。村民代表的任期与村民委员会的任期相同。村民代表可以连选连任。村民代表应当向其推选户或者村民小组负责，接受村民监督。

2. 村民代表会议的召开 根据《村民委员会组织法》第 26 条的规定，村民代表会议由村民委员会召集。村民代表会议每季度召开 1 次。有 1/5 以上村民代表提议的，应当召集村民代表会议。

村民代表会议有 2/3 以上的组成人员参加方可召开，所作决定应当经到会人员的过半数同意。

3. 村民小组会议 根据《村民委员会组织法》第 28 条的规定，召开村民小组会议，应当有本村民小组 18 周岁以上的村民 2/3 以上，或者本村民小组 2/3 以上的户的代表参加，所作决定应当经到会人员的过半数同意。

村民小组组长由村民小组会议推选。村民小组组长任期与村民委员会的任期相同，可以连选连任。

属于村民小组的集体所有的土地、企业和其他财产的经营管理以及公益事项的办理，由村民小组会议依照有关法律的规定讨论决定，所作决定及实施情况应当及时向本村民小组的村民公布。

三、民主管理和民主监督

（一）村务公开制度

根据《村民委员会组织法》第 29 条的规定，村民委员会应当实行少数服从多数的民主决策机制和公开透明的工作原则，建立健全各种工作制度。

村民委员会实行村务公开制度，村民委员会应当及时公布下列事项，接受村民的监督：

（1）上一节阐述的由村民会议、村民代表会议讨论决定的事项及其实施情况。

（2）国家计划生育政策的落实方案。

(3)政府拨付和接受社会捐赠的救灾救助、补贴补助等资金、物资的管理使用情况。

(4)村民委员会协助人民政府开展工作的情况。

(5)涉及本村村民利益，村民普遍关心的其他事项。

上述事项中，一般事项至少每季度公布 1 次；集体财务往来较多的，财务收支情况应当每月公布 1 次；涉及村民利益的重大事项应当随时公布。村民委员会应当保证所公布事项的真实性，并接受村民的查询。

根据《村民委员会组织法》第 31 条的规定，村民委员会不及时公布应当公布的事项或者公布的事项不真实的，村民有权向乡、民族乡、镇的人民政府或者县级人民政府及其有关主管部门反映，有关人民政府或者主管部门应当负责调查核实，责令依法公布。经查证确有违法行为的，有关人员应当依法承担责任。

(二)村务监督机构

根据《村民委员会组织法》第 32 条和第 34 条的规定，村应当建立村务监督委员会或者其他形式的村务监督机构，负责村民民主理财，监督村务公开等制度的落实，其成员由村民会议或者村民代表会议在村民中推选产生，其中应有具备财会、管理知识的人员。村民委员会成员及其近亲属不得担任村务监督机构成员。村务监督机构成员向村民会议和村民代表会议负责，可以列席村民委员会会议。

村民委员会和村务监督机构应当建立村务档案。村务档案包括：选举文件和选票，会议记录，土地发包方案和承包合同，经济合同，集体财务账目，集体资产登记文件，公益设施基本资料，基本建设资料，宅基地使用方案，征地补偿费使用及分配方案等。村务档案应当真实、准确、完整、规范。

(三)民主评议

根据《村民委员会组织法》第 33 条的规定,村民委员会成员以及由村民或者村集体承担误工补贴的聘用人员,应当接受村民会议或者村民代表会议对其履行职责情况的民主评议。民主评议每年至少进行 1 次,由村务监督机构主持。

村民委员会成员连续 2 次被评议不称职的,其职务终止。

(四)经济责任审计

根据《村民委员会组织法》第 35 条的规定,村民委员会成员实行任期和离任经济责任审计,审计包括下列事项:

(1)本村财务收支情况。

(2)本村债权债务情况。

(3)政府拨付和接受社会捐赠的资金、物资管理使用情况。

(4)本村生产经营和建设项目的发包管理以及公益事业建设项目招标投标情况。

(5)本村资金管理使用以及本村集体资产、资源的承包、租赁、担保、出让情况,征地补偿费的使用、分配情况。

(6)本村 1/5 以上的村民要求审计的其他事项。

村民委员会成员的任期和离任经济责任审计,由县级人民政府农业部门、财政部门或者乡、民族乡、镇的人民政府负责组织,审计结果应当公布,其中离任经济责任审计结果应当在下一届村民委员会选举之前公布。

(五)对违法事项的处理

根据《村民委员会组织法》第 36 条第 1 款的规定,村民委员会或者村民委员会成员作出的决定侵害村民合法权益的,受侵害的村民可以申请人民法院予以撤销,责任人依法承担法律责任。

【例】 某村民委员会没有正当理由作出了收回某村民承包的土地的决定，该村民可以申请人民法院撤销该决定。

根据《村民委员会组织法》第 36 条第 2 款的规定，村民委员会不依照法律、法规的规定履行法定义务的，由乡、民族乡、镇的人民政府责令改正。

【例】 某村民委员会没有按照法律规定履行村务公开义务，该村所在的乡人民政府有权责令村民委员会改正。

根据《村民委员会组织法》第 36 条第 3 款的规定，乡、民族乡、镇的人民政府干预依法属于村民自治范围事项的，由上一级人民政府责令改正。

【例】 某乡人民政府违法干预下属某村的征地补偿费用分配，其所在县人民政府有权责令乡人民政府改正。

第三章　农村行政管理

为保证国家政治、经济、文化等活动的有序开展，国家行政机关依法开展行政管理工作。我国广大农村是行政管理的重要领域，农村村民、法人或者其他组织必须按照有关行政管理的法律开展活动和维护自身权益。本章的内容是介绍我国有关行政许可、行政处罚和行政复议的法律规定。农村村民、法人或者其他组织获得行政许可才能从事法律规定的特定活动；农村村民、法人或者其他组织的行为违反行政管理法律规定时，有关行政机关要依法给予行政处罚；在农村村民、法人或者其他组织认为行政机关的行为侵犯了自己的合法权益时，可以依法申请行政复议。

一、行政许可

（一）行政许可的含义

根据《中华人民共和国行政许可法》（简称《行政许可法》）第2条的规定，行政许可是指在法律一般禁止的前提下，行政机关根据公民、法人或者其他组织的申请，经依法审查，准予其从事特定活动的行为。

根据上述规定，可以从以下几个方面理解行政许可的含义：

1. 行政许可的前提是法律的一般禁止　法律的一般禁止是指未经行政机关准许，公民（在农村指村民）、法人或者其他组织不得从事某种活动。行政许可是对法律一般禁止的解除，换句话说，就是从法律上得到了准许。公民、法人或者其他组织的行政许可申请，经依法审查批准，可以从事所希望从事的特定活动。如果没有法律的一般禁止，公民、法人或者其他组织可以自由地从事希望从事的活动，行政许可就没有了存在的意义。

【例】 法律禁止没有驾照的人驾驶机动车，这就是法律的一般禁止。某村民经培训并考核合格后向交通管理部门提出颁发农用车驾照的申请，交通管理部门依法审查颁发驾照即解除了王某不得驾驶农用车的禁止，这时王某就可以按规定从事驾驶活动了。

2. 获得行政许可，需要由公民、法人或者其他组织提出申请 公民、法人或者其他组织提出申请是获得行政许可的前提条件。如果没有公民、法人或者其他组织的申请，即使他们希望从事某项活动，行政机关也不会主动许可他们从事某种特定的活动。公民、法人或者其他组织提出申请有可能获得行政机关的许可，但行政许可是行政机关基于行政权力所从事的单方行为，提出申请并不意味着一定能得到行政机关的许可，行政机关要依法作出是否准予的决定。

【例】 村民王某计划在本村开办饭店，于是向工商行政管理机关申请营业执照，但工商行政管理机关经审查认为他不具备从事餐饮营业的设施设备条件，拒绝了向他颁发营业执照。

3. 行政许可的结果是赋予公民、法人或者其他组织从事特定活动的资格 行政许可的申请如果依法获得了行政机关的批准，就解除了公民、法人或者其他组织不得从事特定活动的义务，他们就具有了从事某项特定活动的资格。这里的特定活动就是根据《行政许可法》的规定所设定的属于法律的一般禁止的，只有经过行政许可才可以从事的活动。

【例】 国家对烟草专卖品的生产、销售、进出口依法实行专卖管理，任何单位和个人未经许可，不得从事烟草专卖品的生产、销售或进出口。某村民要在镇上开设烟酒商店从事烟草销售，就必须向烟草专卖管理部门提出申请，经过行政许可才有资格从事烟草的销售活动。

（二）行政许可的设定

行政许可的设定是指可以针对哪些活动设定行政许可。根据《行政许可法》第12条，下列事项可以设定行政许可：

(1)直接涉及国家安全、公共安全、经济宏观调控、生态环境保护以及直接关系人身健康、生命财产安全等特定活动，需要按照法定条件予以批准的事项。

(2)有限自然资源的开发利用、公共资源的配置以及直接关系公共利益的特定行业的市场准入等，需要赋予特定权利的事项。

(3)提供公众服务并且直接关系公共利益的职业、行业，需要确定具备特殊信誉、特殊条件或者特殊技能等资格、资质的事项。例如，医师的行医资格，律师的执业资格。

(4)直接关系公共安全、人身健康、生命财产安全的重要设备、设施、产品、物品，需要按照技术标准、技术规范，通过检验、检测、检疫等方式进行审定的事项。例如，农药或者兽药的标准。

(5)企业或者其他组织的设立等，需要确定主体资格的事项。例如，创办各类农产品加工厂、建立各类专业合作社等。

（三）行政许可的实施机关

行政许可的实施是指由法律规定的行政机关或组织依法审查公民、法人或者其他组织的申请，作出是否准予其从事特定活动的过程。行政许可的实施机关是指具有行政许可权的行政机关和法律法规授权的组织以及专业技术组织。根据法律规定，我国行政许可的实施机关包括以下几类：

1. 行政机关 行政机关是行政许可的实施机关中最主要的类型。但不是所有的行政机关都能成为行政许可的实施机关，行政机关作为行政许可的实施机关必须是具有行政许可权的行政机关。根据《行政许可法》第22条的规定，行政许可由具有行政许可权的行政机关在其法定职权范围内实施。例如，工商行政管理机关有权根据法律规定颁发营业执照。

根据《行政许可法》第25条的规定，经国务院批准，省、自治区、直辖市人民政府根据精简、统一、效能的原则，可以决定一个行政机关行使有关行政机关的行政许可权。根据《行政许可法》第26条的规定，行政许可需要行政机关内设的多个机构办理的，该行政机关应当确定一个机构统一受理行政许可申请，统一送达行政许可决定。行政许可依法由地方人民政府两个以上部门分别实施的，本级人民政府可以确定一个部门受理行政许可申请并转告有关部门分别提出意见后统一办理，或者组织有关部门联合办理、集中办理。

2. 法律、法规授权的组织　根据《行政许可法》第23条的规定，法律、法规授权的具有管理公共事务职能的组织，在法定授权范围内，以自己的名义实施行政许可；被授权的组织适用该法有关行政机关的规定。被授权实施行政许可的组织应当具有公共事务职能，且该组织必须在授权范围内以自己的名义实施行政许可。

【例】　我国保险业监督管理委员会依法对全国的保险市场实行集中统一管理，农业保险领域的行政许可由其负责。

3. 受委托的行政机关　根据《行政许可法》第23条的规定，行政机关除了在其法定职权范围内自行实施行政许可外，还可以委托其他行政机关实施行政许可。委托机关应当将受委托行政机关和受委托实施行政许可的内容予以公告。委托行政机关对受委托行政机关实施行政许可的行为应当负责监督，并对该行为的后果承担法律责任。受委托行政机关在委托范围内，以委托行政机关名义实施行政许可；不得再委托其他组织或者个人实施行政许可。

【例】　国家质检总局可以根据需要委托出入境检验检疫机构

实施行政许可，农产品国际贸易中涉及检疫的事项要向出入境检验检疫机构申请行政许可。

4. 专业技术组织 根据《行政许可法》第 28 条的规定，对直接关系公共安全、人身健康、生命财产安全的设备、设施、产品、物品的检验、检测、检疫，除法律、行政法规规定由行政机关实施的以外，还应当逐步由符合法定条件的专业技术组织实施。该条还规定，专业技术组织及其有关人员对所实施的检验、检测、检疫结论承担法律责任。

（四）行政许可的实施程序

行政许可的实施程序是指由法律规定的行政机关或组织依法作出行政许可的步骤和顺序。

1. 行政许可的申请与受理 公民、法人或者其他组织为了从事特定活动提出申请的行为，标志着行政许可程序的开始。

根据《行政许可法》第 29 条的规定，申请书需要采用格式文本的，行政机关应当向申请人提供行政许可申请书格式文本。申请人可以委托代理人提出行政许可申请；但是，依法应当由申请人到行政机关办公场所提出行政许可申请的除外。《行政许可法》第 29 条还规定，行政许可申请可以通过信函、电报、电传、传真、电子数据交换和电子邮件等方式提出。根据《行政许可法》第 31 条的规定，申请人申请行政许可，应当如实向行政机关提交有关材料和反映真实情况，并对其申请材料实质内容的真实性负责；行政机关不得要求申请人提交与其申请的行政许可事项无关的技术资料和其他材料。

为方便申请人提出申请，《行政许可法》第 30 条规定，行政机关应当将法律、法规、规章规定的有关行政许可的事项、依据、条件、数量、程序、期限以及需要提交的全部材料的目录和申请书示范文本等在办公场所公示；申请人要求行政机关对公示内容予以说明、解释的，行政机关应当说明、解释，并提供准确、可靠的信息。

根据《行政许可法》第 32 条的规定，行政机关收到申请人提出的行政许可申请后，可以根据不同情况分别作出处理：

(1)申请事项依法不需要取得行政许可的，应当即时告知申请人不受理。

(2)申请事项依法不属于本行政机关职权范围的，应当即时作出不予受理的决定，并告知申请人向有关行政机关申请。

(3)申请材料存在可以当场更正的错误的，应当允许申请人当场更正。

(4)申请材料不齐全或者不符合法定形式的，应当当场或者在5日内一次告知申请人需要补正的全部内容；逾期不告知的，自收到申请材料之日起即为受理。

(5)申请事项属于本行政机关职权范围，申请材料齐全、符合法定形式，或者申请人按照本行政机关的要求提交全部补正申请材料的，应当受理行政许可申请。

2. 行政许可的审查与决定 行政机关应当对申请人提交的申请材料进行审查。根据《行政许可法》第 34 条的规定，申请人提交的申请材料齐全、符合法定形式，行政机关能够当场作出决定的，应当当场作出书面的行政许可决定；根据法定条件和程序，需要对申请材料的实质内容进行核实的，行政机关应当指派 2 名以上工作人员进行核查。

根据《行政许可法》第 38 条的规定，申请人的申请符合法定条件、标准的，行政机关应当依法作出准予行政许可的书面决定；行政机关依法作出不予行政许可的书面决定的，应当说明理由，并告知申请人享有依法申请行政复议或者提起行政诉讼的权利。

根据《行政许可法》第 39 条的规定，行政机关作出准予行政许可的决定，需要颁发行政许可证件的，应当向申请人颁发加盖本行政机关印章的行政许可证件，如许可证、执照、资格证等。

3. 行政许可的听证 根据《行政许可法》第 46 条的规定，法律、法规、规章规定实施行政许可应当听证的事项，或者行政机关认为需要听证的其他涉及公共利益的重大行政许可的事项，行政机关应当向社会公告，并举行听证。

通俗地讲，听证就是听取意见，是指行政机关在作出影响公民、法人或者其他组织权利义务的决定时，组织听取有关人员的意见。

根据《行政许可法》第 47 条的规定，行政许可直接涉及申请人与他人之间重大利益关系的，行政机关在作出行政许可决定前，应当告知申请人、利害关系人享有要求听证的权利；申请人、利害关系人在被告知听证权利之日起 5 日内提出听证申请的，行政机关应当在 20 日内组织听证；申请人、利害关系人不承担行政机关组织听证的费用。

（五）行政许可的撤销与注销

1. 行政许可的撤销 根据《行政许可法》第 69 条的规定，作出行政许可决定的行政机关或者其上级行政机关，根据利害关系人的请求或者依据职权可以撤销行政许可。可以撤销行政许可的情形包括：

(1)行政机关工作人员滥用职权、玩忽职守作出准予行政许可决定的。

(2)超越法定职权作出准予行政许可决定的。

(3)违反法定程序作出准予行政许可决定的。

(4)对不具备申请资格或者不符合法定条件的申请人准予行政许可的。

(5)依法可以撤销行政许可的其他情形。

因为上述情形导致被许可人的合法权益受到损害的，行政机关应当依法给予赔偿。

《行政许可法》第69条还规定，被许可人以欺骗、贿赂等不正当手段取得行政许可的，应当予以撤销。

2. 行政许可的注销 行政许可的注销是指行政机关对不能继续实施的行政许可予以废止。根据《行政许可法》第70条的规定，行政机关应当依法办理有关行政许可的注销手续的情形包括：

(1)行政许可有效期届满未延续的。

(2)赋予公民特定资格的行政许可，该公民死亡或者丧失行为能力的。

【例】 行政机关依法赋予某人依法从事中医诊疗的资格，在该人死亡后他获得的行政许可要被注销。

(3)法人或者其他组织依法终止的。

(4)行政许可依法被撤销、撤回，或者行政许可证件依法被吊销的。

(5)因不可抗力导致行政许可事项无法实施的。这里的不可抗力是指不能预见、不能避免并不能克服的现象，如地震、海啸、战争等。

(6)法律、法规规定的应当注销行政许可的其他情形。

二、行政处罚

(一)行政处罚的含义

行政处罚是行政机关、法律法规授权的组织和行政委托的组织，依法对违反行政管理秩序的公民、法人或者其他组织所实施的法律制裁。

可以从以下几个方面理解行政处罚的含义：

1. 行政处罚所指向的是公民、法人或者其他组织违反行政管理秩序的行为 根据《中华人民共和国行政处罚法》(简称《行政处罚法》)第3条的规定,公民、法人或者其他组织违反行政管理秩序的行为,应当给予行政处罚的,依照该法由法律、法规或者规章规定,并由行政机关依照该法规定的程序实施。行政管理是国家行政机关依法对国家和社会公共事务进行的管理,违反行政管理秩序的行为就是妨碍国家行政管理的行为。

2. 行政处罚具有制裁的性质 行政处罚使公民、法人或者其他组织的权利或权利能力被剥夺,或者被强制要求履行义务。

【例】 某村民宋某驾驶农用车闯红灯,被交警处以200元罚款,罚款的处罚使宋某损失了财产,其财产权利被剥夺。

3. 行政处罚不同于民事责任和刑事责任 根据《行政处罚法》第7条的规定,公民、法人或者其他组织因违法受到行政处罚,其违法行为对他人造成损害的,应当依法承担民事责任;违法行为构成犯罪的,应当依法追究刑事责任,不得以行政处罚代替刑事处罚。

【例】 某村民与人打架,公安机关可以按照规定给予行政处罚,但如果造成他人伤亡的严重后果,就应追究其刑事责任。

(二)行政处罚的种类

根据《行政处罚法》第8条的规定,行政处罚包括以下几种类型:

1. 警告 警告是对行政相对人(在农村是指村里的村民、法人及其他组织)进行谴责以示警戒的处罚措施。警告一般适用于情节较轻微的违法行为,是对行政相对人的影响最轻微的处罚形式。处以警告必须制作书面处罚决定书,送交违法者。

2. 罚款 罚款是强制违法的行政相对人支付一定数额金钱的处罚形式,是广泛应用的一种行政处罚形式。罚款是一种财产处罚,主要适用于以牟取经济利益为目的的违法行为。

3. 没收违法所得、没收非法财物 没收违法所得、没收非法财物是将违法行为人从事非法经营等获得的利益或者用于从事违法活动的违法工具、物品、违禁品等收归国有的处罚形式。没收违法所得、没收非法财物也属于财产处罚。

【例】 某村民偷挖河道的沙子，并以600元的价格卖给他人建房用，这600元钱就是违法所得。

4. 责令停产停业 责令停产停业是强制公民、法人或者其他组织停止生产经营活动的处罚形式。责令停产停业不是直接剥夺违法行为人的财产，而是责令其暂时停止生产经营活动，违法行为人及时纠正违法行为后，可以继续从事生产经营活动。

5. 暂扣或者吊销许可证、暂扣或者吊销执照 暂扣或者吊销许可证、暂扣或者吊销执照，是限制或剥夺违法行为人从事特定活动的权利或资格的处罚形式。

【例】 暂扣或者吊销从事乡村旅游的营业执照，使旅游经营人无法开展乡村旅游营业。暂扣或者吊销拖拉机驾驶证，使违法行为人无法驾驶拖拉机。

暂扣许可证或执照的后果是中止违法行为人从事特定活动的资格，待违法行为人改正或经过一定期限后，再发还许可证、执照。吊销许可证或执照是取消违法行为人从事特定活动的资格，一旦吊销则不再发还。

6. 行政拘留 行政拘留也称为治安拘留，是公安机关在短期内限制违反治安管理规定违法行为人的人身自由的一种处罚。行政拘留是行政处罚中一种严厉的处罚形式，只有在使用警告、罚款不足以惩戒违法行为人时才采用行政拘留的处罚形式。

（三）行政处罚的实施机关

1. 行政机关 根据《行政处罚法》第15条的规定，行政处罚由具有行政处罚权的行政机关在法定职权范围内实施。根据《行政处罚法》第16条的规定，国务院或者经国务院授权的省、自治区、直辖市人民政府可以决定一个行政机关行使有关行政机关的行政处罚权，但限制人身自由的行政处罚权只能由公安机关行使。

2. 法律、法规授权的组织 根据《行政处罚法》第 17 条的规定，法律、法规授权的具有管理公共事务职能的组织可以在法定授权范围内实施行政处罚。

3. 行政机关委托的组织 根据《行政处罚法》第 18 条的规定，行政机关依照法律、法规或者规章的规定，可以在其法定权限内委托符合法律规定条件的组织实施行政处罚。根据《行政处罚法》第 19 条的规定，受委托组织必须符合以下条件：①依法成立的管理公共事务的事业组织；②具有熟悉有关法律、法规、规章和业务的工作人员；③对违法行为需要进行技术检查或者技术鉴定的，应当有条件组织进行相应的技术检查或者技术鉴定。

《行政处罚法》第 18 条还规定，委托行政机关对受委托的组织实施行政处罚的行为应当负责监督，并对该行为的后果承担法律责任；受委托组织在委托范围内，以委托行政机关名义实施行政处罚，不得再委托其他任何组织或者个人实施行政处罚。

（四）行政处罚的管辖和适用

1. 行政处罚的管辖机关 行政处罚的管辖机关是指由哪个行政机关来负责实施行政处罚。根据《行政处罚法》第 20 条的规定，行政处罚由违法行为发生地的县级以上地方人民政府具有行政处罚权的行政机关管辖，但法律、行政法规另有规定的除外。根据《行政处罚法》第 21 条的规定，对管辖发生争议的，报请共同的上一级行政机关，由其指定一个行政机关管辖。《行政处罚法》第 22 条还规定，违法行为构成犯罪的，行政机关必须将案件移送司法机关，依法追究刑事责任。

2. 未成年人、精神病人从轻、减轻或者不予行政处罚的情形 根据《行政处罚法》第 25 条的规定，不满 14 周岁的人有违法行为的，不予行政处罚，责令监护人加以管教，未成年人的监护人一般是其父母。该法第25条还规定，已满14周岁不满18周岁的人有违法行为的，从轻或者减轻行政处罚。

根据《行政处罚法》第26条的规定，精神病人在不能辨认或者不能控制自己行为时有违法行为的，不予行政处罚，但应当责令其监护人严加看管和治疗，精神病人的监护人一般由其配偶、父母或子女担任。该条还规定，间歇性精神病人在精神正常时有违法行为的，应当给予行政处罚。

3. 应当从轻、减轻或者不予行政处罚的情形 根据《行政处罚法》第27条的规定，当事人有下列情形之一的，应当依法从轻或者减轻行政处罚：

(1)主动消除或者减轻违法行为危害后果的。

【例】 某村民毁林开荒，后来担心受到处罚主动恢复被毁的植被。

(2)受他人胁迫有违法行为的。

【例】 村民甲知道村民乙生活作风隐私，于是以此为把柄要挟村民乙一起从事违法行为。

(3)配合行政机关查处违法行为有立功表现的。

(4)其他依法从轻或者减轻行政处罚的。

此外，违法行为轻微并及时纠正，没有造成危害后果的，不予行政处罚。

4. 行政处罚的折抵 根据《行政处罚法》第28条的规定，违法行为构成犯罪，人民法院判处拘役或者有期徒刑时，行政机关已经给予当事人行政拘留的，应当依法折抵相应刑期；违法行为构成犯罪，人民法院判处罚金时，行政机关已经给予当事人罚款的，应当折抵相应罚金。

5. 行政处罚的期限 根据《行政处罚法》第28条的规定，违法行为在2年内未被发现的，不再给予行政处罚，但法律另有规定的除外。该条还规定，上述期限从违法行为发生之日起计算；违法行为有连续或者继续状态的，从行为终了之日起计算。

【例】 某村民连续3次偷挖河沙，该违法行为的期限从最后一次偷挖河沙结束后开始计算。

（五）行政处罚的决定程序

行政机关作出行政处罚的决定，根据不同情形应当遵守不同的程序。

根据《行政处罚法》第30条的规定，公民、法人或者其他组织违反行政管理秩序的行为，依法应当给予行政处罚的，行政机关必须查明事实；违法事实不清的，不得给予行政处罚。根据《行政处罚法》第31条的规定，行政机关在作出行政处罚决定之前，应当告知当事人作出行政处罚决定的事实、理由及依据，并告知当事人依法享有的权利。根据《行政处罚法》第32条的规定，当事人有权进行陈述和申辩；行政机关必须充分听取当事人的意见，对当事人提出的事实、理由和证据，应当进行复核，当事人提出的事实、理由或者证据成立的，行政机关应当采纳；行政机关不得因当事人申辩而加重处罚。

1. 行政处罚的简易程序 行政处罚的简易程序，是指行政处罚机关对违反法律规定的违法行为当场作出处罚决定的处罚程序。

根据《行政处罚法》第33条的规定，违法事实确凿并有法定依据，对公民处以50元以下、对法人或者其他组织处以1 000元以下罚款或者警告的行政处罚的，可以当场作出行政处罚决定。所以当场对个人处罚罚款超过50元的，都属于违法处罚。

【例】 某村民结伙斗殴，被警察当场处以500元罚款。该罚款处罚超过了50元，不应当当场作出处罚决定。

根据《行政处罚法》第34条的规定，执法人员当场作出行政处罚决定的，应当向当事人出示执法身份证件，填写预定格式、编有号码的行政处罚决定书；行政处罚决定书应当当场交付当事人。该条还规定，执法人员当场作出的行政处罚决定，必须报所属行政机关备案。

2. 行政处罚的一般程序 通常情况下实施行政处罚的程序区别于行政处罚的简易程序。行政处罚的一般程序包括如下步骤：

(1)调查取证 根据《行政处罚法》第 36 条的规定，除依法当场作出的行政处罚外，行政机关发现公民、法人或者其他组织有依法应当给予行政处罚的行为的，必须全面、客观、公正地调查，收集有关证据；必要时依照法律、法规的规定可以进行检查。

根据《行政处罚法》第 37 条的规定，行政机关在调查或者进行检查时，执法人员不得少于 2 人，并应当向当事人或者有关人员出示证件；当事人或者有关人员应当如实回答询问，并协助调查或者检查，不得阻挠；询问或者检查应当制作笔录。《行政处罚法》第 37 条还规定，行政机关在收集证据时，可以采取抽样取证的方法；在证据可能灭失或者以后难以取得的情况下，经行政机关负责人批准，可以先行登记保存，并应当在 7 日内及时作出处理决定，在此期间，当事人或者有关人员不得销毁或者转移证据；执法人员与当事人有直接利害关系的，应当回避。

(2)审查决定 根据《行政处罚法》第 38 条的规定，调查终结，行政机关负责人应当对调查结果进行审查，根据不同情况，分别作出如下决定：①确有应受行政处罚的违法行为的，根据情节轻重及具体情况，作出行政处罚决定；②违法行为轻微，依法可以不予行政处罚的，不予行政处罚；③违法事实不能成立的，不得给予行政处罚；④违法行为已构成犯罪的，移送司法机关。

《行政处罚法》第 38 条还规定，对情节复杂或者重大违法行为给予较重的行政处罚，行政机关的负责人应当集体讨论决定。

【真实案例】

2009年起，孙××陆续在位于××市××镇××村的集体土地上填塘渣、搭钢棚、挖池塘、砌围墙，并从事养殖鸡、猪等活动。该土地性质为基本农田，孙××未办理用地审批手续。期间，政府相关部门对孙××占用土地进行建设和养殖的行为进行了多次制止，并组织力量实施过行政强制拆除、土地复垦行为。但孙××依然占用上述土地进行建设并从事养殖活动。2011年8月8日，××市国土资源局对孙××土地违法案件予以受理，并于次月12日立案。经调查勘测，××市国土资源局查明孙××因畜禽养殖占用土地面积共5 600平方米，其中建筑物和其他设施占用土地面积为3 100平方米。在履行了告知、听证等相关程序后，××市国土资源局于2012年1月11日作出〔2012〕1号行政处罚决定。

该处罚决定认定孙××未经县级人民政府土地行政主管部门批准，擅自在××市××镇××村集体土地上进行畜禽养殖。经勘测，所涉土地面积共5 600平方米，其中用于畜禽养殖使用土地的实际情况如下：填有塘渣的土地面积为1 379平方米；养鸡、养猪的棚屋占用的土地面积为1 329平方米；放置畜禽粪便的池塘227平方米；水泥地坪84平方米；大门旁的棚屋81平方米，以上土地面积为3 100平方米。根据××市××镇土地利用总体规划和土地利用现状确定上述土地类别为基本农田。孙××的上述行为违反了《中华人民共和国土地管理法》第二条第三款、第四条第四款和《浙江省实施〈中华人民共和国土地管理法〉办法》第三十三条以及浙江省国土资源厅、农业厅（浙土资发〔2009〕26号）《关于切实做好设施农用地管理服务的通知》文件的规定，属于未经批准、擅自占用土地用于养殖业的违法行为，按非法占用土地进行查处。依据《中华人民共和国土地管理法》第七十六条第一款、第八十三条和《中华人民共和国土地管理法实施条例》第四十二条的规定，责令孙××退还非法占用的5600平方米土地，在接到行政处罚决定之日起15日内自行拆除在非法占用的土地上新建的建筑物和其他设施，恢复3100平方米土地原状，并处非法占用并用于畜禽养殖的3100平方米土地每平方米29元的罚款，计人民币89900元。

（案例来源：北大法律信息网）

(3)制作、送达行政处罚决定书　根据《行政处罚法》第39条的规定，行政机关依照行政处罚法规定给予行政处罚，应当制作行政处罚决定书；行政处罚决定书必须盖有作出行政处罚决定的行政机关的印章。根据《行政处罚法》第40条的规定，行政处罚决定书应当在宣告后当场交付当事人；当事人不在场的，行政机关应当在7日内依照民事诉讼法的有关规定，将行政处罚决定书送达当事人。

3. 行政处罚的听证程序　听证程序是在一定条件下在一般程序中增加的特别程序。在行政机关要作出对公民、法人或者其他组织权利义务有较大影响的处罚决定时，当事人可以要求组织听取意见。根据《行政处罚法》第42条的规定，行政机关作出责令停产停业、吊销许可证或者执照、较大数额罚款等行政处罚决定之前，应当告知当事人有要求举行听证的权利；当事人要求听证的，行政机关应当组织听证。

根据《行政处罚法》第42条的规定，行政处罚的听证依照以下程序组织：

(1)当事人要求听证的，应当在行政机关告知后3日内提出。

(2)行政机关应当在听证的7日前，通知当事人举行听证的时间、地点。

(3)除涉及国家秘密、商业秘密或者个人隐私外，听证公开举行。

(4)听证由行政机关指定的非本案调查人员主持;当事人认为主持人与本案有直接利害关系的,有权申请回避。

【例】 主持人是本案中受害人的近亲属,当事人可以申请该主持人回避,更换主持人。

(5)当事人可以亲自参加听证,也可以委托1~2人代理。

(6)举行听证时,调查人员提出当事人违法的事实、证据和行政处罚建议;当事人可以进行申辩和质证。

(7)听证应当制作笔录,笔录应当交当事人审核无误后签字或者盖章。

(六)行政处罚的执行

1. 收缴罚款 根据《行政处罚法》第46条的规定,作出罚款决定的行政机关应当与收缴罚款的机构分离;除当场收缴的罚款外,作出行政处罚决定的行政机关及其执法人员不得自行收缴罚款;当事人应当自收到行政处罚决定书之日起15日内,到指定的银行缴纳罚款,银行应当收受罚款,并将罚款直接上缴国库。

根据《行政处罚法》第47条的规定,依照简易程序当场作出行政处罚决定时,依法给予20元以下的罚款和不当场收缴事后难以执行的,执法人员可以当场收缴罚款。

根据《行政处罚法》第48条的规定,在边远、水上、交通不便地区,行政机关及其执法人员依法作出罚款决定后,当事人向指定的银行缴纳罚款确有困难,经当事人提出,行政机关及其执法人员可以当场收缴罚款。

根据《行政处罚法》第49条的规定,行政机关及其执法人员当场收缴罚款的,必须向当事人出具省、自治区、直辖市财政部门统一制发的罚款收据;不出具财政部门统一制发的罚款收据的,当事人有权拒绝缴纳罚款。

2. 执行保障措施 为了保障行政处罚决定得以执行,根据

《行政处罚法》第51条的规定，当事人逾期不履行行政处罚决定的，作出行政处罚决定的行政机关可以采取下列措施：①到期不缴纳罚款的，每日按罚款数额的3%加处罚款；②根据法律规定，将查封、扣押的财物拍卖或者将冻结的存款划拨抵缴罚款；③申请人民法院强制执行。

三、行政复议

(一)行政复议的含义

行政复议是指公民、法人或者其他组织认为行政机关的具体行政行为侵犯其合法权益，按照法定的程序和条件请求法定复议机关重新审查该行政行为的合法性、适当性，由复议机关进行复查并作出复议决定的活动。

【例】 某村民因酒后殴打他人被公安机关处以行政拘留的处罚，如果该村民不服行政拘留处罚，可以申请行政复议。

可以从以下几个方面理解行政复议的含义。

1. 行政复议要由公民、法人或者其他组织提出申请 行政复议产生的前提是公民、法人或者其他组织提出申请，没有申请行为，也就没有行政复议的程序。

2. 公民、法人或者其他组织对行政机关的具体行政行为提起行政复议 行政机关的行政行为有具体行政行为和抽象行政行为之分。具体行政行为是行政机关对特定的公民、法人和其他组织行使行政权力的行为。例如，行政机关作出的行政许可、行政处罚就是具体行政行为。抽象行政行为是国家行政机关针对不特定的公民、法人和其他组织制定法规、规章和有普遍约束力的决定、命令等行政规则的行为。行政相对人只能对具体行政行为提出复议申请，而不能单独对行政机关的抽象行政行为提起行政复议。

【例】 某村民驾驶农用车闯红灯，被交警处以200元罚款，该村民可以就交警处罚他的行为提出行政复议，但是不能就处罚他所依据的《中华人民共和国道路交通安全法实施条例》提起行政复议。

3. 行政复议决定由法定复议机关按照法定的程序作出 有权从事行政复议活动的机关由法律明确规定，而且行政复议从申请、受理到决定、送达都必须符合法律规定的程序。

下文将详细阐述这些复议机关和程序。

（二）行政复议的范围

1. 可以申请行政复议的具体行政行为 根据《行政复议法》第6条的规定，申请人对下列具体行政行为不服的，可以申请行政复议：

（1）对行政机关作出的警告、罚款、没收违法所得、没收非法财物、责令停产停业、暂扣或者吊销许可证、暂扣或者吊销执照、行政拘留等行政处罚决定不服的。

（2）对行政机关作出的限制人身自由或者查封、扣押、冻结财产等行政强制措施决定不服的。

（3）对行政机关作出的有关许可证、执照、资质证、资格证等证书变更、中止、撤销的决定不服的。

（4）对行政机关作出的关于确认土地、矿藏、水流、森林、山岭、草原、荒地、滩涂、海域等自然资源的所有权或者使用权的决定不服的。

（5）认为行政机关侵犯合法的经营自主权的。

【例】 某乡政府强行命令某养殖户低价向某酒店供应海鲜，养殖户可以基于合法的经营自主权被侵犯为由提起行政复议。

（6）认为行政机关变更或者废止农业承包合同，侵犯其合法权益的。

（7）认为行政机关违法集资、征收财物、摊派费用或者违法要求履行其他义务的。

(8)认为符合法定条件，申请行政机关颁发许可证、执照、资质证、资格证等证书，或者申请行政机关审批、登记有关事项，行政机关没有依法办理的。

(9)申请行政机关履行保护人身权利、财产权利、受教育权利的法定职责，行政机关没有依法履行的。

【例】 村民郑某承包的果园中的水果被盗，郑某报警，但公安机关没有派出民警处理该案件，郑某可以依法提起行政复议。

(10)申请行政机关依法发放抚恤金、社会保险金或者最低生活保障费，行政机关没有依法发放的。

(11)认为行政机关的其他具体行政行为侵犯其合法权益的。

2. 可以申请行政复议的抽象行政行为 根据《行政复议法》第 7 条的规定，公民、法人或者其他组织认为行政机关的具体行政行为所依据的下列规定不合法，在对具体行政行为申请行政复议时，可以一并向行政复议机关提出对该规定的审查申请：①国务院部门的规定；②县级以上地方各级人民政府及其工作部门的规定；③乡、镇人民政府的规定。但是，根据《行政复议法》第 7 条的规定，上述所列规定不含国务院部、委员会规章和地方人民政府规章。

3. 不能申请行政复议的范围 根据《行政复议法》第 8 条的规定，不服行政机关作出的行政处分或者其他人事处理决定的，不能申请行政复议，只能依照有关法律、行政法规的规定提出申诉。行政处分或者人事处理决定是针对行政机关内部工作人员作出的处理决定，当事人不能申请行政复议。

【例】 某乡政府工作人员违反工作纪律，乡政府给予其降级处分，该工作人员不能申请行政复议。

《行政复议法》第 8 条还规定，不服行政机关对民事纠纷作出的调解或者其他处理的，不能申请行政复议，只能依法申请仲裁或者向人民法院提起诉讼。

【例】 对于因民间纠纷引起的打架斗殴或者损毁他人财物等违反治安管理的行为，情节轻微的，公安机关可以调解处理，当事人不能对公安机关就上述事项作出的调解处理申请行政复议。

（三）行政复议的申请

1. 行政复议的申请人 行政复议不是任何人都可以申请的，根据《行政复议法》第 9 条的规定，公民、法人或者其他组织认为具体行政行为侵犯其合法权益的，可以提出行政复议申请。

根据《行政复议法》第 10 条的规定，可以依照以下规则确定行政复议的申请人：

(1)有权申请行政复议的公民死亡的，其近亲属可以申请行政复议。

(2)有权申请行政复议的公民为无民事行为能力人或者限制民事行为能力人的，其法定代理人可以代为申请行政复议。无民事行为能力人，是指 14 周岁以下的未成年人和不能辨认自己行为的精神病人。限制民事行为能力人，一般是指 14 周岁以上 18 周岁以下的未成年人或者不能完全辨认自己行为的精神病人。

(3)有权申请行政复议的法人或者其他组织终止的，承受其权利的法人或者其他组织可以申请行政复议。

【例】 甲村办企业被乙村办企业收购，甲村办企业依法终止，承受甲村办企业权利的乙村办企业可以就甲村办企业的事由申请行政复议。

(4)同申请行政复议的具体行政行为有利害关系的其他公民、法人或者其他组织，可以作为第三人参加行政复议。这里的第三人是指行政复议的处理结果会影响其权利义务的公民、法人或者其他组织。

【例】 行政机关确认村民甲正在养殖水产品的某块滩涂的使

用权属于村民乙，村民甲不服提起行政复议，村民乙是本案中的第三人，行政复议的处理结果会影响村民乙的权利。

(5)申请人、第三人可以委托代理人代为参加行政复议。

2. 行政复议的被申请人　根据《行政复议法》第10条的规定，公民、法人或者其他组织对行政机关的具体行政行为不服申请行政复议的，作出具体行政行为的行政机关是被申请人。也就是说，哪个行政机关作出了具体行政行为，哪个行政机关就是被申请人。

3. 行政复议机关　根据《行政复议法》第12条的规定，对县级以上地方各级人民政府工作部门的具体行政行为不服的，由申请人选择，可以向该部门的本级人民政府申请行政复议，也可以向上一级主管部门申请行政复议。

【例】　假如县农业局是被申请人，那么申请人可以选择向县政府或者市农业局申请行政复议。

《行政复议法》第12条还规定，对海关、金融、国税、外汇管理等实行垂直领导的行政机关和国家安全机关的具体行政行为不服的，向上一级主管部门申请行政复议。

根据《行政复议法》第13条的规定，对地方各级人民政府的具体行政行为不服的，向上一级地方人民政府申请行政复议；对省、自治区人民政府依法设立的派出机关所属的县级地方人民政府的具体行政行为不服的，向该派出机关申请行政复议。

【例】　某地区行署是某省设立的派出机关，村民对该行署所管辖的县人民政府的具体行政行为不服，可以向该地区行署申请行政复议。

根据《行政复议法》第14条的规定，对国务院部门或者省、自治区、直辖市人民政府的具体行政行为不服的，向作出该具体行政行为的国务院部门或者省、自治区、直辖市人民政府申请行政复议。

根据《行政复议法》第 15 条的规定，对其他行政机关、组织的具体行政行为不服的，按照下列规定申请行政复议：

(1)对县级以上地方人民政府依法设立的派出机关的具体行政行为不服的，向设立该派出机关的人民政府申请行政复议。

【例】 村民对某地区行署的具体行政行为不服，可以向设立该地区行署的省政府申请行政复议。

(2)对政府工作部门依法设立的派出机构依照法律、法规或者规章规定，以自己的名义作出的具体行政行为不服的，向设立该派出机构的部门或者该部门的本级地方人民政府申请行政复议。

【例】 某县公安局设立的某派出所以该所的名义对某村民处以 50 元罚款，该村民可以向设立该派出所的县公安局或该公安局所属的县人民政府申请行政复议。

(3)对法律、法规授权的组织的具体行政行为不服的，分别向直接管理该组织的地方人民政府、地方人民政府工作部门或者国务院部门申请行政复议。

(4)对两个或者两个以上行政机关以共同的名义作出的具体行政行为不服的，向其共同上一级行政机关申请行政复议。

(5)对被撤销的行政机关在撤销前所作出的具体行政行为不服的，向继续行使其职权的行政机关的上一级行政机关申请行政复议。

《行政复议法》第 15 条还规定，有上述情形之一的，申请人也可以向具体行政行为发生地的县级地方人民政府提出行政复议申请，由接受申请的县级地方人民政府依法办理。

4. 申请行政复议的期限 根据《行政复议法》第 9 条的规定，公民、法人或者其他组织认为具体行政行为侵犯其合法权益的，可以自知道该具体行政行为之日起 60 日内提出行政复议申请；但是法律规定的申请期限超过 60 日的除外。该条还规定，因不可抗力或者其他正当理由耽误法定申请期限的，申请期限自障碍消除之日起继续计算。

【例】 某村民不服某乡政府变更农业承包合同的决定，在他知道该决定的第 50 天准备提起行政复议，但是由于山洪暴发交通阻断，过了 30 天才恢复，虽然已经过了 80 天但是申请期限从交通恢复时开始继续计算，也就是还有 10 天时间。

5. 申请行政复议的方式 根据《行政复议法》第 11 条的规定，申请人申请行政复议，可以书面申请，也可以口头申请。口头申请的，行政复议机关应当当场记录申请人的基本情况、行政复议请求、申请行政复议的主要事实、理由和时间。

【范 本】

行政复议申请书

申请人：姓名______ 性别____ 出生年月________
身份证(或其他有效证件)号码__________
工作单位____________
住所____________ 邮政编码______
电话________
法人或者其他组织：名称__________
住所____________ 邮政编码______
电话________
法定代表人或者主要负责人：姓名______ 职务______
委托代理人：姓名________ 电话________
被申请人：名称____________

行政复议请求：____________________
____

事实和理由：____

____

____

此致

____________________（行政复议机关）

申请人：（签名或者盖章）

年　　月　　日

附件：1. 申请书副本______份。

2. 申请人身份证明材料复印件。

3. 其他有关材料______份。

4. 授权委托书（有委托代理人的）。

6. 申请行政复议与提起行政诉讼　行政诉讼是当事人以行政机关为被告向人民法院提起的诉讼，本书其他章节将详细阐述。根据《行政复议法》第16条的规定，公民、法人或者其他组织申请行政复议，行政复议机关已经依法受理的，或者法律、法规规定应当先向行政复议机关申请行政复议、对行政复议决定不服再向人民法院提起行政诉讼的，在法定行政复议期限内不得向人民法院提起行政诉讼；公民、法人或者其他组织向人民法院提起行政诉讼，人民法院已经依法受理的，不得申请行政复议。

（四）行政复议的受理

1. 行政复议申请的审查　根据《行政复议法》第17条的规定，行政复议机关收到行政复议申请后，应当在5日内进行审查，对不符合规定的行政复议申请，决定不予受理，并书面告知申请人；对符合规定，但是不属于本机关受理的行政复议申请，应当告知申请人向有关行政复议机关提出；行政复议申请自行政复议机关负责法制工作的机构收到之日起即为受理。

2. 行政复议申请的转送 根据《行政复议法》第 18 条的规定，依法接受行政复议申请的县级地方人民政府，对属于其他行政复议机关受理的行政复议申请，应当自接到该行政复议申请之日起 7 日内，转送有关行政复议机关，并告知申请人。

3. 上级行政机关对行政复议申请的处理 根据《行政复议法》第 20 条的规定，公民、法人或者其他组织依法提出行政复议申请，行政复议机关无正当理由不予受理的，上级行政机关应当责令其受理。必要时，上级行政机关也可以直接受理。

4. 复议期间具体行政行为的效力 根据《行政复议法》第 21 条的规定，行政复议期间具体行政行为一般不停止执行，也就是行政机关作出的行政许可、行政处罚等决定要继续实施，而不是等待行政复议的结果。

（五）行政复议决定

1. 对一般事项的行政复议决定 根据《行政复议法》第 28 条的规定，行政复议机关负责法制工作的机构应当对被申请人作出的具体行政行为进行审查，提出意见。审查意见经行政复议机关的负责人同意或者集体讨论通过后，按照下列规定作出行政复议决定：

（1）具体行政行为认定事实清楚、证据确凿、适用依据正确、程序合法、内容适当的，决定维持原来的行政行为。

（2）被申请人不履行法定职责的，决定让其在一定期限内履行。

（3）具体行政行为有下列情形之一的，决定撤销、变更或者确认该具体行政行为违法；决定撤销或者确认该具体行政行为违法的，可以责令被申请人在一定期限内重新作出具体行政行为：①主要事实不清、证据不足的；②适用依据错误的，这里的依据是指行政机关据以作出行政处罚的规章、决定等；③违反法定程序的；④超越或者滥用职权的；⑤具体行政行为明显不当的。

(4)被申请人不依法提出书面答复、提交当初作出具体行政行为的证据、依据和其他有关材料的，视为该具体行政行为没有证据、依据，决定撤销该具体行政行为；行政复议机关责令被申请人重新作出具体行政行为的，被申请人不得以同一的事实和理由作出与原具体行政行为相同或者基本相同的具体行政行为。

2. 对特殊事项的行政复议决定

(1)责令被申请人赔偿，返还财产，解除对财产的查封、扣押、冻结措施的决定　根据《行政复议法》第29条的规定，申请人在申请行政复议时可以一并提出行政赔偿请求，行政复议机关对符合国家赔偿法的有关规定应当给予赔偿的，在决定撤销、变更具体行政行为或者确认具体行政行为违法时，应当同时决定被申请人依法给予赔偿；申请人在申请行政复议时没有提出行政赔偿请求的，行政复议机关在依法决定撤销或者变更罚款，撤销违法集资、没收财物、征收财物、摊派费用以及对财产的查封、扣押、冻结等具体行政行为时，应当同时责令被申请人返还财产，解除对财产的查封、扣押、冻结措施，或者赔偿相应的价款。

(2)对土地等自然资源权属争议的决定　根据《行政复议法》第30条的规定，公民、法人或者其他组织认为行政机关的具体行政行为侵犯其已经依法取得的土地、矿藏、水流、森林、山岭、草原、荒地、滩涂、海域等自然资源的所有权或者使用权的，应当先申请行政复议，对行政复议决定不服的，可以依法向人民法院提起行政诉讼；根据国务院或者省、自治区、直辖市人民政府对行政区划的勘定、调整或者征用土地的决定，省、自治区、直辖市人民政府确认土地、矿藏、水流、森林、山岭、草原、荒地、滩涂、海域等自然资源的所有权或者使用权的行政复议决定为最终裁决。

3. 行政复议决定的期限和效力　根据《行政复议法》第31条的规定，行政复议机关应当自受理申请之日起60日内作出行政复议决定，但是法律规定的行政复议期限少于60日的除外；情况复杂，不能在规定期限内作出行政复议决定的，经行政复议机关的负责人批准，可以适当延长，并告知申请人和被申请人，但是延长期限最多不超过30日。

《行政复议法》第31条还规定，行政复议机关作出行政复议决定，应当制作行政复议决定书，并加盖印章；行政复议决定书一经送达，即发生法律效力。

4. 行政复议决定的履行　根据《行政复议法》第32条的规定，被申请人应当履行行政复议决定，被申请人不履行或者无正当理由拖延履行行政复议决定的，行政复议机关或者有关上级行政机关应当责令其限期履行。

申请人也应当履行行政复议决定，根据《行政复议法》第33条的规定，申请人逾期不起诉又不履行行政复议决定的，或者不履行最终裁决的行政复议决定的，按照下列规定分别处理：

(1)维持具体行政行为的行政复议决定，由作出具体行政行为的行政机关依法强制执行，或者申请人民法院强制执行。

(2)变更具体行政行为的行政复议决定，由行政复议机关依法强制执行，或者申请人民法院强制执行。

第四章 农村治安管理与农村犯罪

农村社会稳定是社会主义和谐社会建设的重要组成部分。在我国经济持续发展，综合国力不断增强的大背景下，农村社会形势总体稳定。但是，由于经济利益、人口流动、观念转变等多种因素的影响，农村的治安案件和刑事案件仍然存在。本章主要介绍农村治安管理处罚和农村犯罪的法律规定。

一、农村治安管理

（一）农村常见违反治安管理的行为和处罚

治安管理处罚是指对扰乱公共秩序，妨害公共安全，侵犯人身权利、财产权利，妨害社会管理，具有社会危害性，依照《中华人民共和国刑法》的规定尚不够刑事处罚的行为人，由公安机关依法给予的处罚。治安管理处罚是行政处罚，对犯罪行为则是处以刑罚。

【例】 同样是盗窃行为，如果某村民盗窃了200元，应对其处以治安管理处罚；如果该村民盗窃了10 000元，则应对其处以刑罚。

下面将介绍农村常见违反治安管理的行为和处罚规定。

1. 妨害公共秩序的行为和处罚

（1）扰乱单位、公共场所、公共交通和选举秩序的行为和处罚

根据《中华人民共和国治安管理处罚法》（以下简称《治安管理处罚法》）第23条的规定，扰乱单位、公共场所、公共交通和选举秩序的行为包括：

①扰乱机关、团体、企业、事业单位秩序，致使工作、生产、营业、医疗、教学、科研不能正常进行，尚未造成严重损失的行为。

【例】　某村民因医院造成其妻子流产，纠集10余位亲友冲击医院，造成医院大门被堵，无法正常开展医疗活动。

②扰乱车站、港口、码头、机场、商场、公园、展览馆或者其他公共场所秩序的行为。

③扰乱公共汽车、电车、火车、船舶、航空器或者其他公共交通工具秩序的行为。

【例】　某村民在酒后乘坐长途汽车，在中途耍酒疯，干扰司机行车。

④非法拦截或者强登、扒乘机动车、船舶、航空器以及其他交通工具，影响交通工具正常行驶的行为。

⑤破坏依法进行的选举秩序的行为。

【例】　某村民在选举村委会主任时担任计票人，为了让与自己关系好的候选人当选，故意把废票当作有效票，改变了选举结果，后来该行为被发现并纠正。

根据《治安管理处罚法》第23条的规定，对扰乱单位、公共场所、公共交通和选举秩序的行为处警告或者200元以下罚款。情节较重的，处5日以上10日以下拘留，可以并处500元以下罚款。聚众实施上述行为的，对首要分子处10日以上15日以下拘留，可以并处1 000元以下罚款。

警告是治安管理处罚种类中最轻的一种，是公安机关向违反治安管理的行为人指出行为的危害性，引起行为人的警觉，不至于再违反治安管理规定。罚款是公安机关限令违反治安管理的行为人在一定期限内向国家缴纳一定数额的金钱。拘留是公安机关依法将违反治安管理的行为人拘禁在拘留所，在一定时间内剥夺其人身自由的处罚方式。

(2)扰乱文化、体育等大型群众性活动秩序的行为和处罚　根据《治安管理处罚法》第 24 条的规定，扰乱文化、体育等大型群众性活动秩序的行为包括：

①强行进入场内的行为。

【例】 某文艺表演团体到某乡村演出，几位村民在没有购票的情况下推搡验票工作人员强行进入剧场。

②违反规定，在场内燃放烟花爆竹或者其他物品的行为。

③展示侮辱性标语、条幅等物品的行为。

【例】 某县举行的农民运动会上，某乡村民为了干扰其他乡的参赛选手，制作并在运动场展示了写有"某某人不服输，跑起步来赛肥猪"的标语。

④围攻裁判员、运动员或者其他工作人员的行为。

⑤向场内投掷杂物，不听制止的行为。

根据《治安管理处罚法》第 24 条的规定，扰乱文化、体育等大型群众性活动秩序的，处警告或者 200 元以下罚款。情节严重的，处 5 日以上 10 日以下拘留，可以并处 500 元以下罚款。另外，因扰乱体育比赛秩序被处以拘留处罚的，可以同时责令其 12 个月内不得进入体育场馆观看同类比赛，违反规定进入体育场馆的，强行带离现场。

(3)扰乱公共秩序的行为和处罚　根据《治安管理处罚法》第 25 条的规定，扰乱公共秩序的行为包括：

①散布谣言，谎报险情、疫情、警情或者以其他方法故意扰乱公共秩序的行为。

【例】 某村民为了看大家逃生的情景取乐，故意在村中散布当地要发生 8 级地震的虚假消息。

②投放虚假的爆炸性、毒害性、放射性、腐蚀性物质或者传染病病原体等危险物质扰乱公共秩序的行为。

【例】 某村民为了报复将其儿子开除的某商场，用麻袋装入黄土伪装成炸药包放在该商场。

③扬言实施放火、爆炸、投放危险物质扰乱公共秩序的行为。

根据《治安管理处罚法》第25条的规定，扰乱公共秩序的处5日以上10日以下拘留，可以并处500元以下罚款。情节较轻的，处5日以下拘留或者500元以下罚款。

(4)寻衅滋事的行为和处罚　寻衅滋事是指在公共场所故意挑衅，无事生非，破坏公共秩序的行为。根据《治安管理处罚法》第26条的规定，寻衅滋事的行为包括：

①结伙斗殴的行为。

②追逐、拦截他人的行为。

【例】 某村几位村民酒后在路上遇到一位漂亮姑娘，追赶并纠缠姑娘，声称要与姑娘交朋友。

③强拿硬要或者任意损毁、占用公私财物的行为。

【例】 某村几位游手好闲的青年人，强行拿走摆摊卖运动鞋的摊贩几双鞋。

根据《治安管理处罚法》第26条的规定，寻衅滋事的行为处5日以上10日以下拘留，可以并处500元以下罚款。情节较重的，处10日以上15日以下拘留，可以并处1000元以下罚款。

(5)利用封建迷信、会道门等进行非法活动的行为和处罚　根据《治安管理处罚法》第27条的规定，利用封建迷信、会道门等进行非法活动的行为包括：

①组织、教唆、胁迫、诱骗、煽动他人从事邪教、会道门活动或者利用邪教、会道门、迷信活动，扰乱社会秩序、损害他人身体健康的行为。邪教是冒用宗教的教义建立的，不受国家法律承认和保护的反道德、反社会的非法组织。会道门是带有封建迷信色彩组织的总称。

【例】 某村民自称是下凡的观音菩萨，能用"神水"治疗百病，骗取老年患者的钱财。

②冒用宗教、气功名义进行扰乱社会秩序、损害他人身体健康

活动的行为。

【例】 某村民自称是气功大师，收费治疗腰椎病，但事实上是通过隐藏的电击装置造成患者产生麻痒的感觉。

根据《治安管理处罚法》第27条的规定，利用封建迷信、会道门等进行非法活动的，处10日以上15日以下拘留，可以并处1000元以下罚款。情节较轻的，处5日以上10日以下拘留，可以并处500元以下罚款。

2. 妨害公共安全的行为和处罚

(1)违反危险物品管理的行为和处罚　根据《治安管理处罚法》第30条的规定，违反国家规定，制造、买卖、储存、运输、邮寄、携带、使用、提供、处置爆炸性、毒害性、放射性、腐蚀性物质或者传染病病原体等危险物质的，处10日以上15日以下拘留。情节较轻的，处5日以上10日以下拘留。

【例】 某村民为了制作鞭炮爆竹在春节销售，用农用车从外地运输炸药、火药等回乡途中被警察查获。

(2)未按规定报告危险物品状况的行为和处罚　根据《治安管理处罚法》第31条的规定，爆炸性、毒害性、放射性、腐蚀性物质或者传染病病原体等危险物质被盗、被抢或者丢失，未按规定报告的，处5日以下拘留。故意隐瞒不报的，处5日以上10日以下拘留。

【例】 某乡办采石场储存的炸药被盗，保管员为逃避责任，故意隐瞒炸药被盗的事实。

(3)妨害铁路运行安全的行为和处罚　根据《治安管理处罚法》第35条的规定，妨害铁路运行安全的行为包括：

①盗窃、损毁或者擅自移动铁路设施、设备、机车车辆配件或者安全标志的行为。

【例】 某村民为建猪舍，从村边经过的铁路上盗窃枕木。

②在铁路线路上放置障碍物，或者故意向列车投掷物品的

行为。

③在铁路线路、桥梁、涵洞处挖掘坑穴、采石取沙的行为。

【例】 某村民为了建房，在铁路桥下的河滩挖沙子。

④在铁路线路上私设道口或者平交过道的。这里的平交过道是指横穿铁轨通行的过道。

根据《治安管理处罚法》第35条的规定，妨害铁路运行安全的，处5日以上10日以下拘留，可以并处500元以下罚款。情节较轻的，处5日以下拘留或者500元以下罚款。

(4)妨害公共道路等安全的行为和处罚 根据《治安管理处罚法》第37条的规定，妨害公共道路等安全的行为包括：

①未经批准，安装、使用电网的，或者安装、使用电网不符合安全规定的行为。

【例】 某村民为了防止有人偷盗即将成熟的水果，未经批准在果园周围安装电网，危害了他人的安全。

②在车辆、行人通行的地方施工，对沟井坎穴不设覆盖物、防围和警示标志的，或者故意损毁、移动覆盖物、防围和警示标志的行为。

③盗窃、损毁路面井盖、照明等公共设施的行为。

【例】 某村民为了发泄对村委会的不满情绪，用弹弓将村中主要道路上的路灯打碎。

根据《治安管理处罚法》第37条的规定，有上述行为的，处5日以下拘留或者500元以下罚款。情节严重的，处5日以上10日以下拘留，可以并处500元以下罚款。

3. 侵犯人身权利、财产权利的行为和处罚

(1)限制人身自由等行为和处罚 根据《治安管理处罚法》第40条的规定，限制人身自由等行为包括：

①组织、胁迫、诱骗不满16周岁的人或者残疾人进行恐怖、残忍表演的行为。

【例】 某村民为了获取高额演出收入，强迫10岁少年表演口吞尖刀。

②以暴力、威胁或者其他手段强迫他人劳动的行为。

【例】 某村民开办了一个砖厂，为了降低工资成本，强迫暂住本地的外来务工人员在砖厂劳动。

③非法限制他人人身自由、非法侵入他人住宅或者非法搜查他人身体的行为。

【例】 某村民怀疑同村的另一村民偷盗了他的手机，于是纠集亲友强行搜查该村民的身体。

根据《治安管理处罚法》第40条的规定，有上述行为的，处10日以上15日以下拘留，并处500元以上1 000元以下罚款。情节较轻的，处5日以上10日以下拘留，并处200元以上500元以下罚款。

(2)殴打或者故意伤害他人身体的行为和处罚　根据《治安管理处罚法》第43条的规定，殴打他人的，或者故意伤害他人身体的，处5日以上10日以下拘留，并处200元以上500元以下罚款。情节较轻的，处5日以下拘留或者500元以下罚款。

如果有下列行为，处10日以上15日以下拘留，并处500元以上1 000元以下罚款：

①结伙殴打、伤害他人的行为。

②殴打、伤害残疾人、孕妇、不满14周岁的人或者60周岁以上的人的行为。

③多次殴打、伤害他人或者一次殴打、伤害多人的行为。

【真实案例】

2010年10月6日17时许，陈×浩在××市××区××镇的××药店门口，因人口普查要陈×达填写表格与陈×浩产生冲突，陈×达受伤。2010年10月7日9时10分，陈×达在××医院住院部接受××派出所询问，陈×达述称，事发时他正在搬两瓶煤气，陈×浩过来开口骂他并声称要打他，他就把煤气放在地上并对陈×浩说要打就放马过来，陈×浩听到后就过来用手把他推倒在地，他倒地后陈×浩又用手打中他的左脸部，陈×浩打完后就离开了。2010 年 11 月 2 日，陈×达再次接受××派出所询问，陈×达述称，他被陈×浩推倒在地后又被陈×浩用拳头殴打左太阳穴部位和嘴部，旁边的村民冲过来推开陈×浩，并将他扶起来，陈×浩一会儿就走了。两次笔录陈×达均否认还手殴打陈×浩。2010 年 10 月 26 日和 28 日××派出所分别询问证人郑××、陈××，两个证人均证实陈×达被陈×浩殴打，并述称没有看到陈×达还手。陈×达的伤情，经法医鉴定，损伤程度为轻微伤。

2010 年 12 月 6 日，××市公安局××分局根据《中华人民共和国治安管理处罚法》第四十三条第二款第(二)项的规定，决定对陈×浩处以行政拘留 15 日并处罚款 1 000 元。

（案例来源：北大法律信息网）

(3)虐待、遗弃行为和处罚　根据《治安管理处罚法》第 45 条的规定，虐待、遗弃行为包括：

①虐待家庭成员，被虐待人要求处理的行为。

【例】　某村民生育了一个女儿，在儿子出生后对女儿态度十分冷淡，经常打骂。女儿成年后要求处理父亲的虐待行为。

②遗弃没有独立生活能力的被扶养人的行为。

【例】　某村民和父亲一起生活，该村民一直怨恨父亲在兄弟几个分家时偏袒其他兄弟，最终将年迈体衰的父亲赶出家门。

根据《治安管理处罚法》第 45 条的规定，有上述虐待、遗弃行为的，处 5 日以下拘留或者警告。

(4)侵害他人公私财物的行为和处罚　根据《治安管理处罚法》第 49 条的规定，盗窃、诈骗、哄抢、抢夺、敲诈勒索或者故意损毁公私财物的，处 5 日以上 10 日以下拘留，可以并处 500 元以下罚款。情节较重的，处 10 日以上 15 日以下拘留，可以并处 1 000 元以下罚款。

【例】 一辆途径某村庄的运输车发生车祸，该村一些村民在驾驶员受伤之际将车上运输的水果抬回家中。

4. 妨害社会管理的行为和处罚

(1)妨害执行公务的行为和处罚　根据《治安管理处罚法》第 50 条的规定，妨害执行公务的行为包括：

①拒不执行人民政府在紧急状态情况下依法发布的决定、命令的行为。

【例】 在某一地区出现暴乱、动乱，出现大规模的传染病或者疫情等情况下，国家宣布该地区进入紧急状态，并采取措施来应对紧急状况。如果村民在此时拒绝执行有关的决定或者命令，就属于这种违反治安管理的行为。

②阻碍国家机关工作人员依法执行职务的行为。

【例】 警察依法到某村解救被拐卖的儿童，但是购买儿童的村民及家人在门口纠缠、阻拦，不允许警察带走被拐卖的儿童。

③阻碍执行紧急任务的消防车、救护车、工程抢险车、警车等车辆通行的行为。

④强行冲闯公安机关设置的警戒带、警戒区的行为。

根据《治安管理处罚法》第 50 条的规定，对上述行为处警告或者 200 元以下罚款。情节严重的，处 5 日以上 10 日以下拘留，可以并处 500 元以下罚款。此外，如果阻碍人民警察依法执行职务，要从重处罚。

(2)船舶擅自进入、停靠的行为和处罚　根据《治安管理处罚法》第 53 条的规定，船舶擅自进入、停靠国家禁止、限制进入的水域或者岛屿的，对船舶负责人及有关责任人员处 500 元以上 1 000 元以下罚款。情节严重的，处 5 日以下拘留，并处 500 元以上

1000 以下罚款。

【例】 国家在某一近海区域进行科学试验，在一定期间内禁止渔船进入该水域作业，但是某渔民仍然驾驶渔船进入该水域捕鱼。

(3)妨害文物管理的行为和处罚 根据《治安管理处罚法》第 63 条的规定，妨害文物管理的行为包括：

①刻划、涂污或者以其他方式故意损坏国家保护的文物、名胜古迹的行为。

【例】 某村的一座寺庙是建于宋代的国家文物保护单位，某村民在寺庙外的石碑上刻下自己编写的对联。

②违反国家规定，在文物保护单位附近进行爆破、挖掘等活动，危及文物安全的行为。

【例】 某村民为了建造猪舍，在一处国家重点保护的古墓葬挖掘石材。

根据《治安管理处罚法》第 63 条的规定，妨害文物管理的处警告或者 200 元以下罚款。情节较重的，处 5 日以上 10 日以下拘留，并处 200 元以上 500 元以下罚款。

(4)违反坟墓、尸体管理的行为和处罚 根据《治安管理处罚法》第 65 条的规定，违反坟墓、尸骨管理的行为包括：

①故意破坏、污损他人坟墓或者毁坏、丢弃他人尸骨、骨灰的行为。

【例】 某村民一直财运不旺，认为山坡上正对着自家大门的一座坟墓破坏了自己住宅的风水，于是在算命先生的怂恿下挖掘了那座坟墓，丢弃了尸骨。

②在公共场所停放尸体或者因停放尸体影响他人正常生活、工作秩序，不听劝阻的。

【例】 某村民因饮酒过度住院，不久诱发其他疾病死亡。其家属认为是医院造成该村民死亡，于是在医院的大厅设置灵堂，停放尸体，并向医院索取高额赔偿金。

根据《治安管理处罚法》第 65 条的规定，有上述行为的，处 5 日以上 10 日以下拘留。情节严重的，处 10 日以上 15 日以下拘留，可以并处 1 000 元以下罚款。

(5)卖淫、嫖娼行为和处罚　根据《治安管理处罚法》第 66 条的规定，卖淫、嫖娼的，处 10 日以上 15 日以下拘留，可以并处 5 000 元以下罚款。情节较轻的，处 5 日以下拘留或者 500 元以下罚款。在公共场所拉客招嫖的，处 5 日以下拘留或者 500 元以下罚款。卖淫、嫖娼是指以金钱或财物为媒介发生性关系的行为。拉客招嫖是指行为人以语言挑逗或者肢体动作意图使他人嫖娼的行为。

(6)赌博行为和处罚　根据《治安管理处罚法》第 70 条的规定，以营利为目的，为赌博提供条件的，或者参与赌博赌资较大的，处 5 日以下拘留或者 500 元以下罚款。情节严重的，处 10 日以上 15 日以下拘留，并处 500 元以上 3 000 元以下罚款。

【例】 某村民在自己家中为其他人提供麻将、骰子等赌具，并按照赌资的一定比例抽取利润，即属于以营利为目的为赌博提供条件。

(7)涉及毒品原植物行为和处罚　根据《治安管理处罚法》第 71 条的规定，涉及毒品原植物行为包括：

①非法种植罂粟不满 500 株或者其他少量毒品原植物的行为。这里的罂粟是提取鸦片的植物，其他毒品原植物还包括古柯植物、大麻植物等。有上述行为，但在成熟前自行铲除的，不予处罚。

②非法买卖、运输、携带、持有少量未经灭活的罂粟等毒品原植物种子或者幼苗的行为。

【例】 某村民为了种植鸦片，携带从外乡非法购买的罂粟幼苗回乡途中被查获。

③非法运输、买卖、储存、使用少量罂粟壳的。

【例】 某村民开设了一家拉面馆，为了吸引回头客，谋取非法利润，他在拉面汤中放入罂粟壳，结果被举报查获。

根据《治安管理处罚法》第71条的规定，有上述行为的，处10日以上15日以下拘留，可以并处3000元以下罚款。情节较轻的，处5日以下拘留或者500元以下罚款。

(8)饲养动物违法行为和处罚　根据《治安管理处罚法》第75条的规定，饲养动物，干扰他人正常生活的，处警告。警告后不改正的，或者放任动物恐吓他人的，处200元以上500元以下罚款。

【例】 某村民每天定时带着家中豢养的狼狗散步，他觉得狼狗非常听他的话，就没给狼狗戴锁链。狼狗经常追逐路人，直到路人惊慌失措，他才喝止狼狗，以此来取乐。该村民的行为应受到治安管理处罚。

(二)治安管理处罚的适用

治安管理处罚的适用，是公安机关根据违法行为人的个人情况和行为情节，来决定是否给予处罚、给予何种处罚和给予何种程度的处罚。

1. 应受处罚的行为主体　给予违反治安管理处罚，行为人应当达到责任年龄。责任年龄是承担治安管理处罚必须达到的年龄。根据《治安管理处罚法》第12条的规定，不满14周岁的人违反治安管理的，不给予处罚。已满14周岁不满18周岁的人违反治安管理的，应当从轻或者减轻处罚。从轻处罚是在法定的处罚种类和幅度范围内，处以较轻的处罚。

【例】 某村民违反治安管理，公安机关可以处以10～15日拘留，公安机关综合考虑案情后给予该村民10日拘留处罚。

减轻处罚是指在法定的处罚种类和幅度以下给予处罚。

【例】 殴打他人应当给予拘留处罚，但是公安机关综合考虑案情后给予未成年人罚款处罚。

达到责任年龄的人一般应当接受处罚，但是根据《治安管理处罚法》第13条的规定，精神病人在不能辨认或者不能控制自己行为的时候违反治安管理的，不予处罚；间歇性的精神病人在精神正常的时候违反治安管理的，应当给予处罚。另外，根据《治安管理处罚法》第14条的规定，盲人或者又聋又哑的人违反治安管理的，可以从轻、减轻或者不予处罚。

2. 多个违法行为和共同违法行为的处罚

(1)多个违法行为的处罚　多个违法行为是指一个行为人实施了两种以上违反治安管理的行为。根据《治安管理处罚法》第16条的规定，有两种以上违反治安管理行为的，应当分别作出处罚决定，合并执行。但是，行政拘留处罚合并执行的，最长不超过20日。

【例】　某村民既有赌博行为，同时又有卖淫嫖娼行为，公安机关分别作出处罚拘留5天和10天的决定，合并执行拘留15天的处罚。

(2)共同违法行为的处罚　共同违法行为是指两个以上行为人共同实施了同一个违反治安管理的行为。根据《治安管理处罚法》第17条的规定，对共同违法行为应当根据行为人在违反治安管理行为中所起的作用，分别处罚。

【例】　村民甲和村民乙共同实施了殴打他人的行为，但是村民甲仅仅是将被害人绊倒，村民乙用棍棒将被害人打伤，对甲乙二人应按照伤害被害人的作用分别处罚。

3. 减轻处罚、不予处罚、从重处罚和不执行拘留处罚

(1)减轻处罚和不予处罚　根据《治安管理处罚法》第19条的规定，对具有以下情形的违反治安管理行为应当减轻处罚或者不予处罚：

①情节特别轻微的。

【例】 某村民从邻居的果园里偷拿了几个苹果，被邻居发现并报警。

②主动消除或者减轻违法后果，并取得被侵害人谅解的。

【例】 某村民辱骂应当赡养的老人后十分后悔，主动向老人道歉并取得老人谅解。

③出于他人胁迫或者诱骗的。胁迫是指用威逼、强制的手段迫使他人从事违反治安管理的行为。

【例】 村民甲担心自己的孩子被村民乙伤害，在村民乙的胁迫下砸碎了乙的仇人的车窗。

诱骗是指用引诱、欺骗的方法使人从事违反治安管理的行为。

④主动投案，向公安机关如实陈述自己的违法行为的。

⑤有立功表现的。

【例】 某村民有盗窃行为，他在被公安机关抓获后主动供述了其他违法行为人。

(2)从重处罚　从重处罚是在法定的处罚种类和幅度内给予较高的处罚。

【例】 公安机关可以给予某村民10～15日的拘留处罚，最后决定给予15日的处罚。

根据《治安管理处罚法》第20条的规定，对具有以下情形的违反治安管理行为应当从重处罚：

①有较严重后果的。

【例】 某村民为了看大火取乐，故意阻拦消防车救火，结果造成他人较多财物被焚毁。

②教唆、胁迫、诱骗他人违反治安管理的。教唆是指通过劝说、煽动、挑拨等方法使他人实施违反治安管理的行为。

③对报案人、控告人、举报人、证人打击报复的。

【例】 某村民盗窃财物被邻居发现并报案，该村民向邻居家投掷死猫恐吓邻居。

④6 个月内曾受过治安管理处罚的。

(3)不执行拘留处罚　不执行拘留处罚是指公安机关放弃执行应当给予的拘留处罚。根据《治安管理处罚法》第 21 条的规定，对具有以下情形的违反治安管理的行为人，不应执行行政拘留处罚：①已满 14 周岁不满 16 周岁的；②已满 16 周岁不满 18 周岁，初次违反治安管理的；③70 周岁以上的；④怀孕或者哺乳不满 1 周岁婴儿的。

(三)治安管理处罚的程序

公安机关依法对违反治安管理的行为进行处罚的程序包括调查、决定和执行三个步骤。

1. 调查程序　调查是公安机关确定违反治安管理行为的过程。根据《治安管理处罚法》第 77～88 条的规定，公安机关应按照以下规定进行调查：

(1)案件受理　公安机关对报案、控告、举报或者违反治安管理行为人主动投案以及其他行政主管部门、司法机关移送的违反治安管理案件，应当及时受理，并进行登记。

公安机关受理报案、控告、举报、投案后，认为属于违反治安管理行为的，应当立即进行调查。认为不属于违反治安管理行为的，应当告知报案人、控告人、举报人、投案人，并说明理由。

(2)取证和回避　公安机关及其人民警察对治安案件的调查，应当依法进行。严禁刑讯逼供或者采用威胁、引诱、欺骗等非法手段收集证据。以非法手段收集的证据不得作为处罚的根据。公安机关及其人民警察在办理治安案件时，对涉及的国家秘密、商业秘密或者个人隐私，应当予以保密。

回避是指办理治安案件的人民警察与案件有可能影响案件公正处理的某种关系，因而退出该案件办理的一种制度。人民警察在办理治安案件过程中，遇有下列情形之一的，应当回避：

①是本案当事人或者当事人的近亲属的。

【例】 某村民因赌博被警察抓获，但是办理该案的警察是他的侄子，该警察应当回避。

②本人或者其近亲属与本案有利害关系的。

【例】 违反治安管理的村民毁坏了办案警察岳父家的祖坟，该警察应当回避。

③与本案当事人有其他关系，可能影响案件公正处理的。

【例】 违反治安管理的村民与办案警察有较深的矛盾，该警察应当回避。

(3)传唤和询问 传唤是指要求行为人到指定地点接受调查。需要传唤违反治安管理行为人接受调查的，经公安机关办案部门负责人批准，使用传唤证传唤。对现场发现的违反治安管理行为人，人民警察经出示工作证件，可以口头传唤，但应当在询问笔录中注明。公安机关应当将传唤的原因和依据告知被传唤人。对无正当理由不接受传唤或者逃避传唤的人，可以强制传唤。

对违反治安管理行为人，公安机关传唤后应当及时询问查证，询问查证的时间不得超过 8 小时。情况复杂，可能适用行政拘留处罚的，询问查证的时间不得超过 24 小时。公安机关应当及时将传唤的原因和处所通知被传唤人家属。

询问笔录应当交被询问人核对，对没有阅读能力的，应当向其宣读。记载有遗漏或者差错的，被询问人可以提出补充或者更正。被询问人确认笔录无误后，应当签名或者盖章，询问的人民警察也应当在笔录上签名。询问不满 16 周岁的违反治安管理行为人，应当通知其父母或者其他监护人到场。

人民警察询问被侵害人或者其他证人，可以到其所在单位或者住处进行，也可以通知其到公安机关提供证言。人民警察在公安机关以外询问被侵害人或者其他证人，应当出示工作证件。

(4)检查和扣押 公安机关对与违反治安管理行为有关的场

所、物品、人身可以进行检查。检查时，人民警察不得少于2人，并应当出示工作证件和县级以上人民政府公安机关开具的检查证明文件。对确有必要立即进行检查的，人民警察经出示工作证件，可以当场检查，但检查公民住所应当出示县级以上人民政府公安机关开具的检查证明文件。检查妇女的身体，应当由女性工作人员进行。

检查的情况应当制作检查笔录，由检查人、被检查人和见证人签名或者盖章。被检查人拒绝签名的，人民警察应当在笔录上注明。

公安机关办理治安案件，对与案件有关的需要作为证据的物品，可以扣押。对与案件无关的物品，不得扣押。

2. 决定程序

(1)作出决定的机关　根据《治安管理处罚法》第91条的规定，治安管理处罚由县级以上人民政府公安机关决定。其中警告、500元以下的罚款可以由公安派出所决定。

(2)处罚前的告知　根据《治安管理处罚法》第94条的规定，公安机关作出治安管理处罚决定前，应当告知违反治安管理行为人作出治安管理处罚的事实、理由及依据，并告知违反治安管理行为人依法享有的权利。违反治安管理行为人有权陈述和申辩。公安机关必须充分听取违反治安管理行为人的意见，对违反治安管理行为人提出的事实、理由和证据，应当进行复核。违反治安管理行为人提出的事实、理由或者证据成立的，公安机关应当采纳。公安机关不得因违反治安管理行为人的陈述、申辩而加重处罚。

(3)处罚决定　根据《治安管理处罚法》第95～96条的规定，治安案件调查结束后，公安机关应当根据不同情况，分别作出以下处理：

①确有依法应当给予治安管理处罚的违法行为的，根据情节轻重及具体情况，作出处罚决定。

②依法不予处罚的，或者违法事实不能成立的，作出不予处罚决定。

【例】 某村民被人举报聚众赌博，但是没有证据证明该村民有赌博行为，公安机关应作出不予处罚决定。

③违法行为已涉嫌犯罪的，移送主管机关依法追究刑事责任。

④发现违反治安管理行为人有其他违法行为的，在对违反治安管理行为作出处罚决定的同时，还要通知有关行政主管部门处理。

【例】 公安机关在处罚种植罂粟的违法行为人时，发现他还涉嫌偷税，此时应及时通知税务部门。

公安机关作出治安管理处罚决定的，应当制作治安管理处罚决定书。决定书应当由作出处罚决定的公安机关加盖印章。公安机关应当向被处罚人宣告治安管理处罚决定书，并当场交付被处罚人。无法当场向被处罚人宣告的，应当在 2 日内送达被处罚人。决定给予行政拘留处罚的，应当及时通知被处罚人的家属。有被侵害人的，公安机关应当将决定书副本抄送被侵害人。

3. 执行程序

(1)罚款的执行　根据《治安管理处罚法》第 104 条和第 106 条的规定，受到罚款处罚的人应当自收到处罚决定书之日起 15 日内，到指定的银行缴纳罚款。

但是，有下列情形之一的，人民警察可以当场收缴罚款：①被处 50 元以下罚款，被处罚人对罚款无异议的；②在边远、水上、交通不便地区，公安机关及其人民警察作出罚款决定后，被处罚人向指定的银行缴纳罚款确有困难，经被处罚人提出的当场缴纳罚款的；③被处罚人在当地没有固定住所，不当场收缴事后难以执行的。

人民警察当场收缴罚款的，应当向被处罚人出具省、自治区、直辖市人民政府财政部门统一制发的罚款收据；不出具统一制发的罚款收据的，被处罚人有权拒绝缴纳罚款。

(2)拘留的执行　对被决定给予行政拘留处罚的人，由作出决定的公安机关送达拘留所执行。

根据《治安管理处罚法》第107～108条、第110～111条的规定，被处罚人不服行政拘留处罚决定，申请行政复议、提起行政诉讼的，可以向公安机关提出暂缓执行行政拘留的申请。公安机关认为暂缓执行行政拘留不致发生社会危险的，由被处罚人或者其近亲属提出符合条件的担保人，或者按每日行政拘留200元的标准交纳保证金，行政拘留的处罚决定暂缓执行。

被决定给予行政拘留处罚的人交纳保证金，暂缓行政拘留后，逃避行政拘留处罚的执行的，保证金予以没收并上缴国库，已经作出的行政拘留决定仍应执行。

行政拘留的处罚决定被撤销，或者行政拘留处罚开始执行的，公安机关收取的保证金应当及时退还交纳人。

二、农村犯罪

(一)犯罪概述

1. 犯罪的含义　目前，我国的犯罪及刑罚主要由《中华人民共和国刑法》(以下简称《刑法》)和8个《中华人民共和国刑法修正案》(以下简称《刑法修正案》)加以规定。犯罪与一般违法行为有所不同，根据《刑法》第13条的规定，犯罪是具有社会危害性、刑事违法性与应受刑罚处罚性的行为。对于犯罪可以从以下几个方面加以理解：

(1)犯罪是具有社会危害性的行为　社会危害性是指犯罪行为侵犯了《刑法》所保护的国家利益、公共利益、集体利益以及公民合法权益。犯罪的社会危害性具体表现为：危害国家主权、领土完整与安全，分裂国家、颠覆人民民主专政的政权和社会主义制度，破坏社会秩序和经济秩序，侵犯国有财产或者劳动群众集体所有的财产，侵犯公民私人所有的财产，侵犯公民的人身权利、民主权利和其他权利，以及侵犯其他合法权益。

(2)犯罪是具有刑事违法性的行为　刑事违法性是指犯罪行为违反了刑法的规定，是刑法所禁止的行为。刑法对犯罪行为的禁止，是通过对犯罪行为规定刑罚后果来实现的。如果行为人的情节危害不大，不认为是犯罪，可以考虑给予治安管理处罚或者其他的行政处罚。

(3)犯罪是应受刑罚处罚的行为　应受刑罚处罚性是指犯罪行为是应当受刑罚处罚的行为。任何违法行为都要承担相应的法律后果，只有当该行为应当受到刑罚处罚时，才能成立犯罪。应当给予治安管理处罚或者其他的行政处罚的行为就不是犯罪。

2. 排除犯罪的事由　排除犯罪是指某种行为虽然客观上造成了一定的损害结果，表面上看好像是犯罪，但实际上并不具有犯罪的社会危害性，依法不成立犯罪，不受刑罚处罚。根据《刑法》的规定，排除犯罪的主要事由包括：

(1)正当防卫　根据《刑法》第 20 条的规定，正当防卫是指为了保护国家、公共利益、本人或者他人的人身、财产和其他合法权利免受正在进行的不法侵害，采取对不法侵害人造成损害的方法来制止不法侵害的行为。

【例】　某村民为了防止半路抢劫的歹徒抢走他携带的巨额钱款，在与歹徒搏斗过程中将歹徒打伤。

正当防卫本质上是为了制止他人的不法侵害，是为了保护合法权益，正当防卫不承担刑事责任。

(2)紧急避险　根据《刑法》第 21 条的规定，紧急避险是指为了使国家、公共利益、本人或者他人的人身、财产和其他权利免受正在发生的危险，不得已给另一较小合法权益造成损害的行为。

【例】 某村民在驾驶卡车运送化肥的路上，为了躲避突然出现在路中间捡球的小孩，卡车撞毁了停在路边的一辆小汽车。

紧急避险的本质是在法律所保护的利益遇到不可能采取其他措施予以避免的危险时，不得已损害另一较小合法利益来保护较大的合法利益，因此紧急避险也不负刑事责任。在上个例子中，小孩的生命安全就是高于小汽车财产安全的利益。

（二）刑罚的种类

刑罚是国家为了防止犯罪行为对国家利益、社会利益与公民合法权益的侵犯而规定的，由人民法院依法对犯罪人适用的强制措施。根据《刑法》的规定，刑罚分为主刑和附加刑，下面分别加以介绍：

1. 主刑 主刑是指只能独立适用的主要刑罚方法。一个犯罪行为只能适用一个主刑，不能同时适用两个以上的主刑。根据《刑法》第33条的规定，主刑包括管制、拘役、有期徒刑、无期徒刑与死刑。

（1）管制 管制是对罪犯不予关押，但限制其一定自由，实行社区矫正的刑罚方法。社区矫正是指将符合条件的罪犯置于社区内，由专门的国家机关在相关社会团体和民间组织以及社会志愿者的协助下，矫正其犯罪心理和行为恶习，并促进其顺利回归社会的非监禁刑罚执行活动。

管制要限制罪犯一定的自由，具体表现为：遵守法律、行政法规，服从监督；未经执行机关批准，不得行使言论、出版、集会、结社、游行、示威自由的权利；按照执行机关规定报告自己的活动情况；遵守执行机关关于会客的规定；离开所居住的市、县或者迁居，应当报经执行机关批准。

根据《刑法》第38条第2款规定，判处管制，可以根据犯罪情况，同时禁止犯罪分子在执行期间从事特定活动，进入特定区域、场所，接触特定的人。

管制的期限为3个月以上2年以下，数罪并罚时不得超过3年。管制的刑期从判决执行之日起计算；判决执行前先行羁押的，羁押1日折抵刑期2日。管制期满，执行机关应即向本人和其所在单位或者居住地的群众宣布解除管制。

(2)拘役　拘役是短期剥夺罪犯的人身自由，就近劳动的刑罚方法。

拘役的期限为1个月以上6个月以下。拘役的刑期从判决执行之日起计算，判决执行以前先行羁押的，羁押1日折抵刑期1日。拘役由公安机关就近在拘役所、看守所等场所执行。在执行拘役期间，罪犯每月可以回家1～2天，参加劳动的，可以酌量发给报酬。

(3)有期徒刑　有期徒刑是剥夺罪犯一定期限的人身自由，实行强制劳动改造的刑罚方法。

执行有期徒刑要将罪犯拘押于监狱或劳改农场等场所。有期徒刑的期限为6个月以上15年以下。刑期从判决执行之日起开始计算，判决执行以前先行羁押的，羁押1日折抵刑期1日。被判处有期徒刑的人凡有劳动能力的，都应当参加劳动，接受教育和改造。

(4)无期徒刑　无期徒刑是剥夺罪犯终身自由，实行劳动改造的刑罚方法。

无期徒刑是剥夺罪犯自由的刑罚中最严厉的刑罚方法，因此，《刑法》对非常严重的犯罪规定了无期徒刑。同时，对于被判处无期徒刑的罪犯，应当附加剥夺政治权利终身。无期徒刑的基本内容也是对罪犯实行劳动改造，凡具有劳动能力的被判处无期徒刑的罪犯，应当参加劳动，接受教育和改造。

(5)死刑　死刑是剥夺罪犯生命的刑罚方法。生命是最宝贵的，失去后是不可能恢复的，因此死刑是最严厉的刑罚方法，也被称为极刑。

死刑包括死刑立即执行和死刑缓期2年执行两种情况。对于应当判处死刑的犯罪分子，如果不是必须立即执行的，可以判处死刑同时宣告缓期2年执行。被判处死刑缓期执行的罪犯，最终有三种结果：①在死刑缓期执行期间，如果没有故意犯罪，2年期满以后，减为无期徒刑；②在死刑缓期执行期间，如果确有重大立功表现，2年期满以后，减为25年有期徒刑；③在死刑缓期执行期间，如果故意犯罪，查证属实的，由最高人民法院核准，执行死刑。

【例】 阻止他人重大犯罪活动，检举监狱内外重大犯罪活动经查证属实，有发明创造或者重大技术革新，在日常生产、生活中舍己救人，在抗御自然灾害或者排除重大事故中有突出表现都属于上述重大立功表现。

需要注意的是，不得对犯罪的时候不满18周岁的人和审判的时候怀孕的妇女适用死刑。审判的时候已满75周岁的人，不适用死刑，但以特别残忍手段致人死亡的除外。这里的不适用死刑，既包括不适用死刑立即执行，也包括不适用死刑缓期2年执行。

2. 附加刑 附加刑是指补充主刑适用的刑罚方法。附加刑既可以附加主刑适用，也可以独立适用。《刑法》第34条规定了罚金、剥夺政治权利与没收财产三种附加刑。

(1)罚金　罚金是判处犯罪分子向国家缴纳一定数额金钱的刑罚方法。

罚金应从判决发生法律效力第2日起最长不超过3个月内一次或者分期缴纳。期满不缴纳的，强制缴纳。对于不能全部缴纳罚金的，人民法院一旦发现被执行人有可以执行的财产时，即应随时追缴。如果由于遭遇不能抗拒的灾祸缴纳确实有困难的，可以酌情减少或者免除罚金。

【例】 被判处罚金的罪犯遭受火灾、水灾、地震等丧失财产，罪犯因重病、伤残丧失劳动能力需要支付巨额医药费等，可以减少或者免除罚金。

(2)剥夺政治权利　剥夺政治权利是指剥夺犯罪人参加管理国家和政治活动的权利的刑罚方法。

剥夺的政治权利包括:选举权与被选举权;言论、出版、集会、结社、游行、示威的权利;担任国家机关职务的权利;担任国有公司、企业、事业单位和人民团体领导职务的权利。

剥夺政治权利的期限分为以下情况:①对于判处死刑、无期徒刑的犯罪分子,应当剥夺政治权利终身;②在死刑缓期执行减为有期徒刑或者无期徒刑减为有期徒刑的时候,应当把附加剥夺政治权利的期限改为3年以上10年以下;③独立适用或者判处有期徒刑、拘役附加适用剥夺政治权利的期限,为1年以上5年以下;④判处管制附加剥夺政治权利的期限与管制的期限相等。

(3)没收财产　没收财产是将罪犯的一部分财产或者全部财产强制无偿地收归国有的刑罚方法。

判处没收全部财产的,应当为罪犯个人及其抚养的家属保留必要的生活费用。同时,不得没收属于犯罪分子家属所有或者应有的财产。

【例】　某村民犯罪,法院只能没收对夫妻共同财产中属于罪犯的那一部分财产,而不得没收属于夫妻另一方的财产。

此外,罪犯在判决生效前所负的合法债务,需要以没收财产偿还的,经债权人请求,应当偿还。

(三)农村常见犯罪及刑罚

《刑法》规定的罪名种类有很多,这里主要介绍农村常见的一些犯罪行为及处罚。

1. 危害公共安全罪　危害公共安全罪这一类犯罪,是指故意或者过失地实施危害不特定多数人的生命、健康或者重大公私财产安全的行为。这里的“不特定”是指每一种危害公共安全犯罪都不是针对特定的个人或者特定的财产的,其后果也是犯罪行为人无法预料和控制的。

(1)失火罪　根据《刑法》第 115 条的规定,失火罪是指行为人因过失而引起火灾,致人重伤、死亡或者使公私财产遭受重大损失,危害公共安全的行为。

这里的过失是指行为人疏忽大意或者过于自信而造成损害后果的心理状态。

【例】 某村民在清明节扫墓时烧纸,他明知可能引起火灾,但是他觉得当天的风并不大,而且扫墓时看守明火的人多,结果风向突然转变,燃烧的纸钱引燃了山林。

根据《刑法》第 115 条的规定,犯失火罪的,处 3 年以上 7 年以下有期徒刑。情节较轻的,处 3 年以下有期徒刑或者拘役。

(2)过失决水罪　根据《刑法》第 115 条的规定,过失决水罪是指由于过失引起水患,致人重伤、死亡或者使公私财产遭受重大损失,危害公共安全的行为。

【例】 某村民为了引主干河道的水灌溉自己的农田,在干堤上挖掘缺口,结果造成溃堤的严重后果。

根据《刑法》第 115 条的规定,犯过失决水罪的,处 3 年以上 7 年以下有期徒刑。情节较轻的,处 3 年以下有期徒刑或者拘役。

(3)过失爆炸罪　根据《刑法》第 115 条的规定,过失爆炸罪是指由于过失引起爆炸事故,致人重伤、死亡或者使公私财产遭受重大损失,危害公共安全的行为。

【例】 某村民为了制造鞭炮,在自家床下储存了一箱火药,结果不慎引起爆炸,造成人员伤亡、房屋被毁的严重后果。

根据《刑法》第 115 条的规定,犯过失爆炸罪的,处 3 年以上 7 年以下有期徒刑。情节较轻的,处 3 年以下有期徒刑或者拘役。

(4)过失投放危险物质罪　根据《刑法》第 115 条的规定,过失投放危险物质罪是指由于过失投放毒害性等物质,危害公共安全,致人重伤、死亡或者使公私财产遭受重大损失的行为。

【例】 某村民将用剩下的剧毒农药扔进垃圾堆，后来农药被雨水冲进灌溉渠，造成人畜中毒的后果。

根据《刑法》第115条的规定，犯过失投放危险物质罪的，处3年以上7年以下有期徒刑。情节较轻的，处3年以下有期徒刑或者拘役。

(5)非法制造、买卖、运输、邮寄、储存枪支、弹药、爆炸物罪　根据《刑法》第125条的规定，非法制造、买卖、运输、邮寄、储存枪支、弹药、爆炸物罪，是指违反国家有关枪支、弹药、爆炸物的管理规定，未经批准，非法制造、买卖、运输、邮寄、储存枪支、弹药、爆炸物，危害公共安全的行为。

这里的枪支包括手枪、步枪、冲锋枪、机枪、射击运动用的枪支、狩猎用的有膛线枪、霰弹枪、火药枪、发射金属弹丸的气枪等。弹药是指各种枪支使用的弹药。爆炸物是指能够引起爆炸，具有较大杀伤力的物品，如雷管、炸药、导火索以及军用的手榴弹、地雷等。

【例】 某村民为了上山打兔子，私自制造了发射金属弹丸的霰弹枪。

根据《刑法》第125条的规定，犯非法制造、买卖、运输、邮寄、储存枪支、弹药、爆炸物罪的，处3年以上10年以下有期徒刑，情节严重的，处10年以上有期徒刑、无期徒刑或者死刑。

(6)交通肇事罪　根据《刑法》第133条的规定，交通肇事罪是指违反交通管理法规，发生重大交通事故，致人重伤、死亡或者使公私财产遭受重大损失，危害公共安全的行为。

【例】 某村民为了把丰收的蔬菜及时送到城里出售，连续开车10余小时，最后因为打瞌睡与前车追尾，致使自己和乘车人受重伤。

根据《刑法》第133条的规定，犯交通肇事罪的，处3年以下有期徒刑或者拘役。肇事后逃逸或者有其他特别恶劣情节的，处3

年以上 7 年以下有期徒刑。因逃逸致人死亡的,处 7 年以上有期徒刑。

(7)危险驾驶罪　根据《刑法》第 133 条的规定,危险驾驶罪是指违反交通管理法规,在道路上驾驶机动车追逐竞驶,情节恶劣的,或者在道路上醉酒驾驶机动车,危害公共安全的行为。

【例】 某村民醉酒后驾驶拖拉机,被夜查的交警查获。

根据《刑法》第 133 条的规定,犯危险驾驶罪的,处拘役,并处罚金。

2. 破坏社会主义市场经济秩序罪　破坏社会主义市场经济秩序罪这一类犯罪是指违反国家市场经济秩序管理法律,干扰国家对市场经济的管理活动,破坏社会主义市场经济秩序,损害国民经济发展的行为。

(1)生产、销售有毒、有害食品罪　根据《刑法》第 144 条的规定,生产、销售有毒、有害食品罪是指违反国家食品卫生管理法律,在生产、销售的食品中掺入有毒、有害的非食品原料,或者销售明知掺有有毒、有害的非食品原料的食品的行为。

【例】 某村民制作馒头销售,为了使馒头显得又白又大,他在和面时掺入工业用的有毒物质。

根据《刑法》第 144 条和第 141 条的规定,犯生产、销售有毒、有害食品罪的,处 5 年以下有期徒刑,并处罚金。对人体健康造成严重危害或者有其他严重情节的,处 5 年以上 10 年以下有期徒刑,并处罚金。致人死亡或者有其他特别严重情节的,处 10 年以上有期徒刑、无期徒刑或者死刑,并处罚金或者没收财产。

(2)生产、销售伪劣农药、兽药、化肥、种子罪　根据《刑法》第 147 条的规定,生产、销售伪劣农药、兽药、化肥、种子罪是指违反国家产品质量法律,生产假农药、假兽药、假化肥,销售明知是假的或者失去效能的农药、兽药、化肥、种子,或者生产者、销售者以不合格的农药、兽药、化肥、种子冒充合格的农药、兽药、化肥、种子,使生产遭受较大损失的行为。

根据《刑法》第147条的规定，犯生产、销售伪劣农药、兽药、化肥、种子罪，使生产遭受较大损失的，处3年以下有期徒刑或者拘役，并处或者单处销售金额50%以上2倍以下罚金。使生产遭受重大损失的，处3年以上7年以下有期徒刑，并处销售金额50%以上2倍以下罚金。使生产遭受特别重大损失的，处7年以上有期徒刑或者无期徒刑，并处销售金额50%以上2倍以下罚金或者没收财产。

【真实案例】

2010年夏天，被告人马××在江苏省徐州市丰县与当地人刘××、渠××（二人另案处理）商量在汝州市发展洋葱种植，由马××、刘××到汝州市联系种植户，渠××提供洋葱种子并回收等。2010年8月20日，被告人马××伙同刘××，汝州市纸坊乡的焦××、邢××、张一×、张二×等种植户签订洋葱种植购销合同，赊销“黄金大玉葱”洋葱种子63筒。随后，种植户张二×、焦××等人发现“黄金大玉葱”洋葱种子可能是假冒种子并告知了马××等人，被告人马××等人对种植户称种子没有问题仍让种植。2011年4月份，8家种植户种植的“黄金大玉葱”洋葱大量抽薹，给种植户造成较大经济损失。经汝州市种子管理站认定，该“黄金大玉葱”洋葱种子为假冒种子。经汝州市价格认证中心价格评估，给焦××等8家种植户造成经济损失共计73 550.40元。

本案在审理过程中，经调解，被告人马××及同案人刘××、渠××共同赔偿被害人焦××等8家种植户各项经济损失73 550.40元，各被害人对被告人马××及同案人刘××、渠××予以谅解。

汝州市人民法院认为，被告人马××明知是假的种子仍伙同他人予以销售，使生产遭受较大损失，其行为已构成了销售伪劣种子罪，且系二人以上共同故意犯罪。公诉机关指控的罪名成立，本院予以支持。被告人马××归案后及庭审中认罪态度较好，确有悔罪表现，其亲属能积极赔偿种植户的经济损失，取得了种植户的谅解，并积极代其缴纳部分罚金，可酌情从轻处罚。结合被告人的犯罪情节、主观恶性、认罪悔罪态度及一贯表现，对其可依法适用缓刑。依照《中华人民共和国刑法》第一百四十七条，第二十五条第一款，第六十七条第三款，第五十二条，第五十三条，第七十二条第一款，第七十三条第二、第三款的规定，判决如下：

被告人马××犯销售伪劣种子罪，判处有期徒刑1年零6个月，缓刑2年，并处罚金人民币10000元(已缴纳3000元，剩余罚金限判决生效后10日内缴纳)。

(资料来源：北大法律信息网)

(3)走私珍稀植物、珍稀植物制品罪　根据《刑法》第151条的规定，走私珍稀植物、珍稀植物制品罪是指违反海关法律，逃避海关监管，非法携带、运输、邮寄国家禁止进出口的珍稀植物及其制品进出国(边)境的行为。

【例】 某村民非法向境外邮寄虎骨，结果被海关查扣。

根据《刑法》第151条的规定，犯走私珍稀植物、珍稀植物制品罪的，处5年以下有期徒刑，并处或者单处罚金。情节严重的，处5年以上有期徒刑，并处罚金。

3. 侵犯人身权利、民主权利罪　侵犯人身权利、民主权利罪这一类犯罪是指故意或者过失侵害他人身体，阻碍他人行使民主权利的行为。

(1)故意杀人罪　根据《刑法》第232条的规定，故意杀人罪是指故意非法剥夺他人生命的行为。

【例】 某村民因为宅基地界限与邻居产生纠纷，一怒之下在邻居的酒瓶里下毒，毒死了邻居。

故意杀人罪的行为人剥夺他人生命的行为是非法的，如果合法剥夺他人的生命不属于故意杀人罪。在正当防卫中造成不法侵害人死亡的，对判处死刑的罪犯依法执行死刑的，都不属于故意杀人罪。

根据《刑法》第232条的规定，犯故意杀人罪的，处死刑、无期徒刑或者10年以上有期徒刑。情节较轻的，处3年以上10年以下有期徒刑。

(2)过失致人死亡罪　根据《刑法》第233条的规定，过失致人死亡罪是指由于过失而导致他人死亡的行为。

【例】　某村民在山林里打野兔，在野兔逃进草丛后他投掷了梭镖，结果刺死了在草丛后挖草药的另一村民。

根据《刑法》第233条的规定，犯过失致人死亡罪的，处3年以上7年以下有期徒刑。情节较轻的，处3年以下有期徒刑。

(3)故意伤害罪　根据《刑法》第234条的规定，故意伤害罪是指非法损害他人身体健康的行为。

【例】　某村民为了教训到他的果园偷水果的小偷，用扁担打断了小偷的腿。

伤害分为轻伤、重伤、伤害致死三种情况。轻伤、重伤的区分应当以最高人民法院、最高人民检察院、公安部、司法部联合发布的鉴定标准为准。

根据《刑法》第234条的规定，犯故意伤害罪的，处3年以下有期徒刑、拘役或者管制。致人重伤的，处3年以上10年以下有期徒刑。致人死亡或者以特别残忍手段致人重伤造成严重残疾的，处10年以上有期徒刑、无期徒刑或者死刑。

(4)过失致人重伤罪　根据《刑法》第235条的规定，过失致人重伤罪是指因过失造成他人身体健康严重损害的行为。

【例】　某村民在伐木时，不慎用电锯划瞎了他人的眼睛。

需要注意的是，过失造成重伤后果的才构成本罪，如果是过失造成轻伤的，不属于本罪。

根据《刑法》第235条的规定，犯过失致人重伤罪的，处3年以下有期徒刑或者拘役。

(5)**强奸罪** 根据《刑法》第236条的规定，强奸罪是指违背妇女意志，使用暴力、胁迫或者其他手段，强行与妇女发生性交或者奸淫幼女的行为。

违背妇女意志是指妇女并不愿意与其发生性关系。暴力是直接使用强制手段，胁迫是通过威胁使对方产生恐惧。其他手段是指暴力、胁迫之外的使妇女不知反抗或无法反抗的手段，如用酒灌醉、用药物麻醉等。不满14周岁的幼女不能正确表达自己的意志，只要有与幼女发生性交的行为，不论行为人是否使用了暴力、胁迫等手段，也不论幼女是否同意，都应当认定为强奸罪。

根据《刑法》第236条的规定，犯强奸罪的，处3年以上10年以下有期徒刑。强奸妇女有下列情形之一的，处10年以上有期徒刑、无期徒刑或者死刑：强奸妇女情节恶劣的；强奸妇女多人的；在公共场所当众强奸妇女的；2人以上轮奸的；致使被害人重伤、死亡或者造成其他严重后果的。

(6)**拐卖妇女儿童罪** 根据《刑法》第240条的规定，拐卖妇女、儿童罪是指以出卖为目的，拐骗、绑架、收买、贩卖、接送、中转妇女、儿童的行为。

拐骗是指采用欺骗、利诱等方法使被害人置于行为人的控制之下。绑架是指以暴力、胁迫或者麻醉等方法劫持妇女、儿童。收买是指以出卖为目的，购买妇女、儿童。贩卖是指将被拐骗、绑架、收买的妇女、儿童卖出的行为。接送是指分工接来送走妇女、儿童。中转是指将妇女、儿童转手交给其他人贩子。

根据《刑法》第240条的规定，犯拐卖妇女儿童罪的，处5年以上10年以下有期徒刑，并处罚金。有下列情形之一的，处10年以上有期徒刑或者无期徒刑，并处罚金或者没收财产。情节特别严重的，处死刑，并处没收财产：拐卖妇女、儿童集团的首要分子；拐卖妇女、儿童3人以上的；奸淫被拐卖的妇女的；诱骗、强迫被拐卖的妇女卖淫或者将被拐卖的妇女卖给他人迫使其卖淫的；以出卖为目的，使用暴力、胁迫或者麻醉方法绑架妇女、儿童的；以出卖为目的，偷盗婴幼儿的；造成被拐卖的妇女、儿童或者其亲属重伤、死亡或者其他严重后果的；将妇女、儿童卖往境外的。

(7)收买被拐卖的妇女儿童罪　根据《刑法》第241条的规定，收买被拐卖的妇女、儿童罪是指明知是被拐卖的妇女、儿童而予以收买的行为。

根据《刑法》第241条的规定，犯收买被拐卖的妇女儿童罪的，处3年以下有期徒刑、拘役或者管制。

【真实案例】

2011年11月，都××(在逃)给被告人余××打电话称要将其收买的缅甸女子××卖掉，被告人余××又联系赵××(患病)让找头卖掉，赵××又找到被告人高××，被告人高××欲将缅甸女子××买来给其儿子当媳妇。当时谈的价格是2万元，因被告人高××怕缅甸女子××跑就给都××付了1万元现金，剩余的1万元打了一张欠条，后都××给被告人余××3 000元，并将1万元的欠条也给了余××。

××市人民法院认为：被告人余××明知是他人拐卖的妇女而介绍出卖，其行为已构成拐卖妇女罪；被告人高××明知是他人拐卖的妇女而收买，其行为已构成收买被拐卖的妇女罪。××市人民检察院指控被告人余××犯拐卖妇女罪、被告人高××犯收买被拐卖的妇女罪罪名成立，本院予以支持。被告人余××在共同犯罪中起次要作用，系从犯，应对其减轻处罚。辩护人据此请求对其从轻处罚的意见本院予以采纳。依据《中华人民共和国刑法》第二百四十条，第二百四十一条第一款，第二十五条，第二十七条，

第七十二条第一款，第七十三条第二、三款的规定，判决如下：

一、被告人余××犯拐卖妇女罪，判处有期徒刑4年，并处罚金3 000元。

二、被告人高××犯收买被拐卖的妇女罪，判处有期徒刑1年，缓刑1年。

（资料来源：北大法律信息网）

(8)聚众阻碍解救被收买的妇女儿童罪　根据《刑法》第242条的规定，聚众阻碍解救被收买的妇女、儿童罪是指纠集多人，阻碍国家机关工作人员解救被收买的妇女、儿童的行为。聚众是指纠集、组织多人阻碍国家机关工作人员的解救活动。

根据《刑法》第242条的规定，犯聚众阻碍解救被收买的妇女儿童罪的，对首要分子，处5年以下有期徒刑或者拘役。

(9)侮辱罪　根据《刑法》第246条的规定，侮辱罪是指以暴力或者其他方法公然贬低、损害他人的人格、名誉，情节严重的行为。

【例】　某村民为了泄愤，将女邻居当众扒光衣服羞辱。

根据《刑法》第246条的规定，犯侮辱罪的，处3年以下有期徒刑、拘役、管制或者剥夺政治权利。

(10)诽谤罪　根据《刑法》第246条的规定，诽谤罪是指故意捏造并散布虚构的事实，损害他人人格、名誉，情节严重的行为。

【例】　某村民为了报复村干部，故意捏造该村干部有生活作风问题并大肆传播，造成村干部人格、名誉受损。

根据《刑法》第246条的规定，犯诽谤罪的，处3年以下有期徒刑、拘役、管制或者剥夺政治权利。

(11)暴力干涉婚姻自由罪　根据《刑法》第257条的规定，暴力干涉婚姻自由罪是指以暴力手段干涉他人婚姻自由的行为。

【例】　某村民不同意女儿与同村家境贫寒的男青年的婚事，他在痛打女儿之后阻止其出门。

根据《刑法》第257条的规定，犯暴力干涉婚姻自由罪的，处2年以下有期徒刑或者拘役。致使被害人死亡的，处2年以上7年以下有期徒刑。

(12)虐待罪　根据《刑法》第260条的规定，虐待罪是指对共同生活的家庭成员，以打骂、冻饿、强迫过度劳动、有病不给治疗等方法进行摧残、折磨，情节恶劣的行为。

根据《刑法》第260条的规定，犯虐待罪的，处2年以下有期徒刑、拘役或者管制。造成被害人重伤、死亡的，处2年以上7年以下有期徒刑。

(13)遗弃罪　根据《刑法》第261条的规定，遗弃罪是指负有扶养义务的人，对年老、年幼、患病或者其他没有独立生活能力的人拒绝扶养，情节恶劣的行为。

根据《刑法》第261条的规定，犯遗弃罪的，处5年以下有期徒刑、拘役或者管制。

4. 侵犯财产罪　侵犯财产罪这一类犯罪是指以非法占有为目的，取得公私财物，故意毁坏公私财物以及故意破坏生产经营的行为。

(1)聚众哄抢罪　根据《刑法》第268条的规定，聚众哄抢罪是指以非法占有为目的，聚集多人公然夺取公私财物，数额较大或者情节严重的行为。

【例】 某银行的运钞车因车祸翻倒，某村村民聚众抢走车上押运的钞票。

根据《刑法》第268条的规定，犯聚众哄抢罪，数额较大或者有其他严重情节的，对首要分子和积极参加的，处3年以下有期徒刑、拘役或者管制，并处罚金。数额巨大或者有其他特别严重情节的，处3年以上10年以下有期徒刑，并处罚金。

(2)盗窃罪　根据《刑法》第264条的规定，盗窃罪是指以非法占有为目的，秘密窃取数额较大的公私财物或者多次盗窃的行为。

根据《刑法》第264条的规定，犯盗窃罪，数额较大或者多次盗窃的，处3年以下有期徒刑、拘役或者管制，并处或者单处罚金。数额巨大或者有其他严重情节的，处3年以上10年以下有期徒刑，并处罚金。数额特别巨大或者有其他特别严重情节的，处10年以上有期徒刑或者无期徒刑，并处罚金或者没收财产。盗窃金融机构，数额特别巨大的，或者盗窃珍贵文物，情节严重的，处无期徒刑或者死刑。

(3)故意毁坏财物罪　根据《刑法》第275条的规定，故意毁坏财物罪是指故意毁灭或者损坏公私财物，数额较大或者情节严重的行为。

【例】 某村民与邻居有矛盾，他乘邻居外出之际砸毁了邻居新购买的农用车。

根据《刑法》第275条的规定，犯故意毁坏财物罪，数额较大或者有其他严重情节的，处3年以下有期徒刑、拘役或者罚金。数额巨大或者有其他特别严重情节的，处3年以上7年以下有期徒刑。

(4)破坏生产经营罪　根据《刑法》第276条的规定，破坏生产经营罪是指由于泄愤报复或者其他个人目的，毁坏机器设备、残害耕畜或者以其他方法破坏生产经营的行为。

【例】 村民甲通过在村里建立酿造米酒的作坊发家致富，同村的村民乙妒忌村民甲的富裕生活，偷偷捣毁了村民甲酿造米酒的生产线。

根据《刑法》第276条的规定，犯破坏生产经营罪的，处3年以下有期徒刑、拘役或者管制。情节严重的，处3年以上7年以下有期徒刑。

5. 妨害社会管理秩序罪　妨害社会管理秩序罪这一类犯罪是指侵犯国家机关的正常管理活动或者司法机关的职能活动，破坏社会秩序的行为。

(1)聚众斗殴罪　根据《刑法》第292条的规定，聚众斗殴罪是指组织、策划、指挥或者积极参加群体性的相互施加暴力攻击人身的行为。聚众斗殴的双方或多方人数均在3人以上,斗殴双方往往事先约定,纠集的人数较多。

根据《刑法》第292条的规定,犯聚众斗殴罪的,对首要分子和其他积极参加的,处3年以下有期徒刑、拘役或者管制。有下列情形之一的,对首要分子和其他积极参加的,处3年以上10年以下有期徒刑:多次聚众斗殴的;聚众斗殴人数多、规模大、社会影响恶劣的;在公共场所或者交通要道聚众斗殴,造成社会秩序严重混乱的;持械聚众斗殴的。

(2)寻衅滋事罪　根据《刑法》第293条的规定,寻衅滋事罪是指有下列情形之一的,扰乱公共秩序的行为:①随意殴打他人,情节恶劣的行为;②追逐、拦截、辱骂他人,情节恶劣的行为;③强拿硬要或者任意毁损、占用公私财物,情节严重的行为;④在公共场所起哄闹事,造成公共场所秩序严重混乱的行为。

根据《刑法》第293条的规定,犯寻衅滋事罪的,处5年以下有期徒刑、拘役或者管制。

(3)赌博罪　根据《刑法》第303条的规定,赌博罪是指以营利为目的,聚众赌博或者以赌博为业的行为。

参与赌博的群众与赌头、赌棍有区别,对参赌群众主要是批评教育或者给予治安管理处罚,不应追究刑事责任。对亲友之间带有赌博性质的行为,也不应作为犯罪处理。

根据《刑法》第303条的规定,犯赌博罪的,处3年以下有期徒刑、拘役或者管制,并处罚金。

(4)开设赌场罪　根据《刑法》第303条的规定,开设赌场罪是指以营利为目的,设立专门用于赌博活动的场所,提供赌博用具的行为。

根据《刑法》第303条的规定,犯开设赌场罪的,处3年以下有期徒刑、拘役或者管制,并处罚金。情节严重的处3年以上10年以下有期徒刑，并处罚金。

（5）非法捕捞水产品罪　根据《刑法》第340条的规定，非法捕捞水产品罪是指违反水产资源保护法律，在禁渔区、禁渔期或者使用禁用的工具、方法捕捞水产品，情节严重的行为。

根据《刑法》第340条的规定，犯非法捕捞水产品罪的，处3年以下有期徒刑、拘役、管制或者罚金。

（6）非法猎捕、杀害珍贵、濒危野生动物罪　根据《刑法》第341条的规定，非法猎捕、杀害珍贵、濒危野生动物罪是指违反野生动物保护法律，未经有关部门批准，非法猎捕、杀害国家重点保护的珍贵、濒危野生动物的行为，如非法捕杀中华鲟的行为。

根据《刑法》第341条的规定，犯非法猎捕、杀害珍贵、濒危野生动物罪的，处5年以下有期徒刑或者拘役，并处罚金。情节严重的，处5年以上10年以下有期徒刑，并处罚金。情节特别严重的，处10年以上有期徒刑，并处罚金或者没收财产。

（7）非法收购、运输、出售珍贵、濒危野生动物或珍贵、濒危野生动物制品罪　根据《刑法》第341条的规定，非法收购、运输、出售珍贵、濒危野生动物或珍贵、濒危野生动物制品罪，是指违反野生动物保护法律，未经有关部门批准，非法收购、运输、出售国家重点保护的珍贵、濒危野生动物或珍贵、濒危野生动物制品的行为。

【例】 某村民为了获得暴利，收购大量熊掌贩卖到高档饭店。

根据《刑法》第341条的规定，犯非法收购、运输、出售珍贵、濒危野生动物、珍贵、濒危野生动物制品罪的，处5年以下有期徒刑或者拘役，并处罚金。情节严重的，处5年以上10年以下有期徒刑，并处罚金。情节特别严重的，处10年以上有期徒刑，并处罚金或者没收财产。

（8）非法狩猎罪　根据《刑法》第341条的规定，非法狩猎罪是指违反狩猎法律，在禁猎区、禁猎期或者使用禁用的工具、方法进行狩猎，破坏野生动物资源，情节严重的行为。

根据《刑法》第 341 条的规定，犯非法狩猎罪的，处 3 年以下有期徒刑、拘役、管制或者罚金。

(9)非法占用农用地罪 根据《刑法》第 342 条的规定，非法占用农用地罪是指违反土地管理法律，非法占用耕地、林地等农用地，改变被占用土地用途，数量较大，造成耕地、林地等农用地大量毁坏的行为，如占用大片耕地建设砖窑的行为。

根据《刑法》第 342 条的规定，犯非法占用农用地罪的，处 5 年以下有期徒刑或者拘役，并处或者单处罚金。

【真实案例】

2011 年 9 月份，被告人沈××伙同他人在未办理占用林地手续的情况下，在××镇××村双计英岭(地名，又名鸡公岭)的林地内进行采矿，并为此修建道路、搭建工棚等，造成所占用林地的植被和地表遭受严重破坏。2012 年 7 月 16 日，被告人沈××在其家中被公安机关抓获。经调查，遭其破坏的林地面积为 18 亩。

××县人民法院认为，被告人沈××违反土地管理法规，非法占用林地，改变被占用土地用途，数量较大，造成农用地大量被毁坏，其行为已触犯刑律，构成非法占用农用地罪，依法应受刑罚处罚。公诉机关指控被告人沈××犯非法占用农用地罪成立。被告人沈××到案后能如实供述自己的罪行，当庭自愿认罪，依法可以从轻处罚。根据被告人沈××犯罪的事实、犯罪的性质、情节以及对于社会的危害程度，依照《中华人民共和国刑法》第三百四十二条、第五十二条、第六十七条第三款、第六十一条的规定，判决如下：

被告人沈××犯非法占用农用地罪，判处拘役 5 个月，并处罚金人民币 10 000 元。

(资料来源：北大法律信息网)

(10)**非法采伐、毁坏国家重点保护植物罪** 根据《刑法》第344条的规定,非法采伐、毁坏国家重点保护植物罪,是指违反国家植物保护法律,非法采伐、毁坏珍贵树木或者国家重点保护的其他植物的行为。

根据《刑法》第344条的规定,犯非法采伐、毁坏国家重点保护植物罪的,处3年以下有期徒刑、拘役或者管制,并处罚金。情节严重的,处3年以上7年以下有期徒刑,并处罚金。

(11)**非法收购、运输、加工、出售国家重点保护植物、国家重点保护植物制品罪** 根据《刑法》第344条的规定,非法收购、运输、加工、出售国家重点保护植物、国家重点保护植物制品罪,是指违反国家植物保护法律,非法收购、运输、加工、出售珍贵树木或者国家重点保护的其他植物及其制品的行为。

根据《刑法》第344条的规定,犯非法收购、运输、加工、出售国家重点保护植物、国家重点保护植物制品罪的,处3年以下有期徒刑、拘役或者管制,并处罚金。情节严重的,处3年以上7年以下有期徒刑,并处罚金。

【真实案例】

2008年2月17日凌晨2时许,××县森林公安局民警在××乡××村乡村公路上设卡堵截时,堵获一辆装有榧木方筒的蓝色拖拉机,车内装有榧木方筒38件,据货主和驾驶员交待,38件榧木方筒是从××村赵××手中收购而来,准备运到××镇。森林公安民警于2月17日凌晨4时从赵××家中查获7件榧木方筒。赵××归案后,主动交待其自2007年10月以来,多次从××村村民手中收购榧木方筒共计84件,分5次出售。84件造材树种为国家二级保护植物榧树,板材材积共为4.351立方米。

法院认为,被告人赵××以牟利为目的,非法收购、运输、销售国家二级保护植物云南榧木84件,板材材积共为4.351立方米,其行为已触犯《刑法》。公诉机关的指控罪名成立，根据《最高人民法院关于审理破坏森林资源刑事案件具体应用法律若干问题的解释》第二条的规定，属情节严重，应依法惩处。被告人案发后能如实供述自己的犯罪事实，认罪态度好，具有一定的悔罪表现，将被告人放在社会上不致再危害社会，在量刑时酌情从轻处罚，并适用缓刑。据此，法院根据《中华人民共和国刑法》第三百四十四条、第七十二条、第七十三条、第五十二条、第五十三条、第六十四条的规定，判决如下：

一、被告人赵××犯非法收购、运输、出售国家重点保护植物罪，判处有期徒刑 3 年，宣告缓刑 4 年（缓刑考验期自判决确定之日起计算），并处罚金 8 000 元。

二、随案移送的物证榧木 52 件依法没收。

（资料来源：北大法律信息网）

(12)盗伐林木罪　根据《刑法》第 345 条的规定，盗伐林木罪是指以非法占有为目的，盗伐国家、集体所有的森林或者其他林木，以及盗伐他人自留山上成片林木，数量较大，破坏森林资源的行为。

根据《刑法》第 345 条的规定，犯盗伐林木罪的，处 3 年以下有期徒刑、拘役或者管制，并处或者单处罚金。数量巨大的，处 3 年以上 7 年以下有期徒刑，并处罚金。数量特别巨大的，处 7 年以上有期徒刑，并处罚金。盗伐国家级自然保护区内的森林或者其他林木的，从重处罚。

(13)滥伐林木罪　根据《刑法》第 345 条的规定，滥伐林木罪是指违反森林保护法律，未经林业行政主管部门及法律规定的其他主管部门批准并核发采伐许可证，或者虽持有采伐许可证，但违背采伐证所规定的地点、数量、树种、方式而任意采伐本单位所有或管理的林木，以及本人自留山上的森林或者其他林木，数量较大的行为。

需要注意，滥伐林木罪采伐的是自己所有的林木，而盗伐林木罪是采伐他人的林木。

根据《刑法》第345条的规定，犯滥伐林木罪的，处3年以下有期徒刑、拘役或者管制，并处或者单处罚金。数量巨大的，处3年以上7年以下有期徒刑，并处罚金。滥伐国家自然保护区内的森林或者其他林木的，从重处罚。

(14)非法收购、运输盗伐、滥伐的林木罪　根据《刑法》第345条的规定，非法收购、运输盗伐、滥伐的林木罪，是指以牟利为目的，非法收购、运输明知是盗伐、滥伐的林木，情节严重的行为。

根据《刑法》第345条的规定，犯非法收购、运输盗伐、滥伐的林木罪的，处3年以下有期徒刑、拘役或者管制，并处或者单处罚金。情节特别严重的，处3年以上7年以下有期徒刑，并处罚金。

(四)处理犯罪的程序

有权办理刑事案件的机关是公安机关、检察院、法院等。在处理犯罪的过程中，公安机关、检察院和法院各自的权责不同。对刑事案件的侦查、拘留、执行逮捕、预审，由公安机关负责。批准逮捕、检察机关直接受理的案件的侦查、提起公诉，由人民检察院负责。审判由人民法院负责。

根据《中华人民共和国刑事诉讼法》的规定，处理刑事案件主要包括立案、侦查、起诉、第一审程序、第二审程序和再审程序等。

1. 立案程序　公安机关或者人民检察院发现犯罪事实或者犯罪嫌疑人，应当按照管辖范围，立案侦查。

单位和个人发现有犯罪事实或者犯罪嫌疑人，有义务向公安机关、人民检察院或者人民法院报案。被害人对侵犯其人身、财产权利的犯罪事实或者犯罪嫌疑人，有权向公安机关、人民检察院或者人民法院报案或者控告。犯罪人可以向公安机关、人民检察院或者人民法院自首。

公安机关、人民检察院或者人民法院对报案、控告、举报、自首，都应当接受。不属于自己管辖的，应当移送主管机关处理，并且通知报案人、控告人、举报人、自首人。对不属于自己管辖而又必须采取紧急措施的，应当先采取紧急措施，然后移送主管机关。

【例】　渎职犯罪应由人民检察院管辖，对于向公安机关自首的渎职犯罪嫌疑人，公安机关可以先拘押，而后移交人民检察院。

2. 侦查程序　公安机关对已经立案的刑事案件应当进行侦查，收集、调取犯罪嫌疑人有罪或者无罪、罪轻或者罪重的证据材料。对现行犯或者重大嫌疑分子可以依法先行拘留，对符合逮捕条件的犯罪嫌疑人，应当依法逮捕。

公安机关侦查终结的案件，应当做到犯罪事实清楚，证据确实、充分。在侦查过程中，发现不应对犯罪嫌疑人追究刑事责任的，应当撤销案件。犯罪嫌疑人已被逮捕的，应当立即释放，发给释放证明，并且通知原批准逮捕的人民检察院。

3. 起诉程序　刑事案件的起诉由人民检察院审查决定。人民检察院审查案件的时候，必须查明以下问题：犯罪事实、情节是否清楚，证据是否确实、充分，犯罪性质和罪名的认定是否正确；有无遗漏罪行和其他应当追究刑事责任的人；是否属于不应追究刑事责任的；有无附带民事诉讼；侦查活动是否合法。

4. 一审程序　人民法院对人民检察院提起公诉的案件进行审查后，起诉书中有明确指控的犯罪事实并且附有证据目录、证人名单和主要证据复印件或者照片的，应当决定开庭审判。

人民法院审判之后应依法作出相应判决，被告人可能承担刑事责任，被告人也可能会被判处无罪，对后一种被告人应在宣判后当庭释放。

5. 二审程序　人民法院作出一审判决后，被告人不服人民法院第一审的判决的，有权书面或者口头向上一级人民法院提出上诉。被告人的辩护人和近亲属经被告人同意，也可以提出上诉。上诉后启动二审程序，二审后不能再提出上诉。

6. 再审程序　如果当事人及其近亲属等仍然认为二审判决有错误的，可以向人民法院或人民检察院提出申诉，请求启动再审程序。如果人民法院或者人民检察院经审查认为原判决确有错误，应启动再审程序，纠正错误的判决。

第五章　农村土地

一、农村土地管理

（一）土地管理的含义

我国关于土地管理的法律与行政法规主要是《中华人民共和国土地管理法》（以下简称《土地管理法》）和《中华人民共和国土地管理法实施条例》（以下简称《土地管理法实施条例》）。

根据《土地管理法》第3～4条的规定，十分珍惜、合理利用土地和切实保护耕地是我国的基本国策。国家编制土地利用总体规划，规定土地用途，将土地分为农用地、建设用地和未利用地。严格限制农用地转为建设用地，控制建设用地总量，对耕地实行特殊保护。

农用地是指直接用于农业生产的土地，包括耕地、林地、草地、农田水利用地、养殖水面等。建设用地是指建造建筑物、构筑物的土地，包括城乡住宅和公共设施用地、工矿用地、交通水利设施用地、旅游用地、军事设施用地等。未利用地是指农用地和建设用地以外的土地，如荒漠等。

（二）土地的所有权和使用权

《土地管理法》第二章和《土地管理法实施条例》第二章规定了土地所有权和使用权。中华人民共和国实行土地的社会主义公有制，即全民所有制和劳动群众集体所有制。任何单位和个人不得侵占、买卖或者以其他形式非法转让土地。土地使用权可以依法转让。

1. 国家土地所有权 国家所有土地的所有权由国务院代表国家行使。下列土地属于国家所有:

(1)城市市区的土地。

(2)农村和城市郊区中已经依法没收、征收、征购为国有的土地。没收是指强制收归国有,如没收地主的土地。征收、征购是按照法定程序,给予补偿款或者支付价款后将土地收归国有。

(3)国家依法征用的土地。这里的征用可以理解为国家按照法定程序将土地收归国家使用。

(4)依法不属于集体所有的林地、草地、荒地、滩涂及其他土地。

(5)农村集体经济组织全部成员转为城镇居民的,原属于其成员集体所有的土地。

(6)因国家组织移民或自然灾害等原因,农民成建制地集体迁移后不再使用的原属于迁移农民集体所有的土地。

2. 集体土地所有权 农村和城市郊区的土地,除由法律规定属于国家所有的以外,属于农民集体所有。宅基地、自留地和自留山,属于农民集体所有。

农民集体所有的土地依法属于村农民集体所有的,由村集体经济组织或者村民委员会经营、管理。已经分别属于村内两个以上农村集体经济组织的农民集体所有的,由村内各该农村集体经济组织或者村民小组经营、管理。已经属于乡(镇)农民集体所有的,由乡(镇)农村集体经济组织经营、管理。

农民集体所有的土地,由县级人民政府登记造册,核发证书,确认所有权。

3. 土地使用权 国有土地和农民集体所有的土地,可以依法确定给单位或者个人使用。使用土地的单位和个人,有保护、管理和合理利用土地的义务。

农民集体所有的土地由本集体经济组织的成员承包经营，从事种植业、林业、畜牧业、渔业生产。农民集体所有的土地，可以由本集体经济组织以外的单位或者个人承包经营，从事种植业、林业、畜牧业、渔业生产。国有土地可以由单位或者个人承包经营，从事种植业、林业、畜牧业、渔业生产。

农民集体所有的土地依法用于非农业建设的，由县级人民政府登记造册，核发证书，确认建设用地使用权。单位和个人依法使用的国有土地，由县级以上人民政府登记造册，核发证书，确认使用权。

（三）土地利用总体规划

《土地管理法》第三章和《土地管理法实施条例》第三章规定了土地利用总体规划。土地利用总体规划是指导土地管理的纲领性文件，是落实土地宏观调控和土地用途管制、规划城乡建设的重要依据。

编制土地利用总体规划的依据是国民经济和社会发展规划、国土整治和资源环境保护的要求、土地供给能力以及各项建设对土地的需求。下级土地利用总体规划应当依据上一级土地利用总体规划编制。地方各级人民政府编制的土地利用总体规划中的建设用地总量不得超过上一级土地利用总体规划确定的控制指标，耕地保有量不得低于上一级土地利用总体规划确定的控制指标。省、自治区、直辖市人民政府编制的土地利用总体规划，应当确保本行政区域内耕地总量不减少。

城市总体规划、村庄和集镇规划，应当与土地利用总体规划相衔接，城市总体规划、村庄和集镇规划中建设用地规模不得超过土地利用总体规划确定的城市和村庄、集镇建设用地规模。在城市规划区内、村庄和集镇规划区内，城市和村庄、集镇建设用地应当符合城市规划、村庄和集镇规划。

江河、湖泊综合治理和开发利用规划，应当与土地利用总体规划相衔接。在江河、湖泊、水库的管理和保护范围以及蓄洪滞洪区内，土地利用应当符合江河、湖泊综合治理和开发利用规划，符合河道、湖泊行洪、蓄洪和输水的要求。

（四）耕地保护

国家对耕地实施特殊保护，《土地管理法》第四章和《土地管理法实施条例》第四章规定了耕地的特殊保护。耕地事关国计民生，国家严格保护耕地，控制耕地转为非耕地。

1. 耕地占用补偿制度 非农业建设经批准占用耕地的，按照“占多少，垦多少”的原则，由占用耕地的单位负责开垦与所占用耕地的数量和质量相当的耕地。没有条件开垦或者开垦的耕地不符合要求的，应当按照省、自治区、直辖市的规定缴纳耕地开垦费，专款用于开垦新的耕地。省、自治区、直辖市人民政府应当制定开垦耕地计划，监督占用耕地的单位按照计划开垦耕地或者按照计划组织开垦耕地，并进行验收。

县级以上地方人民政府可以要求占用耕地的单位将所占用耕地耕作层的土壤用于新开垦耕地、劣质地或者其他耕地的土壤改良。

省、自治区、直辖市人民政府应当严格执行土地利用总体规划和土地利用年度计划，采取措施，确保本行政区域内耕地总量不减少。耕地总量减少的，由国务院责令在规定期限内组织开垦与所减少耕地的数量与质量相当的耕地，并由国务院土地行政主管部门会同农业行政主管部门验收。个别省、直辖市确因土地后备资源匮乏，新增建设用地后，新开垦耕地的数量不足以补偿所占用耕地的数量的，必须报经国务院批准减免本行政区域内开垦耕地的数量，进行易地开垦。

2. 基本农田保护制度　根据土地利用总体规划划入基本农田保护区的耕地要严格管理。下列耕地划入基本农田范围：

(1)经国务院有关主管部门或者县级以上地方人民政府批准确定的粮、棉、油生产基地内的耕地。

(2)有良好的水利与水土保持设施的耕地，正在实施改造计划以及可以改造的中、低产田。

(3)蔬菜生产基地。

(4)农业科研、教学试验田。

(5)国务院规定应当划入基本农田保护区的其他耕地。

各省、自治区、直辖市划定的基本农田应当占本行政区域内耕地的80%。基本农田保护区以乡(镇)为单位进行划区定界，由县级人民政府土地行政主管部门会同同级农业行政主管部门组织实施。

3. 保护耕地的措施　各级人民政府应当采取措施，维护排灌工程设施，改良土壤，提高地力，防止土地荒漠化、盐渍化、水土流失和污染土地。

《土地管理法》第36条规定：非农业建设必须节约使用土地，可以利用荒地的，不得占用耕地；可以利用劣地的，不得占用好地。禁止占用耕地建窑、建坟或者擅自在耕地上建房、挖沙、采石、采矿、取土等。禁止占用基本农田发展林果业和挖塘养鱼。

《土地管理法》第37条规定：禁止任何单位和个人闲置、荒芜耕地。已经办理审批手续的非农业建设占用耕地，1年内不用而又可以耕种并收获的，应当由原耕种该幅耕地的集体或者个人恢复耕种，也可以由用地单位组织耕种。1年以上未动工建设的，应当按照省、自治区、直辖市的规定缴纳闲置费。连续2年未使用的，经原批准机关批准，由县级以上人民政府无偿收回用地单位的土地使用权。该幅土地原为农民集体所有的，应当交由原农村集体经济组织恢复耕种。承包经营耕地的单位或者个人连续2年弃耕抛荒的，原发包单位应当终止承包合同，收回发包的耕地。

4. 土地开发

(1)开发未利用地　国家鼓励单位和个人按照土地利用总体规划，在保护和改善生态环境、防止水土流失和土地荒漠化的前提下，开发未利用的土地。适宜开发为农用地的，应当优先开发成农用地。国家依法保护开发者的合法权益。

开垦未利用的土地，必须经过科学论证和评估，在土地利用总体规划划定的可开垦的区域内，经依法批准后进行。禁止毁坏森林、草原开垦耕地，禁止围湖造田和侵占江河滩地。根据土地利用总体规划，对破坏生态环境开垦、围垦的土地，有计划有步骤地退耕还林、还牧、还湖。

开发未确定使用权的国有荒山、荒地、荒滩从事种植业、林业、畜牧业、渔业生产的，经县级以上人民政府依法批准，可以确定给开发单位或者个人长期使用。

【例】　某渔民经县级以上人民政府批准，在国有荒滩上开辟出养殖场，该养殖场可以确定给该渔民长期使用。

(2)土地整理　县、乡(镇)人民政府应当组织农村集体经济组织，按照土地利用总体规划，对田、水、路、林、村综合整治，提高耕地质量，增加有效耕地面积，改善农业生产条件和生态环境。

地方各级人民政府应当采取措施，改造中、低产田，整治闲散地和废弃地。

(3)土地复垦　因挖损、塌陷、压占等造成土地破坏的，用地单位和个人应当按照国家有关规定负责复垦。

没有条件复垦或者复垦不符合要求的，应当缴纳土地复垦费，专项用于土地复垦。复垦的土地应当优先用于农业。

(五)建设用地

《土地管理法》第五章和《土地管理法实施条例》第五章规定了

建设用地。任何单位和个人进行建设，需要使用土地的，必须依法申请使用国有土地。依法申请使用的国有土地包括国家所有的土地和国家征收的原属于农民集体所有的土地。

1. 土地征收 土地征收是指国家为了社会公共利益的需要，按照法律规定的批准权限和程序批准，并给农民集体和个人补偿后，将农民集体所有土地转变为国家所有。

(1)土地征收的程序 建设占用土地，涉及农用地转为建设用地的，应当办理农用地转用审批手续。国家征收土地的，依照法定程序批准后，由县级以上地方人民政府予以公告并组织实施。被征收土地的所有权人、使用权人应当在公告规定期限内，持土地权属证书到当地人民政府土地行政主管部门办理征地补偿登记。

(2)土地征收的补偿费和安置补助费 征收土地的，按照被征收土地的原用途给予补偿。征收耕地的补偿费用包括土地补偿费、安置补助费以及地上附着物和青苗的补偿费。《土地管理法》第 47 条规定：征收耕地的土地补偿费，为该耕地被征收前 3 年平均年产值的 6～10 倍。征收耕地的安置补助费，按照需要安置的农业人口数计算。需要安置的农业人口数，按照被征收的耕地数量除以征地前被征收单位平均每人占有耕地的数量计算。每一个需要安置的农业人口的安置补助费标准，为该耕地被征收前 3 年平均年产值的 4～6 倍。但是，每公顷被征收耕地的安置补助费，最高不得超过被征收前 3 年平均年产值的 15 倍。

【例】 某村被征收的一块耕地前 3 年平均年产值为 10 万元，征收该耕地的土地补偿费为 60 万～100 万元。每一个需要安置的农业人口的安置补助费为 40 万～60 万元。每公顷被征收耕地的安置补助费，最高不得超过 150 万元。

征收其他土地的土地补偿费和安置补助费标准，由省、自治区、直辖市参照征收耕地的土地补偿费和安置补助费的标准规定。被征收土地上的附着物和青苗的补偿标准，由省、自治区、直辖市规定。征收城市郊区的菜地，用地单位应当按照国家有关规定缴纳新菜地开发建设基金。

支付的土地补偿费和安置补助费，尚不能使需要安置的农民保持原有生活水平的，经省、自治区、直辖市人民政府批准，可以增加安置补助费。但是，土地补偿费和安置补助费的总和不得超过土地被征收前3年平均年产值的30倍。国务院根据社会、经济发展水平，在特殊情况下，可以提高征收耕地的土地补偿费和安置补助费的标准。

征地补偿安置方案确定后，有关地方人民政府应当公告，并听取被征地的农村集体经济组织和农民的意见。被征地的农村集体经济组织应当将征收土地的补偿费用的收支状况向本集体经济组织的成员公布，接受监督。禁止侵占、挪用被征收土地单位的征地补偿费用和其他有关费用。

2. 农村建设用地

(1)农村建设用地的批准　乡镇企业、乡(镇)村公共设施、公益事业、农村村民住宅等乡(镇)村建设，应当按照村庄和集镇规划，合理布局，综合开发，配套建设。在土地利用总体规划确定的城市和村庄、集镇建设用地规模范围内，为实施该规划而将农用地转为建设用地的，按土地利用年度计划分批次由原批准土地利用总体规划的机关批准。在已批准的农用地转用范围内，具体建设项目用地可以由市、县人民政府批准。其他建设项目占用土地，涉及农用地转为建设用地的，由省、自治区、直辖市人民政府批准。

(2)乡镇企业用地　农村集体经济组织使用乡(镇)土地利用总体规划确定的建设用地兴办企业或者与其他单位、个人以土地使用权入股、联营等形式共同举办企业的，应当持有关批准文件，向县级以上地方人民政府土地行政主管部门提出申请，按照省、自治区、直辖市规定的批准权限，由县级以上地方人民政府批准。兴办企业的建设用地,必须严格控制。省、自治区、直辖市可以按照乡镇企业的不同行业和经营规模,分别规定用地标准。

(3)乡(镇)村公共设施、公益事业建设用地　乡(镇)村公共设施、公益事业建设,需要使用土地的,经乡(镇)人民政府审核,向县级以上地方人民政府土地行政主管部门提出申请,按照省、自治区、直辖市规定的批准权限,由县级以上地方人民政府批准。

(4)村民宅基地　农村村民一户只能拥有一处宅基地,其宅基地的面积不得超过省、自治区、直辖市规定的标准。农村村民建住宅,应当符合乡(镇)土地利用总体规划,并尽量使用原有的宅基地和村内空闲地。农村村民住宅用地,经乡(镇)人民政府审核,由县级人民政府批准。农村村民出卖、出租住房后,再申请宅基地的,不予批准。

(5)农村建设用地的禁止性规定　农民集体所有的土地的使用权不得出让、转让或者出租用于非农业建设。但是,符合土地利用总体规划并依法取得建设用地的企业,因破产、兼并等情形致使土地使用权依法发生转移的除外。

在土地利用总体规划制定前已建的不符合土地利用总体规划确定的用途的建筑物、构筑物,不得重建、扩建。

(6)农村建设用地的收回　有下列情形之一的,农村集体经济组织报经原批准用地的人民政府批准,可以收回土地使用权:为乡(镇)村公共设施和公益事业建设,需要使用土地的;不按照批准的用途使用土地的;因撤销、迁移等原因而停止使用土地的。收回农民集体所有的土地的,对土地使用权人应当给予适当补偿。

【例】 某乡镇企业由于经营不善,被主办单位关闭,为该乡镇企业提供建设用地的农村集体经济组织报经原批准用地的人民政府批准,可以收回土地使用权。

二、农村土地承包

（一）农村土地承包的原则性规定

《中华人民共和国土地管理法》（以下简称《土地管理法》）、《中华人民共和国民法通则》、《中华人民共和国物权法》、《中华人民共和国农业法》对农村土地承包制度作了原则性规定。《中华人民共和国农村土地承包法》（以下简称《土地承包法》）、《中华人民共和国农村土地承包经营纠纷调解仲裁法》（以下简称《土地承包经营纠纷调解仲裁法》）、《中华人民共和国农村土地承包经营权证管理办法》（以下简称《农村土地承包经营权证管理办法》）和《中华人民共和国农村土地承包经营权流转管理办法》（以下简称《农村土地承包经营权流转管理办法》）等详细规定了农村土地承包制度。

农村土地承包是指农村集体经济组织成员、农村集体经济组织之外的组织或者个人，依法取得农民集体所有或国家所有由农民集体使用的耕地、林地、草地以及其他用于农业的土地的使用权，从事农业生产的制度。

适用于农村土地承包的土地从所有权角度可以分为两类：第一类是农民集体所有的耕地、林地、草地以及其他用于农业的土地；第二类是国家所有由农民集体使用的耕地、林地、草地以及其他用于农业的土地。

农村土地承包采取农村集体经济组织内部的家庭承包方式，不宜采取家庭承包方式的荒山、荒沟、荒丘、荒滩等农村土地，可以采取招标、拍卖、公开协商等方式承包。

国家依法保护农村土地承包关系的长期稳定。农村土地承包后，土地的所有权性质不变，承包地不得买卖。农村土地承包应当遵守法律、法规，保护土地资源的合理开发和可持续利用。未经依法批准不得将承包地用于非农建设。

国家保护集体土地所有者的合法权益，保护承包方的土地承包经营权，任何组织和个人不得侵犯。国家保护承包方依法、自愿、有偿地进行土地承包经营权流转。

（二）农村土地家庭承包

农村土地家庭承包是指农村集体经济组织内部以家庭为单位依法承包本集体经济组织所有，或国家所有由本集体经济组织使用的耕地、林地、草地以及其他用于农业的土地的制度。

农村土地承包一般采用家庭承包方式。根据《土地承包法》第20条的规定：家庭承包中耕地的承包期为30年，草地的承包期为30～50年，林地的承包期为30～70年。通过家庭承包取得的土地承包经营权可以依法采取转包、出租、互换、转让或者以其他方式流转。

1. 家庭承包发包方、承包方的权利和义务

（1）发包方的权利和义务　农村土地承包的发包方是提供土地使用权的村民组织。根据《土地承包法》第12条的规定：农民集体所有的土地依法属于村农民集体所有的，由村集体经济组织或者村民委员会作为发包方；分别属于村内两个以上农村集体经济组织的农民集体所有的，由村内各该农村集体经济组织或者村民小组作为发包方；国家所有依法由农民集体使用的农村土地，由使用该土地的农村集体经济组织、村民委员会或者村民小组作为发包方。

①发包方享有的权利　根据《土地承包法》第13条的规定，发包方享有以下权利：

a. 发包本集体所有的或者国家所有依法由本集体使用的农村土地。

b. 监督承包方依照承包合同约定的用途合理利用和保护

土地。

c. 制止承包方损害承包地和农业资源的行为。

【例】 承包土地的农民在承包地上挖沙取土，损害地力，发包方有权予以制止。

d. 法律、行政法规规定的其他权利。

②发包方承担的义务　根据《土地承包法》第14条的规定，发包方承担以下义务：

a. 维护承包方的土地承包经营权，不得非法变更、解除承包合同。

b. 尊重承包方的生产经营自主权，不得干涉承包方依法进行正常的生产经营活动。

c. 依照承包合同约定为承包方提供生产、技术、信息等服务。

d. 执行县、乡(镇)土地利用总体规划，组织本集体经济组织内的农业基础设施建设。

e. 法律、行政法规规定的其他义务。

(2)承包方的权利和义务　家庭承包的承包方是本集体经济组织的农户。

①承包方享有的权利　根据《土地承包法》第16条的规定，承包方享有以下权利：

a. 依法享有承包地使用、收益和土地承包经营权流转的权利，有权自主组织生产经营和处置产品。例如，耕种承包地收获的粮食归承包人所有。

b. 承包地被依法征用、占用的，有权依法获得相应的补偿。

c. 法律、行政法规规定的其他权利。

②承包方承担的义务　根据《土地承包法》第17条的规定，承包方承担以下义务：

a. 维持土地的农业用途，不得用于非农建设。

b. 依法保护和合理利用土地，不得给土地造成永久性损害。

c. 法律、行政法规规定的其他义务。

2. 家庭承包的原则和程序

(1)家庭承包的原则　根据《土地承包法》第18条的规定，家庭承包要遵循以下原则：①按照规定统一组织承包时，本集体经济组织成员依法平等地行使承包土地的权利，也可以自愿放弃承包土地的权利；②家庭承包要民主协商，做到公平合理；③承包方案应当依法经本集体经济组织成员的村民会议2/3以上成员或者2/3以上村民代表的同意；④承包的程序要合法，以保证承包结果的公正性。

(2)家庭承包的程序　根据《土地承包法》第19条的规定，土地承包应当按照以下程序进行：①本集体经济组织成员的村民会议选举产生承包工作小组；②承包工作小组依照法律、法规的规定拟订并公布承包方案；③依法召开本集体经济组织成员的村民会议，讨论通过承包方案；④公开组织实施承包方案；⑤发包方与承包方签订承包合同。

3. 家庭承包合同　以家庭承包方式承包农村土地，发包方应当与承包方签订书面承包合同。根据《土地承包法》第21条的规定，承包合同一般包括以下条款：

(1)发包方、承包方的名称，发包方负责人和承包方代表的姓名、住所。

(2)承包土地的名称、坐落、面积、质量等级。

(3)承包期限和起止日期。

(4)承包土地的用途。

(5)发包方和承包方的权利和义务。

(6)发包方、承包方出现违约行为时应承担的违约责任。

根据《土地承包法》第22条和第24条的规定，承包合同自成立之日起生效。承包方自承包合同生效时取得土地承包经营权。承包合同生效后，发包方不得因承办人或者负责人的变动而变更或者解除，也不得因集体经济组织的分立或者合并而变更或者解除。

【例】 村干部换届选举后，原来的村干部作为承办人签订的承包合同仍然有效，新任村干部不得以此为由解除承包合同。

国家机关及其工作人员也不得利用职权干涉农村土地承包或者变更、解除承包合同。

4. 土地承包经营权的流转 土地承包经营权流转，是在坚持家庭承包经营和土地承包长期稳定的前提下，允许农户将其土地承包经营权依法进行转包、出租、互换、转让等。《土地承包法》和《农村土地承包经营权流转管理办法》详细规定了土地承包经营权的流转。

(1)土地承包经营权流转的原则　根据《土地承包法》第 33 条的规定，国家鼓励农村土地经营权的合法有序流转，土地经营权的流转必须遵循以下原则：

①平等协商、自愿、有偿，任何组织和个人不得强迫或者阻碍承包方进行土地承包经营权流转。

②不得改变土地所有权的性质和土地的农业用途。

【例】 某村民转包前的土地是村集体所有的耕地，转包后仍然属于村集体所有，仍然要从事农业生产经营。

③流转的期限不得超过承包期的剩余期限。

【例】 某村民承包的一块土地的承包期是 50 年，村民已经承包 10 年，流转的期限不得超过剩余的 40 年。

④受让方须有农业经营能力。

⑤在同等条件下，本集体经济组织成员享有优先权。

(2)土地承包经营权流转当事人之间的关系　根据《土地承包法》第 34 条的规定，土地的承包方有权依法自主决定承包土地是否流转、流转的对象和方式。任何单位和个人不得强迫或者阻碍承包方依法流转其承包土地。农村土地承包经营权流转收益归承包方所有，任何组织和个人不得侵占、截留、扣缴。

【真实案例】

高××于1999年与××市××区××镇×××村民委员会签订土地承包合同，并取得土地承包经营权证书，高××据此取得口粮地4.8亩。2001年，高××因妻子患病、孩子尚小，以无力耕种涉案口粮地为由，将土地承包合同交给当时的×××村委会支部书记王××。因涉案土地系口粮地，考虑到高××全家还需吃粮的问题，当时×××村委会决定并不从高××手中收回涉案土地。因刘××的鱼池靠近涉案土地，于是王××找到刘××要求其继续耕种涉案土地。刘××同意后对涉案土地经营管理至今。现高××仍持有涉案口粮地的承包经营权证书，该证书载明涉案土地的使用期限自1999年6月20日起至2029年9月25日止。目前涉案土地上有刘××建造的仓库4间，猪圈46间（砖结构，每间面积约为14平方米），用于养牛、羊的钢结构大棚及砖结构房屋4间等地上附着物。高××要求刘××返还涉案土地，双方产生纠纷。

法院认为：涉案土地性质系口粮地，高××持有涉案土地的经营权证书，根据国家政策规定，口粮地系国家保障农民基本生活所分的土地，任何人不得侵犯和剥夺，故高××对涉案土地所享有的承包经营权应受法律保护。虽涉案土地由刘××自2001年经营管理至今，但仅仅是×××村委会将涉案土地交由刘××代耕，并不构成×××村委会已将涉案土地重新发包给了刘××，涉案土地的承包经营权并未流转。据此，依照《中华人民共和国农村土地承包法》第三十四条、《最高人民法院关于审理涉及农村土地承包纠纷案件适用法律问题的解释》第六条第一款的规定，判决如下：

被告刘××于本判决生效后30日内将位于××市××区××镇×××村北的4.8亩口粮地上的地上附着物自行清除后，将白地4.8亩返还原告高××，××市××区××镇×××村民委员会对此予以协助。

案件受理费70元，由被告刘××负担（于本判决生效后7日内交纳）。

（案例来源：北大法律信息网）

承包方自愿委托发包方或中介组织流转其承包土地的，应当由承包方出具土地流转委托书。委托书应当载明委托的事项、权限和期限等，并有委托人的签名或盖章。没有承包方的书面委托，任何组织和个人无权以任何方式决定流转农户的承包土地。

承包方与受让方达成流转意向后，以转包、出租、互换或者其他方式流转的，承包方应当及时向发包方备案。以转让方式流转的，应当事先向发包方提出转让申请。

受让方在流转期间因投入而提高土地生产能力的，土地流转合同到期或者未到期由承包方依法收回承包土地时，受让方有权获得相应的补偿。具体补偿办法可以在土地流转合同中约定或双方通过协商解决。

(3)土地承包经营权流转的方式

①转包　转包是指承包方将部分或全部土地承包经营权在一定期限内转给其他主体从事农业生产经营。转包后原土地承包关系不变，原承包方继续履行原土地承包合同规定的权利和义务，接受转包的一方按转包时约定的条件对转包方负责。

【例】 村民甲将自己的土地承包经营权转包给同村的村民乙，村民甲与村集体之间的承包关系仍然有效，而村民乙则只需按照转包合同的约定对村民甲承担义务。

②出租　出租是指承包方在承包期内，将土地承包经营权出租给第三人，收取租金，第三人依据出租合同享有土地承包经营权益。出租后，承包方与发包方依据承包合同确立的权利、义务关系

不变。

【例】 村民甲将自己的土地承包经营权出租给同村的村民乙，村民甲与村集体之间的承包关系不变，村民乙按照出租合同的约定享有权利、承担义务。

③互换　互换是指同一集体经济组织的承包方之间自愿将土地承包经营权进行交换。土地承包经营权互换后双方对互换土地原享有的承包权利和承担的义务也相应互换，当事人可以要求办理农村土地承包经营权证变更登记手续。

【例】 村民甲将自己的土地承包经营权与同村村民乙的土地承包经营权互换，二人与村集体之间的承包权利和义务也相应互换。

④转让　转让是指承包方在承包期内，将土地承包经营权交给第三人。土地承包经营权一经转让，承包方与发包方之间依据承包合同确立的权利、义务关系即行终止。受让土地承包经营权的第三人向发包方履行承包合同规定的义务，并享有合同规定的权利。

【例】 村民甲将自己的土地承包经营权转让给同村的村民乙，村民甲与村集体之间的承包关系终止，村民乙按照原承包合同享有权利、承担义务。

承包方采取转让方式流转农村土地承包经营权的，经发包方同意后，当事人可以要求及时办理农村土地承包经营权证变更、注销或重发手续。

⑤入股　入股是指将承包经营权折价入股，发展股份合作生产经营，土地经营所获得的利润，按入股的土地承包经营权份额分配。但股份合作解散时入股土地承包经营权应当退回原承包农户。

【例】 某村民将自己的土地承包经营权折为某股份合作经营组织1%的股份，该组织土地经营利润的1%要分配给该村民。

(4)土地承包经营权流转合同　承包方流转农村土地承包经

营权，应当与受让方在协商一致的基础上签订书面流转合同。农村土地承包经营权流转合同一式 4 份，流转双方各执 1 份，发包方和乡（镇）人民政府农村土地承包管理部门各备案 1 份。承包方将土地交由他人代耕不超过 1 年的，可以不签订书面合同。

农村土地承包经营权流转合同文本格式由省级人民政府农业行政主管部门确定。根据《土地承包法》第 37 条的规定，农村土地承包经营权流转合同一般包括以下内容：①双方当事人的姓名、住所；②流转土地的四至、坐落、面积、质量等级；③流转的期限和起止日期；④流转方式；⑤流转土地的用途；⑥双方当事人的权利和义务；⑦流转价款及支付方式；⑧流转合同到期后地上附着物及相关设施的处理；⑨违约责任。

【范　本】

农村土地承包经营权流转合同书

合同编号：

甲方（出让方）：__________　地址：______________

乙方（受让方）：__________　地址：______________

为了保障双方当事人的合法权益，根据国家有关法律、法规和政策规定，经双方协商同意，订立本合同。

一、流转方式

甲方将所承包经营的土地以____________形式流转给乙方（流转形式包括转包、转让、出租、互换等。若实行转让形式流转的，还应由乙方与发包方确立新的土地承包关系，甲方与发包方的土地承包关系即行终止；实行其他形式流转的，甲方与发包方原土地承包关系不变）。

二、流转的土地及用途

序　号	地　名	面积(亩)	四至	地上附着物	用途	备注
1						
2						
3						
4						
合　计						

三、流转期限

流转期限______年，自______年______月______日起至______年______月______日止。

四、流转费标准及支付时间

每年每亩______元，或每年每亩______公斤干谷(早稻或晚稻)，按当年______月______日市场平均价折成现金，乙方于每年______月______日前支付给甲方。

五、甲方的权利和义务

1. 有权监督乙方按时履行本合同规定的各项义务。

2. 有权阻止乙方改变土地农业用途和对土地进行掠夺性经营。

3. 如乙方抛荒土地或不按合同约定交缴土地流转费1年以上，有权收回承包经营权。

4. 不得干预乙方依法生产经营活动。

六、乙方的权利和义务

1. 依法在不改变土地规定用途的前提下，有经营自主权、产品处分权和收益权。未经甲方同意，不得再次流转。

2. 按时向甲方支付流转费。

3. 保护耕地，不得进行掠夺性经营，不得弃耕抛荒。

七、违约责任

流转期内，如一方违约，违约方应向对方支付违约金______元，造成损失的，依法予以赔偿。

八、纠纷解决办法

流转期内，如双方发生纠纷，先由村委会和土地承包经营权流转服务站进行调解，调解不成的，向乡（镇、街道）农村土地承包经营权流转机构进行调解。经村镇两级调解不成的，再向县农村土地承包经营权流转机构申请调解，或向县农业行政主管部门申请仲裁或向人民法院起诉。

九、双方约定的其他条款

1. 流转期内，如流转的土地被国家或集体依法征用、占用，土地补偿费的发放按有关法律、法规和政策规定执行。

2. 流转期满后，乙方投资形成的地上附着物按如下办法处理____________________。

3. 乙方连续2年弃耕抛荒的，甲方有权收回流转的土地。

4. ____________________。

5. ____________________。

6. ____________________。

十、本合同自甲乙双方签字（或盖章）之日起生效。

十一、本合同如有变更或未尽事宜，由双方共同协商，作出补充约定。补充约定与本合同具有同等效力。

十二、本合同一式4份，甲乙双方各执1份，土地发包方、乡（镇、街道）农村土地承包经营权流转机构各备案1份。

甲方代表人：__________ 乙方代表人：__________

签订日期：______年_____月_____日

(5)土地承包经营权流转管理 发包方对承包方提出的转包、出租、互换或者以其他方式流转承包土地的要求，应当及时办理备案，并报告乡(镇)人民政府农村土地承包管理部门。承包方转让承包土地，发包方同意转让的，应当及时向乡(镇)人民政府农村土地承包管理部门报告，并配合办理有关变更手续。发包方不同意转让的，应当于7日内向承包方书面说明理由。

乡(镇)人民政府农村土地承包管理部门应当建立农村土地承包经营权流转情况登记册，及时准确记载农村土地承包经营权流转情况。以转包、出租或者其他方式流转承包土地的，应当及时办理相关登记。以转让、互换方式流转承包土地的，应当及时办理有关承包合同和土地承包经营权证变更等手续。

乡(镇)人民政府农村土地承包管理部门应当对农村土地承包经营权流转合同及有关文件、文本、资料等进行归档并妥善保管。

5. 家庭承包经营权的保护

(1)家庭承包土地的收回 根据《土地承包法》第26条的规定，承包期内发包方不得收回承包地。承包期内，承包方全家迁入小城镇落户的，应当按照承包方的意愿，保留其土地承包经营权或者允许其依法进行土地承包经营权流转。

在特定情况下法律允许发包方收回承包地。承包期内，承包方全家迁入设区的市，转为非农业户口的，应当将承包的耕地和草地交回发包方。承包方不交回的，发包方可以收回承包的耕地和草地。

承包期内，承包方交回承包地或者发包方依法收回承包地时，承包方对其在承包地上投入而提高土地生产能力的，有权获得相应的补偿。

【例】 某村民在承包土地期间建设了梯田，提高了土地生产能力，在承包方收回该村民的承包地时，应给予相应的补偿。

(2)家庭承包土地的调整 承包地的调整是指改变承包方承

包地的位置和面积等。根据《土地承包法》第 27 条的规定，承包期内，发包方不得调整承包地。承包期内，因自然灾害严重毁损承包地等特殊情形对个别农户之间承包的耕地和草地需要适当调整的，必须经本集体经济组织成员的村民会议 2/3 以上成员或者 2/3 以上村民代表的同意，并报乡（镇）人民政府和县级人民政府农业等行政主管部门批准。承包合同中约定不得调整的，按照其约定不得调整承包地。

根据《土地承包法》第 28 条的规定，集体经济组织依法预留的机动地、通过依法开垦等方式增加的土地和承包方依法自愿交回的土地应当用于调整承包土地或者承包给新增人口。

(3)家庭承包土地的自愿交回　根据《土地承包法》第 29 条的规定，承包期内，承包方可以自愿将承包地交回发包方。承包方自愿交回承包地的，应当提前半年以书面形式通知发包方。承包方在承包期内交回承包地的，在承包期内不得再要求承包土地。

(4)对妇女承包经营权的保护　根据《土地承包法》第 30 条的规定，承包期内，妇女结婚，在新居住地未取得承包地的，发包方不得收回其原承包地。妇女离婚或者丧偶，仍在原居住地生活或者不在原居住地生活但在新居住地未取得承包地的，发包方不得收回其原承包地。

【真实案例】

1990 年 3 月 21 日××村村民委员会（发包方，甲方）与解××（父亲，承包人，乙方）签订《土地承包合同书》，约定由乙方承包甲方蔬菜田 1.77 亩，稻田 1.24 亩，共计责任田 3.01 亩；土地按 5 人口进行承包，乙方实际人口 6 人；本合同承包期 3 年，自 1990 年 1 月 1 日起至 1992 年 12 月 31 日止。父亲解××原家庭人口 5 人，配偶、长子、次子解××、女儿解××，杨××与次子解××系夫妻关系。女儿解××在 1996 年 8 月结婚后，随之将户口从××

村迁出。父亲解××户承包的3.01亩责任田现由次子解××、杨××家庭管理、使用。2012年8月13日，××市××区××街道××村村民委员会出具证明，证明：该村于1983～1984年期间对各村民组进行分田到户，女儿解××系父亲解××之女，分田到户期间，女儿解××尚未出嫁。2012年11月5日，××市××区××街道××村村民委员会又出具证明，证明：父亲解××户在1990年土地承包时，承包蔬菜田1.77亩、稻田1.24亩，合计3.01亩。当时父亲解××户在册农业人口6人，按5人进行承包，至今，父亲解××户土地未作调整，承包责任田仍为3.01亩，其户现在在册人口为7人。××市××区××街道××村村民委员会于2012年8月15日和2012年11月26日分别出具证明，证明：女儿解××于1996年8月嫁入该村，在该村未分田地；女儿解××属于1998年大堤拆迁户，现已进行生活安置，安置于××村一片3栋，生活安置占地面积为18平方米。女儿解××认为次子解××、杨××侵占了其责任田，双方由此酿成纠纷。

法院认为：女儿解××在1996年8月结婚后，其户口迁出，其本人也没有再在原来的村居住、生产和生活，已不再属于该村集体经济组织成员。女儿解××因结婚其户口从原来的村迁出至现居住地的村后，该村未分给其田地，但该村已将其作为1998年大堤拆迁户，进行了生活安置，生活安置地占地面积为18平方米。因此，女儿解××在新居住地虽然没有分得田地，但实际得到了土地权益补偿，不符合《农村土地承包法》第三十条规定的“承包期内，妇女结婚，在新居住地未取得承包地的，发包方不得收回其原承包地”的情形，女儿解××依法不再享有在原来的村承包土地的权利。女儿解××的诉讼请求理由不成立，本院不予支持。

综上所述，依照《中华人民共和国农村土地承包法》第五条、第三十条、第五十一条的规定，判决如下：

驳回女儿解××对次子解××、杨××的诉讼请求。

本案受理费3 373元，由女儿解××负担。

（案例来源：北大法律信息网）

(5)农村土地承包的继承　根据《土地承包法》第31条的规定，土地、草地等的承包人死亡的，承包人应得的承包收益，依照《继承法》的规定继承。林地承包的承包人死亡，其继承人可以在承包期内继续承包。

（三）农村土地的其他承包方式

《土地承包法》第三章规定了农村土地的其他承包方式。农村土地的其他承包方式是指对不宜采取家庭承包方式的荒山、荒沟、荒丘、荒滩等农村土地，通过招标、拍卖、公开协商等方式进行承包。招标是指由发包方向公众发出招标公告，有意承包的人可以填写并提交标书，发包方在诸多投标人中选择条件最优的人订立承包合同。拍卖是指由有意承包的人举牌公开竞价，将土地承包给出价最高的人。公开协商是指以公开讨价还价的方式确定承包价格的承包方式。

通过招标、拍卖、公开协商等方式承包农村土地，经依法登记取得土地承包经营权证或者林权证等证书的，其土地承包经营权可以依法流转。

1. 其他方式承包的承包方　本集体经济组织成员可以通过招标、拍卖、公开协商等方式承包荒山、荒沟、荒丘、荒滩。以其他方式承包农村土地的，在同等条件下本集体经济组织成员享有优先承包权。

本集体经济组织以外的单位和个人也可以通过招标、拍卖、公开协商等方式承包荒山、荒沟、荒丘、荒滩。根据《土地承包法》第48条的规定，发包方将农村土地发包给本集体经济组织以外的单位或者个人承包，应当事先经本集体经济组织成员的村民会议

2/3 以上成员或者 2/3 以上村民代表的同意，并报乡（镇）人民政府批准。此外，还应当对承包方的资信情况和经营能力进行审查后，再签订承包合同。

2. 承包内容的确定 根据《土地承包法》第 45 条的规定，以其他方式承包农村土地的，应当签订承包合同。当事人的权利和义务、承包期限等，由双方协商确定。以招标、拍卖方式承包的，承包费通过公开竞标、竞价确定。以公开协商等方式承包的，承包费由双方议定。

3. 股份经营 根据《土地承包法》第 46 条的规定，荒山、荒沟、荒丘、荒滩等可以直接通过招标、拍卖、公开协商等方式实行承包经营，也可以将土地承包经营权折股分给本集体经济组织成员后，再实行承包经营或者股份合作经营。也就是说，本集体经济组织的成员虽然并没有直接承包土地，但却可以通过股权获得收益。

【例】 某村将一块荒滩按照每位村民 0.2％的份额折给本村村民，然后将该荒滩承包给他人，每位村民按照 0.2％的份额享有该荒滩承包的收入。

4. 承包继承 根据《土地承包法》第 50 条的规定，土地承包经营权通过招标、拍卖、公开协商等方式取得的，该承包人死亡，其应得的承包收益，依照《继承法》的规定继承。在承包期内，其继承人可以继续承包。

（四）农村土地承包经营权证

农村土地承包经营权证是农村土地承包合同生效后，国家依法确认承包方享有土地承包经营权的法律凭证。《土地承包经营权证管理办法》详细规定了农村土地承包经营权证。

1. 农村土地承包经营权证的发证机关 根据《土地承包经营权证管理办法》第 4 条和第 6 条的规定，县级以上地方人民政府负责颁发农村土地承包经营权证。县级以上地方人民政府农业行政主管部门负责农村土地承包经营权证的备案、登记、发放等具体工作。

2. 农村土地承包经营权证的内容

(1)名称和编号。

(2)发证机关及日期。

(3)承包期限和起止日期。

(4)承包土地名称、坐落、面积、用途。

(5)农村土地承包经营权变动情况。

(6)其他应当注明的事项。

3. 农村土地承包经营权证的发证程序

(1)家庭承包的土地承包经营权证发证程序　根据《土地承包经营权证管理办法》第7条的规定,家庭承包的土地承包经营权证发证程序见图5-1。

(2)以其他方式承包的土地承包经营权证发证程序　根据《土地承包经营权证管理办法》第8条的规定,以其他方式承包的土地承包经营权证发证程序如下:

第一,土地承包合同生效后,承包方填写农村土地承包经营权证登记申请书,报承包土地所在乡(镇)人民政府农村经营管理部门。

第二,乡(镇)人民政府农村经营管理部门对发包方和承包方的资格、发包程序、承包期限、承包地用途等予以初审,并在农村土地承包经营权证登记申请书上签署初审意见。

第三,承包方持乡(镇)人民政府初审通过的农村土地承包经营权登记申请书,向县级以上地方人民政府申请农村土地承包经营权证登记。

第四,县级以上地方人民政府农业行政主管部门对登记申请予以审核。申请材料符合规定的,编制农村土地承包经营权证登

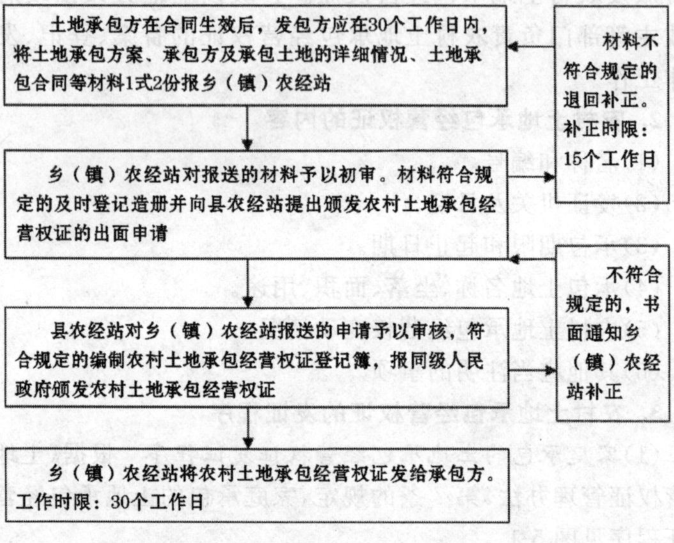

图 5-1　家庭承包的土地承包经营权证发证程序

记簿，报请同级人民政府颁发农村土地承包经营权证。申请材料不符合规定的，书面通知申请人补正。

4. 农村土地承包经营权证的管理、查阅和复制　根据《土地承包经营权证管理办法》第 9～10 条的规定，农村土地承包经营权证登记簿记载农村土地承包经营权的基本内容。农村土地承包经营权证、农村土地承包合同、农村土地承包经营权证登记簿记载的事项应一致。

农村土地承包经营权证登记簿、承包合同及其他登记材料，由县级以上地方农业行政主管部门管理。农村土地承包方有权查阅、复制农村土地承包经营权证登记簿和其他登记材料。县级以上农业行政主管部门不得限制和阻挠。

5. 农村土地承包经营权证的变更　根据《土地承包经营权证

管理办法》第 11 条、第 15～16 条的规定，农村土地承包当事人认为农村土地承包经营权证和登记簿记载错误的，有权申请更正。承包期内，承包方采取转包、出租、入股方式流转土地承包经营权的，不需办理农村土地承包经营权证变更。采取转让、互换方式流转土地承包经营权的，当事人可以要求办理农村土地承包经营权证变更登记。

办理农村土地承包经营权变更申请应提交以下材料：①变更的书面请求；②已变更的农村土地承包合同或其他证明材料；③农村土地承包经营权证原件。

乡(镇)人民政府农村经营管理部门受理变更申请后，应及时对申请材料进行审核。符合规定的，报请原发证机关办理变更手续，并在农村土地承包经营权证登记簿上记载。

6. 农村土地承包经营权证的换发、补发 根据《土地承包经营权证管理办法》第 17～19 条的规定，农村土地承包经营权证严重污损、毁坏、遗失的，承包方应向乡(镇)人民政府农村经营管理部门申请换发、补发。

经乡(镇)人民政府农村经营管理部门审核后，报请原发证机关办理换发、补发手续。

办理农村土地承包经营权证换发、补发手续，应以农村土地经营权证登记簿记载的内容为准。

农村土地承包经营权证换发、补发，应当在农村土地承包经营权证上注明“换发”、“补发”字样。

7. 农村土地承包经营权证的收回 根据《土地承包经营权证管理办法》第 20～22 条的规定，承包期内，发生下列情形之一的，应依法收回农村土地承包经营权证：①承包期内，承包方全家迁入设区的市，转为非农业户口的；②承包期内，承包方提出书面申请，自愿放弃全部承包土地的；③承包土地被依法征用、占用，导致农村土地承包经营权全部丧失的；④其他收回土地承包经营权证的情形。

符合上述规定，承包方无正当理由拒绝交回农村土地承包经营权证的，由原发证机关注销该证（包括编号），并予以公告。收回的农村土地承包经营权证，应退回原发证机关，加盖“作废”章。

（五）农村土地承包经营纠纷解决和法律责任

《土地承包法》第四章和《农村土地承包经营纠纷调解仲裁法》规定了农村土地承包经营纠纷解决和法律责任。

1. 农村土地承包经营纠纷的类型 根据《农村土地承包经营纠纷调解仲裁法》第 2 条的规定，农村土地承包经营纠纷的类型包括：

（1）因订立、履行、变更、解除和终止农村土地承包合同发生的纠纷。

（2）因农村土地承包经营权转包、出租、互换、转让、入股等流转发生的纠纷。

（3）因收回、调整承包地发生的纠纷。

（4）因确认农村土地承包经营权发生的纠纷。

（5）因侵害农村土地承包经营权发生的纠纷。

（6）法律、法规规定的其他农村土地承包经营纠纷。

2. 农村土地承包经营纠纷的解决途径

（1）*协商解决* 因土地承包经营发生纠纷的，双方当事人可以通过协商解决。通过协商当事人自己可以达成解决纠纷的协议，是一种友好简单的纠纷解决方式。

（2）*调解解决* 调解是在调解员主持下，纠纷的当事人达成协议解决纠纷的方式。因土地承包经营发生纠纷的可以请求村民委员会、乡（镇）人民政府等调解解决。

根据《农村土地承包经营纠纷调解仲裁法》第 8～10 条的规定，当事人申请农村土地承包经营纠纷调解可以书面申请，也可以口头申请。口头申请的，由村民委员会或者乡(镇)人民政府当场记录申请人的基本情况、申请调解的纠纷事项、理由和时间。

调解农村土地承包经营纠纷，村民委员会或者乡(镇)人民政府应当充分听取当事人对事实和理由的陈述，讲解有关法律以及国家政策，耐心疏导，帮助当事人达成协议。经调解达成协议的，村民委员会或者乡(镇)人民政府应当制作调解协议书。调解协议书由双方当事人签名、盖章或者按指印，经调解人员签名并加盖调解组织印章后生效。

(3)仲裁解决　仲裁是由仲裁机构的仲裁员经过审理作出仲裁裁决的纠纷解决方式。当事人不愿协商、调解或者协商、调解不成的，可以向农村土地承包仲裁机构申请仲裁。农村土地承包经营纠纷申请仲裁的时效期间为2年。

农村土地承包经营纠纷仲裁的申请人、被申请人为当事人。家庭承包的，可以由农户代表人参加仲裁。当事人一方人数众多的，可以推选代表人参加仲裁。与案件处理结果有利害关系的，可以申请作为第三人参加仲裁，或者由农村土地承包仲裁委员会通知其参加仲裁。当事人、第三人可以委托代理人参加仲裁。

(4)诉讼解决　当事人不愿协商、调解或者协商、调解不成的，也可以直接向人民法院起诉。

当事人对农村土地承包仲裁机构的仲裁裁决不服的，可以在收到裁决书之日起30日内向人民法院起诉。

3. 与农村土地承包经营有关的法律责任

(1)侵权民事责任　侵权责任是侵害他人人身或者财产权所应当承担的民事责任，详细解释可参见本书第八章的内容。

发包方有下列行为之一的，应当承担停止侵害、返还原物、恢复原状、排除妨害、消除危险、赔偿损失等侵权责任：①干涉承包方依法享有的生产经营自主权；②违反规定收回、调整承包地；③强迫或者阻碍承包方进行土地承包经营权流转；④假借少数服从多数强迫承包方放弃或者变更土地承包经营权而进行土地承包经营权流转；⑤以划分“口粮田”和“责任田”等为由收回承包地搞招标承包；⑥将承包地收回抵顶欠款；⑦剥夺、侵害妇女依法享有的土地承包经营权；⑧其他侵害土地承包经营权的行为。

(2)违约责任　当事人一方不履行合同义务或者履行义务不符合约定的，应当依照《中华人民共和国合同法》的规定承担违约责任。关于违约责任可参见本书第七章的相关内容。

(3)无效的法律后果　承包合同中违背承包方意愿或者违反法律、行政法规有关不得收回、调整承包地等强制性规定的约定无效。

【例】 某农户与村集体签订的承包合同中约定，村集体可以随时收回农户承包的土地，这样的约定是无效的。

此外，任何组织和个人强迫承包方进行土地承包经营权流转的，该流转无效。

(4)收益的退还　任何组织和个人擅自截留、扣缴土地承包经营权流转收益的，应当退还。

(5)承包方的行政责任和赔偿责任　承包方违法将承包地用于非农建设的，由县级以上地方人民政府有关行政主管部门依法予以处罚。

承包方给承包地造成永久性损害的，发包方有权制止，并有权要求承包方赔偿由此造成的损失。

(6)国家机关及其工作人员的法律责任　国家机关及其工作人员有利用职权干涉农村土地承包，变更、解除承包合同，干涉承包方依法享有的生产经营自主权，或者强迫、阻碍承包方进行土地承包经营权流转等侵害土地承包经营权的行为，给承包方造成损失的，应当承担损害赔偿等责任。情节严重的，由上级机关或者所在单位给予直接责任人员行政处分。构成犯罪的，依法追究刑事责任。

第六章　农业生产经营

农业生产经营是农民在农村地区开展的经济活动。《中华人民共和国农业法》等法律规定了农业基本制度。农业生产经营还涉及农业生产资料、农业生产安全等方面的法律规定。本章将逐一阐述上述法律规定。

一、农业基本法

《中华人民共和国农业法》(以下简称《农业法》)全面规定了我国农业基本问题,是我国农业的基本法。根据《农业法》的规定,该法所称农业是指种植业、林业、畜牧业和渔业等产业,包括与其直接相关的产前、产中、产后服务。本节将重点介绍与农业生产经营关系密切的内容。

(一)农业生产

1. 农业发展规划　根据《农业法》第 15 条的规定,县级以上人民政府根据国民经济和社会发展的中长期规划、农业和农村经济发展的基本目标和农业资源区划,制定农业发展规划。

省级以上人民政府农业行政主管部门根据农业发展规划,采取措施发挥区域优势,促进形成合理的农业生产区域布局,指导和协调农业和农村经济结构调整。

2. 调整和优化农业生产结构　根据《农业法》第 16 条的规定,国家引导和支持农民和农业生产经营组织结合本地实际按照市场需求,调整和优化农业生产结构,协调发展种植业、林业、畜牧业和渔业，发展优质、高产、高效益的农业，提高农产品国际竞争力。县级以上人民政府应当制定政策，安排资金，引导和支持农业结构调整。

(1)种植业　种植业以优化品种、提高质量、增加效益为中心，调整作物结构、品种结构和品质结构。

(2)林业　加强林业生态建设，实施天然林保护、退耕还林和防沙治沙工程，加强防护林体系建设，加速营造速生丰产林、工业原料林和薪炭林。

(3)畜牧业　加强草原保护和建设，加快发展畜牧业，推广圈养和舍饲，改良畜禽品种，积极发展饲料工业和畜禽产品加工业。

(4)渔业　渔业生产应当保护和合理利用渔业资源，调整捕捞结构，积极发展水产养殖业、远洋渔业和水产品加工业。

3. 农业生产保障

(1)保护和提高农业综合生产能力　根据《农业法》第17条的规定，各级人民政府应当采取措施，加强农业综合开发和农田水利、农业生态环境保护、乡村道路、农村能源和电网、农产品仓储和流通、渔港、草原围栏、动植物原种良种基地等农业和农村基础设施建设，改善农业生产条件，保护和提高农业综合生产能力。

(2)选育和推广动植物良种　根据《农业法》第18条的规定，国家扶持动植物品种的选育、生产、更新和良种的推广使用，鼓励品种选育和生产、经营相结合，实施种子工程和畜禽良种工程。国务院和省、自治区、直辖市人民政府设立专项资金，用于扶持动植物良种的选育和推广工作。

(3)发展农田水利设施　根据《农业法》第19条的规定，各级人民政府和农业生产经营组织应当加强农田水利设施建设，建立健全农田水利设施的管理制度，节约用水，发展节水型农业，严格依法控制非农业建设占用灌溉水源，禁止任何组织和个人非法占用或者毁损农田水利设施。国家对缺水地区发展节水型农业给予重点扶持。

(4)提高农业机械化水平　根据《农业法》第20条的规定，国家鼓励和支持农民和农业生产经营组织使用先进、适用的农业机械，加强农业机械安全管理，提高农业机械化水平。国家对农民和农业生产经营组织购买先进农业机械给予扶持。

(5)发展农业气象事业　根据《农业法》第21条的规定，各级人民政府应当支持为农业服务的气象事业的发展，提高对气象灾害的监测和预报水平。

4. 农业生产安全

(1)农产品质量安全　根据《农业法》第22条的规定，国家采取措施提高农产品的质量，建立健全农产品质量标准体系和质量检验检测监督体系，按照有关技术规范、操作规程和质量卫生安全标准，组织农产品的生产经营，保障农产品质量安全。

根据《农业法》第23条的规定，国家支持依法建立健全优质农产品认证和标志制度。国家鼓励和扶持发展优质农产品生产。县级以上地方人民政府应当结合本地情况，按照国家有关规定采取措施，发展优质农产品生产。符合国家规定标准的优质农产品可以依照法律或者行政法规的规定申请使用有关的标志。符合规定产地及生产规范要求的农产品，可以依照有关法律或者行政法规的规定申请使用农产品地理标志。农产品地理标志标示农产品来源于特定地域，以地域名称冠名的特有农产品标志，如五常大米、洛川苹果。

(2)动植物防疫、检疫　根据《农业法》第24条的规定，国家实行动植物防疫、检疫制度，健全动植物防疫、检疫体系，加强对动物疫病和植物病、虫、杂草、鼠害的监测、预警、防治，建立重大动物疫情和植物病虫害的快速扑灭机制，建设动物无规定疫病区，实施植物保护工程。

(3)农业生产资料安全管理　根据《农业法》第25条的规定，

农药、兽药、饲料和饲料添加剂、肥料、种子、农业机械等可能危害人畜安全的农业生产资料的生产经营，依照相关法律、行政法规的规定实行登记或者许可制度。

各级人民政府应当建立健全农业生产资料的安全使用制度，农民和农业生产经营组织不得使用国家明令淘汰和禁止使用的农药、兽药、饲料添加剂等农业生产资料和其他禁止使用的产品。

农业生产资料的生产者、销售者应当对其生产、销售的产品的质量负责，禁止以次充好、以假充真、以不合格的产品冒充合格的产品；禁止生产和销售国家明令淘汰的农药、兽药、饲料添加剂、农业机械等农业生产资料。

（二）农产品流通与加工

1. 农产品市场 根据《农业法》第 26 条的规定，农产品的购销实行市场调节。国家对关系国计民生的重要农产品的购销活动实行必要的宏观调控，建立中央和地方分级储备调节制度，完善仓储运输体系，做到保证供应，稳定市场。

根据《农业法》第 27 条的规定，国家逐步建立统一、开放、竞争、有序的农产品市场体系，制定农产品批发市场发展规划。对农村集体经济组织和农民专业合作经济组织建立农产品批发市场和农产品集贸市场，国家给予扶持。县级以上人民政府工商行政管理部门和其他有关部门按照各自的职责，依法管理农产品批发市场，规范交易秩序，防止地方保护与不正当竞争。

2. 农产品流通 根据《农业法》第 28 条的规定，国家鼓励和支持发展多种形式的农产品流通活动。支持农民和农民专业合作经济组织按照国家有关规定从事农产品收购、批发、贮藏、运输、零售和中介活动。鼓励供销合作社和其他从事农产品购销的农业生产经营组织提供市场信息，开拓农产品流通渠道，为农产品销售服务。

县级以上人民政府应当采取措施，督促有关部门保障农产品运输畅通，降低农产品流通成本。有关行政管理部门应当简化手续，方便鲜活农产品的运输，除法律、行政法规另有规定外，不得扣押鲜活农产品的运输工具。

3. 农产品加工 根据《农业法》第 29 条的规定，国家支持发展农产品加工业和食品工业，增加农产品的附加值。县级以上人民政府应当制定农产品加工业和食品工业发展规划，引导农产品加工企业形成合理的区域布局和规模结构，扶持农民专业合作经济组织和乡镇企业从事农产品加工和综合开发利用。

国家建立健全农产品加工制品质量标准，完善检测手段，加强农产品加工过程中的质量安全管理和监督，保障食品安全。

4. 农产品出口 根据《农业法》第 30 条的规定，国家采取加强国际市场研究、提供信息和营销服务等措施，促进农产品出口。

（三）粮食安全

1. 粮食生产 根据《农业法》第 31 条的规定，国家采取措施保护和提高粮食综合生产能力，稳步提高粮食生产水平，保障粮食安全。国家建立耕地保护制度，对基本农田依法实行特殊保护。

根据《农业法》第 32 条的规定，国家在政策、资金、技术等方面对粮食主产区给予重点扶持，建设稳定的商品粮生产基地，改善粮食收贮及加工设施，提高粮食主产区的粮食生产、加工水平和经济效益。国家支持粮食主产区与主销区建立稳定的购销合作关系。

2. 粮食收购 根据《农业法》第 33 条的规定，在粮食的市场价格过低时，国务院可以决定对部分粮食品种实行保护价制度。保护价应当根据有利于保护农民利益、稳定粮食生产的原则确定。农民按保护价制度出售粮食，国家委托的收购单位不得拒收。县级以上人民政府应当组织财政、金融等部门以及国家委托的收购单位及时筹足粮食收购资金，任何部门、单位或者个人不得截留或者挪用。

3. 粮食安全预警 根据《农业法》第34条的规定，国家建立粮食安全预警制度，采取措施保障粮食供给。国务院应当制定粮食安全保障目标与粮食储备数量指标，并根据需要组织有关主管部门进行耕地、粮食库存情况的核查。国家对粮食实行中央和地方分级储备调节制度，建设仓储运输体系。承担国家粮食储备任务的企业应当按照国家规定保证储备粮的数量和质量。

4. 粮食风险基金 根据《农业法》第35条的规定，国家建立粮食风险基金，用于支持粮食储备、稳定粮食市场和保护农民利益。

（四）农民权益保护

1. 禁止乱收费 根据《农业法》第67条的规定，任何机关或者单位向农民或者农业生产经营组织收取行政、事业性费用必须依据法律、法规的规定。收费的项目、范围和标准应当公布。没有法律、法规依据的收费，农民和农业生产经营组织有权拒绝。

2. 禁止乱罚款 根据《农业法》第67条的规定，任何机关或者单位对农民或者农业生产经营组织进行罚款处罚必须依据法律、法规、规章的规定。没有法律、法规、规章依据的罚款，农民和农业生产经营组织有权拒绝。

3. 禁止摊派 根据《农业法》第67条的规定，任何机关或者单位不得以任何方式向农民或者农业生产经营组织进行摊派。除法律、法规另有规定外，任何机关或者单位以任何方式要求农民或者农业生产经营组织提供人力、财力、物力的，属于摊派。农民和农业生产经营组织有权拒绝任何方式的摊派。

4. 禁止集资 根据《农业法》第68条的规定，各级人民政府及其有关部门和所属单位不得以任何方式向农民或者农业生产经营组织集资。

5. 禁止非法达标、升级、验收活动 根据《农业法》第 68 条的规定，没有法律、法规依据或者未经国务院批准，任何机关或者单位不得在农村进行任何形式的达标、升级、验收活动。例如，不得非法开展每户拥有家用电器数量达标活动。

6. 禁止非法征税 根据《农业法》第 69 条的规定，农民和农业生产经营组织依照法律、行政法规的规定承担纳税义务。税务机关及代扣、代收税款的单位应当依法征税，不得违法摊派税款和以其他违法方式征税。

7. 禁止乱收教育费用 根据《农业法》第 70 条的规定，农村义务教育除按国务院规定收取的费用外，不得向农民和学生收取其他费用。禁止任何机关或者单位通过农村中小学校向农民收费。

8. 禁止截留、挪用征地补偿费用 根据《农业法》第 71 条的规定，国家依法征收农民集体所有的土地，应当保护农民和农村集体经济组织的合法权益，依法给予农民和农村集体经济组织征地补偿，任何单位和个人不得截留、挪用征地补偿费用。

9. 禁止侵犯农民经营权 根据《农业法》第 72 条的规定，各级人民政府、农村集体经济组织或者村民委员会在农业和农村经济结构调整、农业产业化经营和土地承包经营权流转等过程中，不得侵犯农民的土地承包经营权，不得干涉农民自主安排的生产经营项目，不得强迫农民购买指定的生产资料或者按指定的渠道销售农产品。

【例】 某乡人民政府认为种植鲜花可以带领农民致富，于是强行要求农民不得种植蔬菜，全部种植鲜花。这属于侵犯农民经营权的行为。

10. 不得超标准筹资筹劳 根据《农业法》第 73 条的规定，农村集体经济组织或者村民委员会为发展生产或者兴办公益事业，需要向其成员（村民）筹资筹劳的，应当经成员（村民）会议或者成员(村民)代表会议过半数通过后,方可进行。

农村集体经济组织或者村民委员会依照前款规定筹资筹劳的,不得超过省级以上人民政府规定的上限控制标准,禁止强行以资代劳。

农村集体经济组织和村民委员会对涉及农民利益的重要事项,应当向农民公开,并定期公布财务账目,接受农民的监督。

11. 不得强迫接受服务 根据《农业法》第 74 条的规定,任何单位和个人向农民或者农业生产经营组织提供生产、技术、信息、文化、保险等有偿服务,必须坚持自愿原则,不得强迫农民和农业生产经营组织接受服务。

12. 保护农产品收购利益 根据《农业法》第 75 条的规定,农产品收购单位在收购农产品时,不得压级压价,不得在支付的价款中扣缴任何费用。法律、行政法规规定代扣、代收税款的,依照法律、行政法规的规定办理。

农产品收购单位与农产品销售者因农产品的质量等级发生争议的,可以委托具有法定资质的农产品质量检验机构检验。

13. 赔偿农业生产资料造成的损失 根据《农业法》第 76 条的规定,农业生产资料使用者因生产资料质量问题遭受损失的,出售该生产资料的经营者应当予以赔偿。

【例】 某村民购买了伪劣农膜,导致春耕的种子没有发芽,该村民可以向出售农膜的经营者要求赔偿。

14. 保护农民合法权益的途径 根据《农业法》第 77 条的规定,农民或者农业生产经营组织为维护自身的合法权益,有向各级人民政府及其有关部门反映情况和提出合法要求的权利,人民政府及其有关部门对农民或者农业生产经营组织提出的合理要求,应当按照国家规定及时给予答复。

根据《农业法》第 78 条的规定,违反法律规定,侵犯农民权益的,农民或者农业生产经营组织可以依法申请行政复议或者向人民法院提起诉讼，有关人民政府及其有关部门或者人民法院应当依法受理。人民法院和司法行政主管机关应当依照有关规定为农民提供法律援助。

二、农业生产资料

《中华人民共和国种子法》(以下简称《种子法》)、《中华人民共和国农业机械化促进法》(以下简称《农业机械化法》)、《农药管理条例》、《兽药管理条例》、《饲料和饲料添加剂管理条例》规定了国家对主要农业生产资料的相关管理规定。

(一)种　子

根据《种子法》第2条的规定，种子是指农作物和林木的种植材料或者繁殖材料，包括籽粒、果实和根、茎、苗、芽、叶等。

1. 种质资源保护　种质资源是指选育新品种的基础材料，包括各种植物的栽培种、野生种的繁殖材料以及利用上述繁殖材料人工创造的各种植物的遗传材料。种质是农作物传递给后代的遗传物质。“种瓜得瓜、种豆得豆”，就是对植物遗传现象的生动描述。瓜和豆的繁衍就是由瓜和豆的遗传物质决定的。

根据《种子法》第8条的规定，国家依法保护种质资源，任何单位和个人不得侵占和破坏种质资源。禁止采集或者采伐国家重点保护的天然种质资源，如采集天然食用菌种质资源是被禁止的。因科研等特殊情况需要采集或者采伐的，应当经国务院或者省、自治区、直辖市人民政府的农业、林业行政主管部门批准。

根据《种子法》第9条的规定，国家有计划地收集、整理、鉴定、登记、保存、交流和利用种质资源，定期公布可供利用的种质资源目录。国务院农业、林业行政主管部门应当建立国家种质资源库，省、自治区、直辖市人民政府农业、林业行政主管部门可以根据需要建立种质资源库、种质资源保护区或者种质资源保护地。

2. 品种选育与审定 品种是指经过人工选育或者发现并经过改良,形态特征和生物学特性一致,遗传性状相对稳定的植物群体。例如,小粒红玉米、矮脚南特水稻等品种。

(1)品种选育

①植物新品种权 根据《种子法》第12条的规定,国家实行植物新品种保护制度,对经过人工培育的或者发现的野生植物加以开发的植物品种,具备新颖性、特异性、一致性和稳定性的,授予植物新品种权,保护植物新品种权所有人的合法权益。选育的品种得到推广应用的,育种者依法获得相应的经济利益。根据农业部的公告,芝麻、木薯、小豆、大蒜等都曾获得过植物新品种权。

②经济补偿 根据《种子法》第13条的规定,单位和个人因林业行政主管部门为选育林木良种建立测定林、试验林、优树收集区、基因库而减少经济收入的,批准建立的林业行政主管部门应当按照国家有关规定给予经济补偿。

(2)品种审定

①品种审定的机构 根据《种子法》第15条的规定,主要农作物品种和主要林木品种在推广应用前应当通过国家级或者省级审定,申请者可以直接申请省级审定或者国家级审定。例如,稻、小麦、玉米、棉花、大豆属于主要农作物品种,种子园、母树林、采种基地和种源区种子等属于主要林木品种。由省、自治区、直辖市人民政府农业、林业行政主管部门确定的主要农作物品种和主要林木品种实行省级审定。

国务院和省、自治区、直辖市人民政府的农业、林业行政主管部门分别设立由专业人员组成的农作物品种和林木品种审定委员会,承担主要农作物品种和主要林木品种的审定工作。在具有生态多样性的地区,省、自治区、直辖市人民政府农业、林业行政主管部门可以委托设区的市、自治州承担适宜于在特定生态区域内推广应用的主要农作物品种和主要林木品种的审定工作。

②品种审定的公告　根据《种子法》第16条的规定，通过国家级审定的主要农作物品种和主要林木良种由国务院农业、林业行政主管部门公告，可以在全国适宜的生态区域推广。通过省级审定的主要农作物品种和主要林木良种由省、自治区、直辖市人民政府农业、林业行政主管部门公告，可以在本行政区域内适宜的生态区域推广；相邻省、自治区、直辖市属于同一适宜生态区的地域，经所在省、自治区、直辖市人民政府农业、林业行政主管部门同意后可以引种。

3. 种子生产

(1)种子生产许可证　根据《种子法》第21条的规定，申请领取种子生产许可证的单位和个人，应当具备下列条件：①具有繁殖种子的隔离和培育条件；②具有无检疫性病虫害的种子生产地点或者县级以上人民政府林业行政主管部门确定的采种林；③具有与种子生产相适应的资金和生产、检验设施；④具有相应的专业种子生产和检验技术人员；⑤法律、法规规定的其他条件。

《种子法》第21条还规定，申请领取具有植物新品种权的种子生产许可证的，应当征得品种权人的书面同意。

(2)种子生产要求　根据《种子法》第23条的规定，商品种子生产应当执行种子生产技术规程和种子检验、检疫规程。

根据《种子法》第24条的规定，在林木种子生产基地内采集种子的，由种子生产基地的经营者组织进行，采集种子应当按照国家有关标准进行。禁止抢采掠青、损坏母树，禁止在劣质林内、劣质母树上采集种子。

4. 种子经营

(1)种子经营许可证　根据《种子法》第26条的规定，种子经营实行许可制度。种子经营者必须先取得种子经营许可证后，方可凭种子经营许可证向工商行政管理机关申请办理或者变更营业执照。种子经营许可证实行分级审批发放制度。种子经营许可证由种子经营者所在地县级以上地方人民政府农业、林业行政主管部门核发。

根据《种子法》第27条的规定，农民个人自繁、自用的常规种子有剩余的，可以在集贸市场上出售、串换，不需要办理种子经营许可证。

(2)种子经营要求

①种子服务　根据《种子法》第32条的规定，种子经营者应当遵守有关法律、法规的规定，向种子使用者提供种子的简要性状、主要栽培措施、使用条件的说明与有关咨询服务，并对种子质量负责。任何单位和个人不得非法干预种子经营者的自主经营权。

②种子收购　根据《种子法》第33条的规定，未经省、自治区、直辖市人民政府林业行政主管部门批准，不得收购珍贵树木种子和本级人民政府规定限制收购的林木种子。

③种子包装　根据《种子法》第34条的规定，销售的种子应当加工、分级、包装。但是，不能加工、包装的除外。大包装或者进口种子可以分装；实行分装的，应当注明分装单位，并对种子质量负责。

④种子标签　根据《种子法》第35条的规定，销售的种子应当附有标签。标签应当标注种子类别、品种名称、产地、质量指标、检疫证明编号、种子生产及经营许可证编号或者进口审批文号等事项。

⑤种子档案　根据《种子法》第36条的规定，种子经营者应当建立种子经营档案，载明种子来源、加工、贮藏、运输和质量检测各环节的简要说明及责任人、销售去向等内容。

【真实案例】

被告××县×××种业有限公司，于2007年1月30日注册登记。经营范围:各类农作物常规种子、不再分装的主要农作物杂交种子。有效区域:××市境内。2007年5月6日原告高×从被告的种子门市部购买了80桶“××五号”西瓜籽种,种在了自己承包的水浇田地上,种植面积77.3亩。2007年9月间,原告高×感到西瓜质量不高,无法出售,遂向××县工商行政管理局投诉,2007年9月12日××县工商行政管理局与被告法定代表人杨××到原告种植的西瓜地进行实地检查。2007年9月28日××县工商行政管理局作出调查结果:高×所种的西瓜皮色黑绿,口感发酸,与周边农民种的西瓜相差很大,瓜内籽粒比别人种的“××五号”大。尔后,原告向法院提起民事诉讼,法院在审理过程中,原告高×提出申请,要求对其所种植的西瓜亩数、收益进行评估,2008年9月23日××市价格认证中心作出《××市价格认证中心价格鉴定结论书》,原告高×种植西瓜亩数为77.3亩,西瓜总收益价格为108 500元,其中生产成本为46 000元,纯收益为62 500元。

法院认为,2007年5月6日原告从被告的种子门市部购买了西瓜种子,双方即形成了种子购销的法律事实。本案中双方争议的焦点是原告从被告处购买的西瓜种子是否合格。按照《中华人民共和国民事诉讼法》及《最高人民法院关于民事诉讼证据的若干规定》的相关规定,对于因产品质量引发的纠纷,实行举证责任倒置的原则,即应当由被告提供相应的证据,证明其向原告出售的种子系合格的种子。但被告向法庭提供的证据,并不能证明其向原告销售的种子质量合格,同时也没有提供种子经营档案。按照《中华人民共和国种子法》的相关规定,种子经营实行许可证制度,种子经营者必须先取得种子经营许可证后,方可凭种子经营许可证向工商行政管理机关申请办理或者变更营业执照。种子经营者应当建立种子经营档案,载明种子来源、加工、贮藏、运输和质量检测各环节的简要说明及责任人、销售去向等内容。1年农作物种子的经营档案应当保存至种子销售后2年。据此规定,被告的种子门市部，未经申请办理或变更营业执照，从事种子经营，属违法经营。被告应该提供种子经营档案，而未提供，应负举证不能的法律后果。原告种植的西瓜质量不高，无法销售，所造成的经济损失，应当按照我国民法通则关于民事侵权案件处理的基本原则中的补偿原则为依据进行计算。综上，根据《中华人民共和国民法通则》第一百二十二条、《中华人民共和国种子法》第三十六条、《最高人民法院关于民事诉讼证据若干规定》第二条第二款、第四条的规定，判决如下：

一、由被告××县×××种业有限公司赔偿原告生产成本46 000元，鉴定费7 000元，共计53 000元。限本判决生效后10日内自动履行。

二、驳回原告高×的其他诉讼请求。

如果未按本判决指定的期间履行给付金钱义务，应当依照《中华人民共和国民事诉讼法》第二百二十三条的规定，加倍支付迟延履行期间的债务利息。

案件受理费3 300元，由原告承担1 750元，被告承担1 550元。

（案例来源：北大法律信息网）

5. 种子使用

(1)种子购买　根据《种子法》第39条的规定，种子使用者有权按照自己的意愿购买种子，任何单位和个人不得非法干预。

(2)林木良种使用　根据《种子法》第40条的规定，国家投资或者以国家投资为主的造林项目和国有林业单位造林，应当根据林业行政主管部门制定的计划使用林木良种。国家对推广使用林木良种营造防护林、特种用途林给予扶持。

6. 种子质量

(1)假种子　根据《种子法》第46条的规定，禁止生产、经营假、劣种子。下列种子为假种子：①以非种子冒充种子或者以此种品种种子冒充他种品种种子的；②种子种类、品种、产地与标签标注的内容不符的。

(2)劣种子　根据《种子法》第46条的规定，下列种子为劣种子：①质量低于国家规定的种用标准的；②质量低于标签标注指标的；③因变质不能作种子使用的；④杂草种子的比率超过规定的；⑤带有国家规定检疫对象的有害生物的。

(二)农　药

根据国务院《农药管理条例》第2条的规定，农药是指用于预防、消灭或者控制危害农业、林业的病、虫、草和其他有害生物以及有目的地调节植物、昆虫生长的化学合成或者来源于生物、其他天然物质的一种物质或者几种物质的混合物及其制剂。例如，杀虫的农药三唑磷、毒死蜱、敌敌畏等，杀菌的农药百菌清、多菌灵等，除草的农药百草枯、草甘膦等。

1. 农药经营

(1)农药的经营单位　根据《农药管理条例》第18条的规定，下列单位可以经营农药：①供销合作社的农业生产资料经营单位；②植物保护站；③土壤肥料站；④农业、林业技术推广机构；⑤森林病虫害防治机构；⑥农药生产企业；⑦国务院规定的其他经营单位。

(2)经营农药的要求

①农药购销检验　根据《农药管理条例》第20条的规定，农药经营单位购进农药，应当将农药产品与产品标签或者说明书、产品质量合格证核对无误，并进行质量检验。禁止收购、销售无农药登记证或者农药临时登记证、无农药生产许可证或者农药生产批准文件、无产品质量标准和产品质量合格证以及检验不合格的农药。

②农药储备　根据《农药管理条例》第21条的规定，农药经营单位应当按照国家有关规定做好农药储备工作。贮存农药应当建立和执行仓储保管制度，确保农药产品的质量和安全。

③农药质量　根据《农药管理条例》第22条的规定，农药经营单位销售农药，必须保证质量，农药产品与产品标签或者说明书、产品质量合格证应当核对无误。农药经营单位应当向使用农药的单位和个人正确说明农药的用途、使用方法、用量、中毒急救措施和注意事项。

根据《农药管理条例》第23条的规定，超过产品质量保证期限的农药产品，经省级以上人民政府农业行政主管部门所属的农药检定机构检验，符合标准的，可以在规定期限内销售；但是，必须注明"过期农药"字样，并附具使用方法和用量。

2. 农药使用

(1)农药防毒规程　根据《农药管理条例》第26条的规定，使用农药应当遵守农药防毒规程，正确配药、施药，做好废弃物处理和安全防护工作，防止农药污染环境和农药中毒事故。

(2)农药安全、合理使用　根据《农药管理条例》第27条的规定，使用农药应当遵守国家有关农药安全、合理使用的规定，按照规定的用药量、用药次数、用药方法和安全间隔期施药，防止污染农副产品。剧毒、高毒农药不得用于防治卫生害虫，不得用于蔬菜、瓜果、茶叶和中草药材。

(3)保护环境、有益生物和珍稀物种　根据《农药管理条例》第28条的规定，使用农药应当注意保护环境、有益生物和珍稀物种。严禁用农药毒鱼、虾、鸟、兽等。

3. 禁止生产、经营和使用假农药和劣质农药

(1)禁止生产、经营和使用假农药　根据《农药管理条例》第31条的规定，禁止生产、经营和使用假农药。下列农药为假农药：①以非农药冒充农药或者以此种农药冒充他种农药的；②所含有效成分的种类、名称与产品标签或者说明书上注明的农药有效成分的种类、名称不符的。

(2) 禁止生产、经营和使用劣质农药　根据《农药管理条例》第32条的规定，禁止生产、经营和使用劣质农药。下列农药为劣质农药：①不符合农药产品质量标准的；②失去使用效能的；③混有导致药害等有害成分的。

(三)兽　药

兽药是指用于预防、治疗、诊断动物疾病或者有目的地调节动物生理功能的物质。例如，血清、疫苗、中药材、中成药、抗生素等。

1. 兽药经营

(1)兽药购进　根据国务院《兽药管理条例》第26条的规定，兽药经营企业购进兽药，应当将兽药产品与产品标签或者说明书、产品质量合格证核对无误。

(2)兽药销售　根据《兽药管理条例》第27条的规定，兽药经营企业，应当向购买者说明兽药的功能主治、用法、用量和注意事项。销售兽用处方药的，应当遵守兽用处方药管理办法。兽药经营企业销售兽用中药材的，应当注明产地。禁止兽药经营企业经营人用药品和假、劣兽药。

根据《兽药管理条例》第47条的规定，有下列情形之一的，为假兽药：①以非兽药冒充兽药或者以他种兽药冒充此种兽药的；②兽药所含成分的种类、名称与兽药国家标准不符的。

有下列情形之一的，按照假兽药处理：①国务院兽医行政管理部门规定禁止使用的；②条例规定应当经审查批准而未经审查批准即生产、进口的，或者依照本条例规定应当经抽查检验、审查核对而未经抽查检验、审查核对即销售、进口的；③变质的；④被污染的；⑤所标明的适应症或者功能主治超出规定范围的。

根据《兽药管理条例》第48条的规定，有下列情形之一的，为劣兽药：①成分含量不符合兽药国家标准或者不标明有效成分的；②不标明或者更改有效期或者超过有效期的；③不标明或者更改产品批号的；④其他不符合兽药国家标准，但不属于假兽药的。

(3)兽药记录　根据《兽药管理条例》第28条的规定，兽药经营企业购销兽药，应当建立购销记录。购销记录应当载明兽药的商品名称、通用名称、剂型、规格、批号、有效期、生产厂商、购销单位、购销数量、购销日期和国务院兽医行政管理部门规定的其他事项。

(4)兽药保管　根据《兽药管理条例》第29条的规定，兽药经营企业，应当建立兽药保管制度，采取必要的冷藏、防冻、防潮、防虫、防鼠等措施，保持所经营兽药的质量。兽药入库、出库，应当执行检查验收制度，并有准确记录。

2. 兽药使用

(1)按规定用药　根据《兽药管理条例》第38条的规定，兽药使用单位，应当遵守国务院兽医行政管理部门制定的兽药安全使用规定，并建立用药记录。

(2)禁止使用假、劣兽药　根据《兽药管理条例》第39条的规定，禁止使用假、劣兽药以及国务院兽医行政管理部门规定禁止使用的药品和其他化合物。禁止使用的药品和其他化合物目录由国务院兽医行政管理部门制定公布。

(3)有休药期规定的兽药的使用　根据《兽药管理条例》第40条的规定，有休药期规定的兽药用于食用动物时，饲养者应当向购买者或者屠宰者提供准确、真实的用药记录；购买者或者屠宰者应当确保动物及其产品在用药期、休药期内不被用于食品消费。

休药期是指动物从停止给药到许可屠宰或它们的乳、蛋等产品许可上市的间隔时间。不遵守休药期规定会造成药物在动物体内蓄积，对人体造成潜在的危害。

(4)药物饲料添加剂　根据《兽药管理条例》第41条的规定，禁止在饲料和动物饮用水中添加激素类药品和国务院兽医行政管理部门规定的其他禁用药品。经批准可以在饲料中添加的兽药，应当由兽药生产企业制成药物饲料添加剂后方可添加。禁止将原料药直接添加到饲料及动物饮用水中或者直接饲喂动物。禁止将人用药品用于动物。

(5)兽药残留监控　根据《兽药管理条例》第42条的规定，国务院兽医行政管理部门，应当制定并组织实施国家动物及动物产品兽药残留监控计划。

县级以上人民政府兽医行政管理部门，负责组织对动物产品中兽药残留量的检测。兽药残留检测结果，由国务院兽医行政管理部门或者省、自治区、直辖市人民政府兽医行政管理部门按照权限予以公布。

动物产品的生产者、销售者对检测结果有异议的，可以自收到检测结果之日起7个工作日内向组织实施兽药残留检测的兽医行政管理部门或者其上级兽医行政管理部门提出申请，由受理申请的兽医行政管理部门指定检验机构进行复检。

根据《兽药管理条例》第43条的规定，禁止销售含有违禁药物或者兽药残留量超过标准的食用动物产品。

(四)饲料和饲料添加剂

根据国务院《饲料和饲料添加剂管理条例》第2条的规定，饲料是指经工业化加工、制作的供动物食用的产品。饲料添加剂是指在饲料加工、制作、使用过程中添加的少量或者微量物质。例如，养殖动物用的氨基酸和维生素添加剂。

1. 饲料和饲料添加剂生产

(1) 设立饲料、饲料添加剂生产企业的条件　根据《饲料和饲料添加剂管理条例》第14条的规定，设立饲料、饲料添加剂生产企业,应当符合饲料工业发展规划和产业政策,并具备下列条件:①有与生产饲料、饲料添加剂相适应的厂房、设备和仓储设施;②有与生产饲料、饲料添加剂相适应的专职技术人员;③有必要的产品质量检验机构、人员、设施和质量管理制度;④有符合国家规定的安全、卫生要求的生产环境;⑤有符合国家环境保护要求的污染防治措施;⑥国务院农业行政主管部门制定的饲料、饲料添加剂质量安全管理规范规定的其他条件。

(2)饲料和饲料添加剂生产标准　根据《饲料和饲料添加剂管理条例》第18条的规定,饲料、饲料添加剂生产企业,应当按照产品质量标准以及国务院农业行政主管部门制定的饲料、饲料添加剂质量安全管理规范和饲料添加剂安全使用规范组织生产,对生产过程实施有效控制并实行生产记录和产品留样观察制度。

(3)饲料和饲料添加剂生产质量检验　根据《饲料和饲料添加剂管理条例》第19条的规定,饲料、饲料添加剂生产企业应当对生产的饲料、饲料添加剂进行产品质量检验;检验合格的,应当附具产品质量检验合格证。未经产品质量检验、检验不合格或者未附具产品质量检验合格证的,不得出厂销售。

饲料、饲料添加剂生产企业应当如实记录出厂销售的饲料、饲料添加剂的名称、数量、生产日期、生产批次、质量检验信息、购货者名称及其联系方式、销售日期等。记录保存期限不得少于2年。

(4)饲料和饲料添加剂包装　根据《饲料和饲料添加剂管理条例》第20条的规定,出厂销售的饲料、饲料添加剂应当包装,包装应当符合国家有关安全、卫生的规定。

饲料生产企业直接销售给养殖者的饲料可以使用罐装车运输。罐装车应当符合国家有关安全、卫生的规定,并随罐装车附具规定的标签。

易燃或者其他特殊的饲料、饲料添加剂的包装应当有警示标志或者说明,并注明储运注意事项。

(5)饲料和饲料添加剂标签　根据《饲料和饲料添加剂管理条例》第21条的规定，饲料、饲料添加剂的包装上应当附具标签。标签应当以中文或者适用符号标明产品名称、原料组成、贮存条件、使用说明、注意事项、保质期等内容。加入药物饲料添加剂的，还应当标明“加入药物饲料添加剂”字样，并标明其通用名称、含量和休药期。乳和乳制品以外的动物源性饲料，还应当标明“本产品不得饲喂反刍动物”字样。动物源性饲料是指以动物或动物副产物为原料，经工业化加工、制作的饲料，例如骨粉、鱼粉、动物油渣等。

2. 饲料和饲料添加剂经营

(1)饲料和饲料添加剂经营者的条件　根据《饲料和饲料添加剂管理条例》第22条的规定，饲料、饲料添加剂经营者应当符合下列条件：①有与经营饲料、饲料添加剂相适应的经营场所和仓储设施；②有具备饲料、饲料添加剂使用、贮存等知识的技术人员；③有必要的产品质量管理和安全管理制度。

(2)饲料和饲料添加剂进货　根据《饲料和饲料添加剂管理条例》第23条的规定，饲料、饲料添加剂经营者进货时应当查验产品标签、产品质量检验合格证和相应的许可证明文件。

饲料、饲料添加剂经营者不得对饲料、饲料添加剂进行拆包、分装，不得对饲料、饲料添加剂进行再加工或者添加任何物质。

(3)饲料和饲料添加剂购销记录　根据《饲料和饲料添加剂管理条例》第23条的规定，饲料、饲料添加剂经营者应当建立产品购销台账，如实记录购销产品的名称、许可证明文件编号、规格、数量、保质期、生产企业名称或者供货者名称及其联系方式、购销时间等。购销台账保存期限不得少于2年。

3. 饲料和饲料添加剂使用　根据《饲料和饲料添加剂管理条例》第25条的规定，养殖者应当按照产品使用说明和注意事项使用饲料。在饲料或者动物饮用水中添加饲料添加剂的，应当符合饲料添加剂使用说明和注意事项的要求，遵守国务院农业行政主管部门制定的饲料添加剂安全使用规范。

养殖者使用自行配制的饲料的，应当遵守国务院农业行政主管部门制定的自行配制饲料使用规范，并不得对外提供自行配制的饲料。

用限制使用的物质养殖动物的，应当遵守国务院农业行政主管部门的限制性规定。禁止在饲料、动物饮用水中添加国务院农业行政主管部门公布禁用的物质以及对人体具有直接或者潜在危害的其他物质，或者直接使用上述物质养殖动物。例如，将“瘦肉精”添加在猪饲料中是被禁止的违法行为。禁止在反刍动物饲料中添加乳和乳制品以外的动物源性成分。

4. 饲料和饲料添加剂召回　根据《饲料和饲料添加剂管理条例》第 28 条的规定，饲料、饲料添加剂生产企业发现其生产的饲料、饲料添加剂对养殖动物、人体健康有害或者存在其他安全隐患的，应当立即停止生产，通知经营者、使用者，向饲料管理部门报告，主动召回产品，并记录召回和通知情况。召回的产品应当在饲料管理部门监督下予以无害化处理或者销毁。

饲料、饲料添加剂经营者发现其销售的饲料、饲料添加剂具有上述情形的，应当立即停止销售，通知生产企业、供货者和使用者，向饲料管理部门报告，并记录通知情况。

养殖者发现其使用的饲料、饲料添加剂具有上述情形的，应当立即停止使用，通知供货者，并向饲料管理部门报告。

三、农产品质量安全

根据《农产品质量安全法》第 2 条的规定，农产品是指来源于农业的初级产品，即在农业活动中获得的植物、动物、微生物及其产品。例如，白菜、大米、猪肉等。农产品质量安全是指农产品质量符合保障人的健康、安全的要求。

（一）农产品产地

1. 禁止建立农产品生产基地的地域 根据《农产品质量安全法》第17条的规定，禁止在有毒有害物质超过规定标准的区域生产、捕捞、采集食用农产品和建立农产品生产基地。

2. 禁止污染农产品生产基地 根据《农产品质量安全法》第18条的规定，禁止违反法律、法规的规定向农产品产地排放或者倾倒废水、废气、固体废物或者其他有毒有害物质。农业生产用水和用作肥料的固体废物，应当符合国家规定的标准。

3. 禁止污染农产品 根据《农产品质量安全法》第19条的规定，农产品生产者应当合理使用化肥、农药、兽药、农用薄膜等化工产品，防止对农产品产地造成污染。

（二）农产品生产

1. 农产品生产记录 根据《农产品质量安全法》第24条的规定，农产品生产企业和农民专业合作经济组织应当建立农产品生产记录，如实记载下列事项：①使用农业投入品的名称、来源、用法、用量和使用、停用的日期；②动物疫病、植物病虫草害的发生和防治情况；③收获、屠宰或者捕捞的日期。

农产品生产记录应当保存2年。禁止伪造农产品生产记录。国家鼓励其他农产品生产者建立农产品生产记录。

2. 农产品质量检验 根据《农产品质量安全法》第26条的规定，农产品生产企业和农民专业合作经济组织，应当自行或者委托检测机构对农产品质量安全状况进行检测；经检测不符合农产品质量安全标准的农产品，不得销售。

3. 农产品质量自律管理 根据《农产品质量安全法》第27条的规定，农民专业合作经济组织和农产品行业协会对其成员应当及时提供生产技术服务，建立农产品质量安全管理制度，健全农产品质量安全控制体系，加强自律管理。

（三）农产品包装和标识

1. 农产品包装和标识要求　根据《农产品质量安全法》第 28 条的规定，农产品生产企业、农民专业合作经济组织以及从事农产品收购的单位或者个人销售的农产品，按照规定应当包装或者附加标识的，须经包装或者附加标识后方可销售。包装物或者标识上应当按照规定标明产品的品名、产地、生产者、生产日期、保质期、产品质量等级等内容；使用添加剂的，还应当按照规定标明添加剂的名称。

2. 农产品质量标志　根据《农产品质量安全法》第 32 条的规定，销售的农产品必须符合农产品质量安全标准，生产者可以申请使用无公害农产品标志。农产品质量符合国家规定的有关优质农产品标准的，生产者可以申请使用相应的农产品质量标志。

（四）农产品质量监督检查

1. 不得销售的农产品　根据《农产品质量安全法》第 33 条的规定，有下列情形之一的农产品，不得销售：

（1）含有国家禁止使用的农药、兽药或者其他化学物质的。

（2）农药、兽药等化学物质残留或者含有的重金属等有毒有害物质不符合农产品质量安全标准的。例如，农产品中含有超标的铅、汞等重金属。

（3）含有的致病性寄生虫、微生物或者生物毒素不符合农产品质量安全标准的。例如，谷类作物中含有超标的黄曲霉毒素、杂色曲霉毒素等生物毒素。

（4）使用的保鲜剂、防腐剂、添加剂等材料不符合国家有关强制性的技术规范的。

（5）其他不符合农产品质量安全标准的。

2. 农产品质量安全监测 根据《农产品质量安全法》第34条的规定，国家建立农产品质量安全监测制度。县级以上人民政府农业行政主管部门应当按照保障农产品质量安全的要求，制定并组织实施农产品质量安全监测计划，对生产中或者市场上销售的农产品进行监督抽查。监督抽查结果由国务院农业行政主管部门或者省、自治区、直辖市人民政府农业行政主管部门按照权限予以公布。监督抽查检测应当委托符合条件的农产品质量安全检测机构进行，不得向被抽查人收取费用，抽取的样品不得超过国务院农业行政主管部门规定的数量。上级农业行政主管部门监督抽查的农产品，下级农业行政主管部门不得另行重复抽查。

根据《农产品质量安全法》第36条的规定，农产品生产者、销售者对监督抽查检测结果有异议的，可以自收到检测结果之日起5日内，向组织实施农产品质量安全监督抽查的农业行政主管部门或者其上级农业行政主管部门申请复检。采用国务院农业行政主管部门会同有关部门认定的快速检测方法进行农产品质量安全监督抽查检测，被抽查人对检测结果有异议的，可以自收到检测结果时起4小时内申请复检。复检不得采用快速检测方法。因检测结果错误给当事人造成损害的，依法承担赔偿责任。

根据《农产品质量安全法》第37条的规定，农产品批发市场应当设立或者委托农产品质量安全检测机构，对进场销售的农产品质量安全状况进行抽查检测；发现不符合农产品质量安全标准的，应当要求销售者立即停止销售，并向农业行政主管部门报告。农产品销售企业对其销售的农产品，应当建立健全进货检查验收制度；经查验不符合农产品质量安全标准的，不得销售。

3. 农产品质量安全社会监督 根据《农产品质量安全法》第38条的规定，国家鼓励单位和个人对农产品质量安全进行社会监督。任何单位和个人都有权对违法行为进行检举、揭发和控告。有关部门收到相关的检举、揭发和控告后，应当及时处理。

4. 农产品质量安全事故处理　根据《农产品质量安全法》第40条的规定，发生农产品质量安全事故时，有关单位和个人应当采取控制措施，及时向所在地乡级人民政府和县级人民政府农业行政主管部门报告；收到报告的机关应当及时处理并报上一级人民政府和有关部门。发生重大农产品质量安全事故时，农业行政主管部门应当及时通报同级食品药品监督管理部门。

第七章 农村常用合同及担保

合同是农民在日常生活和从事农业生产经济活动中必不可少的手段，农民可以通过订立合同确定自己与对方的权利和义务，进而享有合同所带来的利益。在对方违反合同时，农民可以通过追究违约责任来维护自己的合法权益。农民在订立合同时可要求对方或者被要求提供担保。保证、抵押、质押、留置等是常见的担保方式，在使用这些担保方式时应注意自己的权利和义务，避免利益受损失。

一、农村常用合同

（一）合同总论

1. 合同的含义 根据《中华人民共和国合同法》（以下简称《合同法》）第2条的规定，合同是平等的自然人、法人和其他组织之间设立、变更、终止民事权利义务关系的协议。对于合同我们可以从以下几个方面加以理解：

（1）合同的当事人具有平等的法律地位 合同的一个最基本的特征是发生在法律地位平等的主体之间。

【例】 村民甲和村民乙订立了一个买卖水泵的合同，他们在这个买卖合同中没有命令与服从的关系，地位是平等的。如果村民甲卖给村民乙的是不符合国家标准、存在特别大的安全隐患的水泵，有关机关就可以依法对村民甲进行处罚，这个时候，该行政机关与村民甲之间就是命令与服从的关系，而不是平等的民事关系了。

(2)合同是当事人之间意思表示一致的结果 通俗地说,意思表示一致就是当事人对合同的内容都表示同意。

【例】 村民甲请个体运输户村民乙为他运输一批水果,运费是1 000元,如果二人都同意这个内容,那么这就是意思表示的一致,由此可以产生有效的合同。如果村民乙认为价钱太低,不接受这个提议,那么当事人就没有达成意思表示的一致,也就不能产生合同。

(3)合同的内容是设立、变更或者终止民事权利义务关系 设立民事权利义务关系是指通过订立合同在当事人之间形成原本不存在的民事权利义务关系。

【例】 还是以上述村民甲和村民乙订立买卖水泵的合同为例。在订立这个合同之前,二人之间并不存在买卖水泵的关系,村民乙不可能要求村民甲把水泵交给他,但是通过订立合同,两个人之间就有了一方交钱一方交货的约束,谁都不能反悔。

变更民事权利义务关系是在保持原来的民事权利义务关系效力的基础上,部分地改变原来的民事权利义务关系。

【例】 村民乙要买村民甲的水泵,二人以2 000元的价格订立了合同,此时二人之间就存在了民事权利义务关系。但后来村民甲觉得价格太低,经村民乙同意二人又订立了一个合同,把第一个合同的价格增加到2 500元。第二个合同就是在保持第一个合同效力的前提下变更了其中的价格条款。

终止民事权利义务关系是使原来的民事权利义务关系归于消灭。

【例】 村民甲与村民乙的买卖水泵的合同订立后,村民乙不想买了,而村民甲也不想卖了,二人又订立了一个合同解除了第一个合同。这第二个合同的作用就是使二人之间已经存在的买卖水泵的权利义务关系不再存在。

(4)依法成立的合同具有法律约束力　依法成立的合同受国家法律的保护，当事人必须按照合同的内容来履行自己的义务，不得单方面擅自变更或者解除合同。除了法律规定的特殊情况外，当事人不履行合同或者没有按照要求履行合同的，都要承担违约责任。

2. 订立合同的形式　合同的形式就是采取什么方式来订立合同。根据《合同法》第10～11条的规定，订立合同可以采用口头形式、书面形式和其他形式。

(1)口头形式　口头形式是指使用语言来表示签订合同的愿望而订立合同。以口头形式订立合同具有简便易行的优点，在日常生活中经常被采用。例如，商店中的零售、农贸市场上的现货交易一般都采用口头形式订立合同。根据《合同法》的规定，只要当事人没有其他约定，法律也没有规定必须采用其他特定形式的合同，都可以采用口头形式。以口头形式订立合同的缺点是发生纠纷的时候难以分清责任，所以不能立刻交货付款的合同和涉及的财物数额较大的合同一般不采用这种形式。

【例】　某村民与收购他果园里水果的某食品加工厂口头订立了供应价值3万元水果的合同。该村民拒绝了其他人的订单，一直等待食品加工厂来提货。直到水果开始腐烂，食品加工厂也没来提货，结果造成该村民2万元的损失。该村民提起民事诉讼，要求食品加工厂赔偿，但是由于没有第三人在场无法证明订立了合同，最终败诉。

(2)书面形式　书面形式是指合同书、信件以及数据电文(包括电报、电传、传真、电子数据交换和电子邮件)等可以有形地表现所载合同内容的形式。以书面形式订立的合同在发生纠纷时比较容易取证，有利于迅速地解决纠纷。所以不能立刻交货付款的合同和涉及的财物数额较大的合同要尽可能采用书面形式。法律规定采用书面形式的，应当采用书面形式，否则可能会导致合同不成立。

(3)其他形式　其他形式是除了口头和书面以外的形式。

【例】　村民甲表示想购买村民乙的货物,乙主动送货上门,送货上门的行为就可以使合同成立。

3. 合同的效力

(1)无效合同　合同的效力是法律赋予依法成立的合同的约束力,当事人必须严格遵守生效的合同,否则就要被追究违约责任。合同无效是指合同欠缺有效要件,不发生法律效力。根据《合同法》第52条的规定,合同无效主要有以下几种情况:

①一方以欺诈、胁迫的手段订立的合同及损害国家利益的合同　欺诈是指一方当事人故意编造事实或者隐瞒事实真相实施的欺骗他人的行为。胁迫是指一方当事人直接给对方造成人身和财产损害,迫使对方当事人订立合同,或者以将来要给对方的人身和财产造成损害相威胁,使对方产生恐惧而签订合同。如果以欺诈、胁迫手段订立的合同损害了国家利益,该合同是无效合同。

【例】　某人冒充省粮食主管部门的官员收购粮食,某村民信以为真订立了低价出售粮食的合同。这个合同损害了国家机关的行政管理权威,是无效合同。

②恶意串通,损害国家、集体或者第三人利益的合同　恶意串通是指当事人双方具有共同的希望通过订立合同损害国家、集体或者第三人的利益的意图。恶意串通一般表现为双方当事人共同谋划,相互配合行动,或者共同进行某种行为。

【例】　村民甲想把市场价格为几百万元的一套商品房转让给村民乙,二人为了逃避税收,在合同中把转让价格写成几十万元。

③以合法形式掩盖非法目的的合同　是指合同在形式上是合法的,但在订立合同的目的上是非法的。

【例】　村民甲和村民乙订立了一个转让饭店的合同,但是合同中约定的转让价款却是正常价格的几倍。这个合同从表面上看是一个合法的合同，但事实上二人订立该合同的真正目的是把种植罂粟获得的非法收入转换成转让饭店的收入。

④违反社会公共利益的合同　违反公共利益就是违反社会全体的共同利益，这将会给社会造成损害。

【例】　村民甲和村民乙订立了一个偿还赌债的合同，由于赌博是违反社会公共利益的，该合同无效。

⑤违反法律、行政法规的强制性规定的合同　合同的内容由当事人协商确定，法律一般并不干涉。但是，当事人必须遵守法律、行政法规的强制性规定，这是当事人的义务，否则就会导致合同的无效。

【例】　某村民为了报复与自己在承包土地过程中结下冤仇的村干部，与一个地痞订立了以伤害该村干部为内容的合同。这个合同违反了刑法的规定，当然是无效的。

(2)可变更、可撤销合同　可变更、可撤销合同是由于某种事由的发生，当事人可以请求改变合同内容或者使合同失去效力的合同。下述合同可以变更或者撤销。

①发生重大误解的合同　重大误解，是指行为人对涉及合同法律效果的重要事项存在认识上的缺陷，使误解人受到了较大损失。确定合同是否为因重大误解而订立，应考虑当事人的状况、活动性质、交易习惯等各方面因素。行为人因行为的性质、对方当事人、标的物的品种、质量、规格和数量等的错误认识，使行为的后果与自己的意思相悖，并造成较大损失的，可以认定为重大误解。

【例】　村民甲与村民乙订立了买卖10捆竹竿的合同，甲认为1捆竹竿应有100根，而乙根据当地的惯例认为1捆为10根竹竿，村民甲产生了重大误解。

②显失公平的合同　显失公平的合同是指一方当事人利用优势或者利用对方没有经验订立的致使双方的权利义务明显违反公平正义原则的合同。

【例】 村民甲购买他人的一批貂皮，由于社会阅历较浅，甲支付的货款超过市场价格几倍，这种合同就属于显失公平的合同。

显失公平的合同使当事人双方的权利和义务极不对等、经济利益不平衡，违反了公平合理、等价有偿原则，因而受损失的当事人可以请求变更或撤销合同。

【真实案例】

2009 年 7 月 5 日原告宋××与被告郭××，因郭××购买宋××390 顶红砖建房后出现质量问题，双方达成赔偿协议，内容为：乙方购买甲方 390 顶红砖，因出现质量问题，经双方协商，甲方赔偿乙方 9 万元整，50 天付完，协议签订之后，甲方不再对售出的 390 顶红砖负任何责任，一切后果由乙方负责。协议签订后，原告向被告已履行 2 万元赔偿款。原告宋××诉称被告郭××威胁说如不赔他钱就让原告的砖厂无法经营，因此不得不和他签订一个赔偿协议；另外，赔偿数额偏高，显失公平。为此，要求法院撤销原、被告 2009 年 7 月 5 日达成的赔偿协议。

法院认为，原、被告对 2009 年 7 月 5 日签订的赔偿协议均无异议，且原告已对该协议部分履行，现原告要求撤销协议的理由证据不足，本院不予支持。判决如下：

驳回原告宋××的诉讼请求。

案件受理费 100 元，由原告宋××负担。

（案例来源：北大法律信息网）

③一方以欺诈、胁迫的手段订立的合同　如果以欺诈、胁迫的手段订立的合同没有损害国家利益，仅仅涉及当事人的私人利益，这种合同是可撤销、可变更合同。受欺诈或者胁迫的当事人可以选择是否请求撤销或者变更该合同。

【例】 村民甲拿着一根经过处理的胡萝卜对村民乙谎称是老

山参，结果村民乙信以为真订立了合同。

【例】 村民甲想购买村民乙的粮食，但村民乙不同意。于是村民甲对村民乙说，如果你不订立合同我就烧毁你的房子。村民乙很害怕，为了避免麻烦与村民甲订立了合同。

在上述例子中，虽然一方当事人由于受到欺诈或者胁迫订立了合同，但是对方的行为并没有损害国家利益，这些合同不是无效合同，而是可撤销、可变更合同。

④乘人之危的合同 乘人之危的合同是指行为人利用他人的危难处境或紧迫需要，强迫对方接受某种明显不公平的条件，违背其真实意愿而订立的合同。所谓危难，包括经济上的穷困，也包括生命、健康、名誉等要遭受损害的紧急情况。

【例】 村民甲的妻子得了重病急需用钱，村民乙趁机要求以极低的价格购买村民甲祖传的瓷瓶，村民甲无奈之下订立了合同。

(3)效力待定合同 效力待定合同就是已经成立，但只有经过他人的追认才能弥补欠缺的要件从而确定地发生法律效力的合同。如果有追认权的人在一定期间内不予追认，则合同归于无效。这类合同在被追认以前处于效力不确定的状态，因而称为效力待定合同。根据《合同法》的规定，效力待定合同包括以下三种：

①限制民事行为能力人依法不能订立的合同 限制民事行为能力人不具有完全的民事行为能力，他们签订合同应由法定代理人代理进行。但是他们可以自己订立纯获利益的合同或者与其年龄、智力、精神状况相适应的合同。限制行为能力人订立的依法可以独自订立的合同之外的合同就是效力待定合同，需要法定代理人追认才能生效。

【例】 某村民15岁的儿子为了买游戏机，把祖传的戒指以1 000元的价格卖给了首饰店。该合同是效力待定合同，如果该村民不同意出售该戒指，可以要求首饰店返还戒指并退还1 000元钱。

②无权代理人订立的合同 代理订立合同是指一方当事人以

其他当事人的名义为其与第三人订立合同，该合同的法律后果由被代理的当事人承担。

【例】 甲以乙的名义与丙订立了合同，在该合同中，甲是代理人，乙是被代理人，甲订立的合同的后果由乙承担。

无权代理合同是效力待定合同的一种类型。无权代理包括没有代理权、超越代理权和代理权终止三种情况。没有代理权是指自始就没有得到被代理人的授权；超越代理权是指代理人的行为超出了被代理人的授权范围；代理权终止是指被代理人已经终止了与代理人的授权代理关系。对于无权代理订立的合同，被代理人予以追认的，合同有效；不予追认的，合同无效。

【例】 某村民曾经是某村办企业的业务员，后来由于工作失误被企业解雇。几个月后，该村民利用原来保留的空白合同书以企业的名义与某公司订立了买卖农药的合同。该买卖合同就属于代理权消灭之后代理订立的合同，村办企业追认的，合同有效，不予追认的，合同无效。

③无处分权的人处分他人财产而订立的合同　无权处分合同是指对他人财产没有处分权的人，为了使他人的财产发生转移而订立的合同。无权处分人处分他人财产订立的合同，一般情况下是无效的。但是，经权利人追认或行为人于缔约后取得处分权时，合同自始有效。

【例】 村民甲擅自把从村民乙那里借来的耕牛卖给了村民丙，这个买卖合同是无权处分合同，如果乙也想出卖耕牛，他可以追认该合同，使合同产生效力。如果村民甲在与村民丙订立耕牛买卖合同后，耕牛的主人村民乙把耕牛送给了村民甲，此时村民甲属于有权处分耕牛了，原来的无权处分合同有效。

4. 合同履行抗辩权　抗辩权是指对抗请求权或能够阻止请求权效力的权利。请求权是指要求他人为一定行为或者不为一定行为的权利。

【例】 村民甲和村民乙订立了树苗买卖合同，村民甲有权请求村民乙交付树苗，同时村民乙有权请求村民甲支付价款。

抗辩权是《合同法》赋予当事人的对抗对方请求权的权利。上例中的村民甲在村民乙请求支付价款的时候可以基于某种理由暂时拒绝支付价款，这就是对抗请求权的抗辩权。《合同法》规定了同时履行抗辩权、先履行抗辩权和不安抗辩权三种抗辩权，当事人可以使用这三种抗辩权在合同履行过程中维护自己的合法权益。

(1)同时履行抗辩权　同时履行抗辩权是指当事人互负债务而没有先后履行顺序的，应当同时履行，一方在对方未履行之前有权拒绝其履行请求，一方在对方履行债务不符合约定时，有权拒绝其相应的履行请求。行使同时履行抗辩权应具备以下条件：

①合同双方当事人互负债务

【例】 村民甲向村民乙购买拖拉机，双方订立买卖合同，甲负有支付价款义务，乙负有给付拖拉机的义务。

双方互负的债务是基于同一个合同产生，否则当事人不能行使该抗辩权。

②双方互负的债务均已届清偿期　清偿期就是可以请求履行义务的时间界限，只有双方的债务同时到了清偿期时，才能行使同时履行抗辩权。

③对方没有履行债务　合同当事人只有在对方没有履行债务而要求自己履行时，才可以行使同时履行抗辩权。

【例】 在上述甲乙买卖拖拉机的合同中，如果乙没有交付拖拉机，甲可以拒绝付款；反之，如果甲没有支付价款，乙可以拒绝交付拖拉机，二人要同时履行交货付款的合同义务。

(2)先履行抗辩权　在合同当事人双方的债务有履行的先后顺序，应当先履行的合同义务已经到期的情况下，后履行合同义务的当事人可以拒绝对方的履行请求。

【例】 村民甲和村民乙订立了购买拖拉机的合同，双方约定村民甲先付款，那么在甲没有先付款的情况下乙可以拒绝交付拖拉机。

(3)不安抗辩权　不安抗辩权就是应当先行履行债务的当事人，有确切证据证明对方有经营状况严重恶化；转移财产、抽逃资金，以逃避债务；严重丧失商业信誉的；其他丧失或可能丧失履行债务能力情形之一的，可以中止履行。

【例】　甲向乙出售种子，双方约定甲先向乙交付种子，乙收到种子后向甲支付货款。但甲发现乙的经营状况已经严重恶化，有可能无法支付货款，此时甲有权行使不安抗辩权，中止自己交付种子的行为，等到乙证明能够支付种子款时再交付种子。

5. 合同解除　合同解除是指合同有效成立之后，基于法律规定的解除条件或者双方约定的解除条件，或者双方达成解除协议，使合同关系归于消灭的行为。解除合同可以使当事人摆脱已经没有意义的合同关系，因此也是维护权益的一种手段。合同解除包括协议解除、约定解除和法定解除。

(1)协议解除　协议解除是指当事人经协商一致解除原来的合同。

【例】　村民甲和村民乙约定买卖1 000公斤玉米，后来二人经过友好协商，决定不再买卖玉米了。

(2)约定解除　约定解除是指当事人订立合同时约定某种情况出现时，当事人有权解除合同。

【例】　村民甲和村民乙约定买卖1 000公斤玉米，秋后交货。二人在订立合同时约定，如果乙秋后的收成不好，那么甲和乙之间的合同终止。

(3)法定解除　法定解除是当事人一方依照法律规定的解除条件解除合同的行为。如果出现下列情况，合同可以法定解除。

①不可抗力致使不能实现合同目的的。不可抗力是指不能预见、不能避免并不能克服的客观现象。

【例】 村民甲和村民乙约定买卖1 000公斤玉米，但是合同订立后突发洪水，乙的玉米地全部被毁。上述发洪水就是法律上的不可抗力，由于洪水导致不能交付玉米就是不能实现合同目的，当事人可以解除合同。

②在履行期限届满之前，当事人一方明确表示或者以自己的行为表明不履行主要债务的。

【例】 村民甲和村民乙约定买卖1 000公斤玉米，但是合同订立后村民乙认为价格太低了，于是告诉村民甲他秋后不会把玉米卖给村民甲了。

③当事人一方迟延履行主要债务，经催告后在合理期限内仍未履行的。

【例】 村民甲和村民乙约定买卖1 000公斤玉米，但是村民乙到期没有交付玉米，于是村民甲催促村民乙在10天内交付玉米，但是村民乙仍然没有交付玉米。

④当事人一方迟延履行债务或者有其他违约行为致使不能实现合同目的的。

【例】 村民甲和村民乙约定买卖1 000公斤玉米，约定在春节前1个月交付，甲购买玉米的目的是制作特色食品供应节日市场。但是，乙在约定的日期内没有交货，导致甲没有原料生产特色食品上市。

⑤法律规定的其他解除情形。

6. 违约责任 违约责任是合同当事人违反合同义务而应承担的法律责任。在对方当事人存在违约行为的时候，可以通过追究对方的违约责任来弥补自己的损失。违约责任包括以下三种主要责任形式：

(1)实际履行 实际履行是指在当事人一方不履行义务或者履行义务不符合约定时，另一方有权要求他依据合同的约定继续履行。

实际履行是一种违反合同后的补救方式，在一方违反合同后，另一方有权要求他继续履行合同，也有权要求他承担损害赔偿等责任，是否请求实际履行是非违约方的权利。实际履行的基本内容是要求违约方继续依据合同的规定作出履行。

【例】 村民甲家中有一套祖传的明代家具，因儿子盖房急需用钱，与乙订立了出卖家具的合同。合同订立后甲不想出卖这套家具了，但是乙十分喜爱这套家具，要求甲继续履行合同义务，交付家具。

(2)损害赔偿　损害赔偿是指违约方因不履行合同或履行合同不符合约定给对方造成损失，依据法律或合同的规定应承担的赔偿对方损失的责任。损害赔偿是因义务人不履行合同或履行合同不符合约定产生的责任。也就是说，义务人的行为使权利人遭受损害，当事人之间基于合同产生的合同债务就转化为损害赔偿关系。

【例】 村民甲开办了一家食品厂，他从面粉厂订购了1吨面粉用于在中秋节前加工月饼销售，但是面粉厂没有供货，导致他损失了1万元的月饼销售利润。村民甲的食品厂可以要求面粉厂赔偿上述损失。

(3)支付违约金　违约金是指由当事人通过协商预先确定的，在违约发生后向对方支付的一定数额的金钱。

违约金是由当事人协商确定的，允许当事人约定违约金实际上是尊重当事人自由约定合同条款的权利以及在违约发生时保护自身利益的权利。违约金的数额是预先确定的，它在事先向义务人指明了违约后所应承担责任的具体范围，从而能督促义务人履行合同。

【例】 某供销社与某果品加工厂签订了一份花生供销合同。合同规定，如果供销社不按期送货，要支付货款10%的违约金，共计1 000元。合同订立后，供销社因送货车辆半路抛锚，导致交货迟延3天。本案中,果品厂可以要求供销社支付违约金。

(二)农村常用典型合同

1. 买卖合同 买卖合同是出卖人把标的物的所有权移转给买受人,买受人支付价款的合同。转移标的物所有权的一方当事人称为出卖人,支付价款的一方当事人称为买受人。

(1)标的物所有权的移转时间 标的物的所有权自标的物交付时起转移,也就是一旦卖方交付了合同标的物,另一方当事人就获得了所有权。但是如果法律另有规定或者当事人另有约定的,则不适用这个规则。

【例】 如果当事人订立合同转让的是房屋,那么所有权在办理房屋转让登记时才移转。

(2)标的物的知识产权并不随同标的物的所有权一并移转 在买卖具有知识产权的计算机软件等标的物时,除法律另有规定或当事人另有约定的以外,该标的物的知识产权并不随同标的物的所有权一并移转于买受人。这是因为知识产权是一种独立于标的物的无形权利,它与所有权是可以分离的。买卖合同出卖人转让的是标的物的所有权,并不包括知识产权。

【例】 某村民喜欢打电脑游戏,他购买了一张游戏软件光盘。这张光盘的所有权是他的,但是他只能安装使用该游戏软件,没有获得该游戏软件的所有权。

(3)出卖人应当保证标的物的质量 出卖人应当按照约定的质量要求交付标的物。出卖人提供有关标的物质量说明的,交付的标的物应当符合该说明的质量要求。出卖人交付的标的物不符合质量标准的,受损害方根据标的物的性质以及损失的大小,可以合理选择请求修理、更换、退货或者减少价款。

【例】 某乡食品加工厂与某锅炉厂签订了一份购买锅炉的合同。合同约定由锅炉厂向食品加工厂出售一台锅炉,食品加工厂收到货物后进行检验，发现锅炉的液压传动装置和压力表等部件质量不合格。食品加工厂可以请求锅炉厂修理、更换、退货或者减少价款。

(4)出卖人应当保证第三人不向买受人主张权利 出卖人就交付的标的物，除非法律另有规定，负有保证第三人不得向买受人主张任何权利的义务。如果第三人主张所有权或者担保权，可以要求出卖人承担违约责任。

【例】 村民甲开了一家小超市，他从糖酒公司批发了几箱白酒，结果白酒冒用了他人的商标，商标所有人发现村民甲销售使用该商标的白酒后告发到工商局。此时，村民甲可以要求追究糖酒公司的法律责任。

(5)样品买卖合同 样品买卖是指当事人双方约定一定的货样，出卖人交付的标的物应当与货样具有相同的品质。当事人应当封存样品，并且可以对样品质量予以说明。凭样品买卖的买受人不知道样品有隐蔽瑕疵的，即使交付的标的物与样品相同，出卖人交付的标的物的质量仍然应当符合同种物的通常标准。

【例】 某村民看中一件挂在羽绒服销售点橱窗里的样品羽绒服，他按照自己的身材购买了一件。后来他发现羽绒服里塞的是未经加工的鸡毛。他可以要求卖方更换用通常的羽绒制作的羽绒服。

(6)试用买卖合同 试用买卖是指当事人双方约定，出卖人把标的物交付买受人试验或检验，如果买受人在约定期限内对标的物认可的，则合同生效。试用人在试用期内可以购买标的物，也可以拒绝购买，但试用期间届满，试用人对是否购买标的物未作表示的，视为同意购买。

【例】 某农机生产公司新出产一种新式小型电动稻谷脱粒机，并与某村民就该电动稻谷脱粒机订立试用合同。该合同约定，村民可以在1个月内试用该产品。村民试用了1个月后没有任何表示，按照法律规定视为该村民同意购买该产品。

2. 供用电合同 供用电合同是指供电企业提供电力，另一方当事人利用电力并支付报酬的合同。

(1)供电人具有特定性 供电人是指供电企业或者依法取得供电营业资格的单位，其他任何单位和个人都不得作为供电人。

(2)电价统一 电价实行统一政策、统一定价原则，分级管理。电价要报国家物价主管部门批准。供电企业应当按照国家核准的电价向用电人收取电费，不得擅自变更电价。

(3)供电企业停电的通知义务 供电企业因供电设施的检修、依法限电等原因需要中断供电时，应当事先通知用电人。没有通知用电人而中断供电，造成用电人损失的，应当承担损害赔偿责任。

【例】 某农民经营的机械厂与电力供应公司签订了一份供用电合同。一天，机械厂突然停电，被迫停产。这次停电给机械厂造成2万多元的经济损失。供电企业没有通知机械厂就中断供电，应当承担损害赔偿责任。

(4)供电企业对事故断电有抢修义务 事故断电是指因不可抗拒的原因或者意外事故造成供电设施毁坏，无法正常供电。出现事故断电后，供电企业应及时抢修，没有及时抢修造成用电人损失的，要承担损害赔偿责任。

【例】 由于冰灾、地震等造成事故断电后，供电企业应及时抢修，否则要承担赔偿责任。

(5)用电人应按时交纳电费 用电人应按国家核准的电价按时交纳电费，如果用电人拖欠电费，要支付违约金。用电人在合理期限内仍不交纳电费和违约金的，供电企业可以中止供电。

3. 赠与合同 赠与合同是指赠与人将自己的财产无偿给予受赠人，受赠人表示接受赠与的合同。在赠与合同中，将财产无偿给予他人的一方当事人为赠与人，无偿接受他人财产的一方当事人为受赠人。

(1)赠与人的义务　赠与合同中只有赠与人负有合同主要义务：

①无偿转让赠与标的物的义务　赠与合同的目的是将赠与财产移转给受赠人，赠与人最主要的合同义务是依合同约定将赠与标的物转移给受赠人。具有救灾、扶贫等社会公益、道德义务性质的赠与合同或者经过公证的赠与合同，赠与人不交付赠与的财产的，受赠人可以要求交付。受赠人在赠与人不移转赠与财产时，可以请求赠与人交付赠与财产，但是不得主张赔偿损失。

②妥善保管赠与财产的义务　为了达到无偿转让赠与财产的目的，赠与人应妥善保管赠与标的物。赠与人在因故意和重大过失致使赠与的财产毁损、灭失时，赠与人要承担损害赔偿责任。也就是说，赠与人因一般过失造成赠与财产毁损、灭失时，赠与人不承担损害赔偿责任。

【例】　村民甲与村民乙约定，将自己祖传的八仙桌赠送给乙，但是后来甲反悔，觉得不能便宜了乙，于是动手将八仙桌砸烂。本案中，村民甲要承担损害赔偿责任。

③标的物的瑕疵担保义务　因为赠与是无偿转让赠与财产，赠与人一般不承担标的物的瑕疵担保义务，但是在特殊情况下赠与人仍然要承担赠与标的物的瑕疵担保义务。

在附义务赠与中，赠与的财产有瑕疵的，赠与人在附义务的限度内承担与出卖人相同的违约责任。

【例】　村民甲赠送给村民乙一部手机，同时要求村民乙把旧手机送给村民丙，这种赠与就是附义务的赠与。如果甲赠送的是根本不能使用的假手机，甲要在乙的旧手机的价值范围内承担违约责任。

赠与人故意不告知赠与财产的瑕疵或保证赠与的财产无瑕疵，造成受赠人损失的，也应当承担损害赔偿责任。

【例】 村民甲赠送给村民乙一个高压锅，但是并没有告知这个锅漏气，结果高压锅爆炸，炸伤了乙。此时，甲应当承担损害赔偿责任。

(2)赠与合同的终止　根据《合同法》的规定，赠与合同的终止包括以下三种情况。

①事前撤销赠与合同　在赠与财产由赠与人转移给受赠人之前，赠与人可以撤销赠与合同。但在具有救灾、扶贫等社会公益、道德义务性质的赠与合同和经过公证的赠与合同中，赠与人不得撤销赠与合同。

【例】 为了发展救灾、扶贫、助学、慈善、环保等公益事业进行的赠与是具有社会公益性质的赠与。

【例】 没有扶养义务的亲属之间以赠与合同的方式给予帮助是具有道德义务性质的赠与。

②事后撤销赠与合同　在赠与人将赠与财产转移给受赠人之后，赠与人不能按照上述事前撤销赠与合同的规定撤销赠与合同。但是，如果出现以下情形，赠与人可以在赠与财产转移给受赠人后撤销赠与合同：a. 受赠人严重侵害赠与人或者赠与人的近亲属的；b. 受赠人对赠与人有扶养义务而不履行的；c. 受赠人不履行赠与合同约定的义务的。

③不再履行赠与合同　如果赠与人的经济状况显著恶化，严重影响其生产经营或者家庭生活的，可以不再履行赠与义务。赠与人不再履行赠与义务是指赠与人可以不再履行将来的赠与义务，赠与人无权要求受赠人返还已经转移的赠与财产。

4. 借款合同　借款合同是指一方当事人向另一方借款使用，到期返还借款的合同。其中，接受钱款的一方称为借款人，出借钱款的一方称为贷款人。借款合同分为金融机构借款合同和自然人间借款合同。

(1)借款人在订立合同时应按照要求提供担保　贷款人可以

要求借款人提供担保。贷款人要求提供担保的，借款人应依据贷款人的要求提供担保。

(2)借款人在订立合同时应如实申报有关情况 订立借款合同，借款人应当按照贷款人的要求提供与借款有关的业务活动和财务状况的真实情况。主要包括与借款人资格有关的基本情况和借款人财务状况的真实情况。这些情况可以为贷款人合理预测贷款回收风险和赢利提供判断依据，借款人应当按照贷款人的要求，如实提供相关信息。同时，贷款人对了解到的情况负有保密义务。

(3)金融机构借款合同要采用书面形式，自然人间借款合同没有这样的要求 金融机构借款合同要采用书面形式，自然人间借款合同采取何种形式由当事人自由约定，也就是可以口头订立合同。

(4)自然人间借款合同的生效有特殊要求 金融机构借款合同一旦签订就产生效力。但自然人间借款合同只有在贷款人提供了款项时，合同才成立。

(5)自然人间借款合同的利息 向金融机构借款是有偿的，但自然人间借款合同一般是无偿的。如果自然人间的借款合同没有约定或者没有明确约定利息，视为不支付利息。

5. 租赁合同 根据《合同法》第 212 条的规定，租赁合同是出租人将租赁物交付承租人使用、收益，承租人支付租金的合同。在租赁合同中，被交付使用、收益的物称为租赁物；为使用、收益租赁物支付的报酬称为租金；提供租赁物、收取租金的一方称为出租人；使用租赁物、支付租金的一方称为承租人。

(1)出租人对租赁物的瑕疵担保义务 出租人应当保证租赁物在整个租赁期间适于正常的使用、收益。如果租赁物效用、品质方面具有导致承租人不能正常使用、收益的瑕疵，则出租人应当承担瑕疵担保义务，承租人可以解除合同或者请求减少租金。

【例】 某村民为了出售自家生产的茶叶在县城租了一个临街

铺面。但是合同订立后村民发现一下雨该铺面就会灌进雨水,导致茶叶发霉变质。铺面不能使用就属于租赁物的瑕疵。

(2)出租人的权利瑕疵担保义务 出租人的权利瑕疵担保义务是指出租人应当保证承租人依照合同进行使用、收益的权利不会因第三人主张权利而受到阻碍。因为第三人主张权利,致使承租人不能对租赁物使用、收益的,承租人可以要求减少租金或者不支付租金。

【例】 村民甲从村民乙处租了一台收割机,使用后不久,村民丙告知村民甲收割机属于丙所有,是乙擅自出租的,现在丙要求收回收割机。在本案中,乙违反了权利的瑕疵担保义务,要承担法律责任。

(3)承租人应慎重转租 承租人经出租人同意,可以将租赁物转租给第三人。承租人转租的,承租人与出租人之间的租赁合同继续有效,第三人对租赁物造成损失的,承租人应当赔偿损失。承租人未经出租人同意转租的,出租人可以解除合同。

【例】 村民甲将砖窑出租给村民乙,乙经营了1年后,也没有获得预期的利润,于是他瞒着村民甲又把砖窑租给了掌握烧砖技术的村民丙。村民甲得知转租的事情后可以要求解除租赁合同。

6. 承揽合同 承揽合同是承揽人按照定作人的要求完成工作并把工作成果交给定作人,定作人支付报酬的合同。

(1)承揽人应以自己的工作完成主要任务 承揽合同是建立在对承揽人完成工作的能力信任的基础上的,因此,如果当事人没有其他约定,承揽人应当以自己的设备、技术和劳力完成主要工作。这里的主要工作,是指对工作成果的完成起决定性作用的工作。

【例】 制作衣服的承揽工作中,剪裁和缝纫属于主要工作,钉扣子属于次要工作。

(2)定作人的中途变更权 定作人如果另有要求或者考虑不

周，可以中途变更承揽工作的要求，但是对该变更给承揽人造成的损失，定作人应当赔偿。

(3)定作人的解除权　定作人可以随时解除承揽合同，但是造成承揽人损失的，应当赔偿。另外，如果承揽人未经定作人同意把承揽合同的主要工作交给第三人完成，定作人可以解除合同，造成定作人损失的，还可以请求损害赔偿。

【例】 某村民开办的商场与某服装厂签订了一份女长袖衫定作合同。但产品交货后，商场发现了严重质量问题。服装厂辩解说，该批服装转包给某乡办服装厂加工，质量问题应由乡办服装厂承担责任。商场要求解除合同，并赔偿其错过销售旺季而带来的经济损失。

7. 运输合同　运输合同包括客运合同和货运合同。货运合同是指承运人把货物运送到约定的地点，托运人或收货人支付运输费用的合同。货运合同包括铁路货运合同、公路货运合同、水路货运合同、航空货运合同等。订立和履行货运合同应注意以下问题：

(1)运输合同具有强制缔约性　强制缔约性是指如果一方当事人提出订立合同，另一方当事人没有法定理由不得拒绝。承运人提供的服务具有行业垄断性，托运人一般别无选择。为了保护旅客、托运人的利益，《合同法》规定，从事公共运输的承运人不得拒绝旅客、托运人通常、合理的运输要求。也就是说，托运人要求承运人运输货物，只要是货物本身、运输路线等符合法律的规定，承运人就必须订立运输合同。

(2)托运人应如实申报货物情况　托运人办理货物运输，应当向承运人准确表明收货人的名称或者姓名，货物的名称、性质、重量、数量，收货地点等有关货物运输的必要情况。如果因托运人申报不实或者遗漏重要情况，造成承运人损失的，托运人应当承担损害赔偿责任。

(3)托运人对特定物品的包装和申报义务　托运人托运易燃、易爆、有毒、有腐蚀性、有放射性等危险品的，应当按照国家有关危险物品运输的规定对危险物品妥善包装，设置危险物标志和标签，并将有关危险物品的名称、性质和防范措施的书面材料提交承运人。如果没有按照上述要求去做，造成损失的要赔偿。

(4)托运人的中途中止、变更、解除合同的权利　在承运人将货物交付收货人之前，托运人可以要求承运人中止运输、返还货物、变更到达地或者将货物交给其他收货人，但应当赔偿承运人因此受到的损失。

(5)托运人的索赔权　承运人对运输过程中货物的毁损、灭失承担损害赔偿责任。但承运人证明货物的毁损、灭失是因不可抗力、货物本身的自然性质或者合理损耗以及托运人、收货人的过错造成的，不承担损害赔偿责任。

【例】　某村民为了烧砖购买了20吨煤炭，并与一家运输公司订立用卡车运输20吨煤炭的合同。但是煤炭卸车后，村民经称重发现短缺了100公斤。经查，短缺是由于装货、卸货以及运输途中风吹造成的，运输公司不承担责任。

8. 保管合同　根据《合同法》第365条的规定，保管合同是指保管人保管寄存人交付的保管物，并返还该物的合同。在保管合同关系中，保管人是为他人保管物品的人，寄存人是把物品交给他人保管的人。

【例】　经营水果批发业务的村民马某因要外出，与村办集体企业订立了一份保管桃子的保管合同。合同约定：集体企业为马某存储桃子1吨，期限为1个月。

(1)保管人的主要义务

①保管人交付保管凭证的义务　寄存人向保管人交付保管物的，保管人应当给付保管凭证。这里的保管凭证是保管人收到保管物时向寄存人交付的收到保管物的凭证。保管凭证可以起到证

明保管人已经收到保管物以及据此领取保管物的作用。

②保管人保管保管物的义务　寄存人订立保管合同的目的是保管保管物。因此，保管人应当妥善保管保管物。当事人也可以约定保管场所或者方法。除紧急情况或者为了维护寄存人利益的以外，不得擅自改变保管场所或者方法。在保管期间，因保管人保管不善造成保管物毁损、灭失的，保管人应当承担损害赔偿责任。

【例】 村民甲交给村民乙保管10袋稻米，但是村民乙没有采取必要的通风和防潮措施，致使稻米全部腐烂变质。村民乙应当承担损害赔偿责任。

③保管人返还保管物的义务　保管期间届满或者寄存人提前领取保管物的，保管人应当将保管物归还寄存人。当事人对保管期间没有约定或者约定不明确的，保管人可以随时要求寄存人领取保管物；约定保管期间的，保管人无特别事由，不得要求寄存人提前领取保管物。

(2)寄存人的主要义务

①有偿保管合同寄存人支付保管费的义务　有偿的保管合同，寄存人应当按照约定的期限向保管人支付保管费。

②寄存人告知保管物情况的义务　寄存人交付的保管物有瑕疵或者按照保管物的性质需要采取特殊保管措施的，寄存人应当将有关情况告知保管人。寄存人未告知，致使保管物受损失的，保管人不承担损害赔偿责任。

③寄存人寄存贵重物品的声明义务　寄存人寄存货币、有价证券或者其他贵重物品的，应当向保管人声明，由保管人验收或者封存。寄存人未声明的，该物品毁损、灭失后，保管人可以按照一般物品予以赔偿。

9. 委托合同　根据《合同法》第396条的规定，委托合同是指委托人委托受托人处理事务的合同。村民有时难以事事亲自办理，这时就需要委托他人来处理事务。订立、履行委托合同应注意以下问题。

(1)委托的事务可以是法律行为,也可以是事实行为　委托人可以委托他人从事法律行为,如委托他人替自己订立购销合同。委托人也可以委托他人替自己从事事实行为,如委托他人为自己提取货物。但需要注意,委托的事务不得违反法律或者社会公共利益,否则委托是无效的,如村民委托他人销售偷盗来的电缆就是非法的。

(2)受托人以委托人的名义和费用处理委托事务　受托人处理事务是以委托人的名义和费用来进行的,受托人处理委托事务的后果也是由委托人来承受的。

(3)委托合同可以是有偿的,也可以是无偿的　委托合同可以是有偿的,也可以是无偿的,是否有偿取决于当事人的约定。因此,在订立委托合同时应明确是否就委托事项支付报酬。

(4)任何一方当事人都有权随时解除委托合同　委托合同是以当事人的相互信任为基础的,任何一方当事人失去了对另一方当事人的信任,合同关系都难以继续保持。否则,即使勉强维持合同关系,也会影响到委托事务的完成。因此,委托人或者受托人可以随时解除委托合同。

【例】　村民甲委托村民乙为他收购原材料,乙多次自作主张,收购的原材料质量低下,这种情况使甲认为乙的人品和能力有问题,于是解除了委托合同。

二、农村常用担保

担保是指为使债权得到清偿而设立的法律措施。担保分为保证、定金、抵押、质押和留置。《中华人民共和国担保法》(以下简称《担保法》)和《中华人民共和国物权法》(以下简称《物权法》)规定了担保制度。

(一)保 证

1. 保证的含义 保证是指第三人和债权人约定,当债务人不履行其债务时,由第三人履行债务的担保方式。这里的第三人是保证人,保证合同中的债权人也是被担保的主合同的债权人。

【例】 村民甲和村民乙订立了借款合同,为了担保村民甲按期还款,村民丙作为保证人与村民乙订立了保证合同。这里的借款合同是主合同,村民丙与村民乙订立的是保证合同,村民丙是保证人。

2. 保证的种类

(1)一般保证和连带责任保证 一般保证是指当事人在保证合同中约定,债务人不能履行债务时,由保证人承担保证责任的保证。连带责任保证是指当事人在保证合同中约定保证人与债务人对债务承担连带责任的保证。

一般保证的保证人在主合同纠纷未经审判或者仲裁,并就债务人财产依法强制执行仍不能履行债务前,对债权人可以拒绝承担保证责任。通俗地说,就是债权人必须先要求强制执行债务人的财产来履行债务,只有无法从债务人那里获得债务的清偿时才能要求保证人履行债务。

连带责任保证的债务人在主合同规定的债务履行期届满没有履行债务的,债权人就可以要求保证人履行债务。也就是说,债权人不必先要求强制执行债务人的财产来履行债务,只要债务人没有履行债务就可以要求保证人履行债务。

(2)单独保证和共同保证 单独保证是指由一个保证人担保同一债权的保证。共同保证是指由数个保证人担保同一债权的保证。

根据《担保法》第 12 条的规定,同一债务有 2 个以上保证人的,保证人应当按照保证合同约定的保证份额,承担保证责任。没有约定保证份额的，保证人承担连带责任，债权人可以要求任何一个保证人承担全部保证责任，保证人都负有担保全部债权实现的义务。

【例】 村民甲和村民乙共同为村民丙提供保证。如果甲乙二人约定甲承担40%的保证份额，乙承担60%的保证份额，则二人按照份额承担保证责任。如果二人没有约定份额，那么在村民丙不能清偿债务的情况下，甲乙二人承担连带保证责任，主债权人可以要求二人共同承担保证责任，也可以要求任何一个人承担所有的保证责任。

3. 保证合同 保证合同是指保证人与债权人约定，在主债务人不履行其债务时由保证人承担保证责任的协议。根据《担保法》第15条的规定，保证合同应当包括以下内容：

(1)被保证的主债权与数额 被保证的主债权包括借款合同中的还本付息债权、买卖合同中的请求交付标的物的债权或者请求支付价款的债权等。主债权的数额是保证人承担保证责任的限度，应当在保证合同中加以明确。

(2)债务人履行债务的期限 债务人履行债务的期限是衡量债务人是否违约的标准之一，债务人履行债务的期限是否经过是保证人承担保证责任的前提。

【例】 村民甲和村民乙的主合同约定，村民甲交付货款的时间是12月31日前，如果村民甲在此时间之前没有交付货款，则保证人有可能被要求承担保证责任。

(3)保证的方式 如前所述，保证的方式包括一般保证和连带责任保证。不同的保证方式对各方当事人的利益有很大影响，应明确规定。如果保证合同没有明确约定保证的方式，则按照连带责任保证处理。

(4)保证的范围 保证的范围是指保证人承担的保证责任有哪些。根据《担保法》第21条的规定，保证担保的范围包括主债权及利息、违约金、损害赔偿金和实现债权的费用。

【例】 村民甲和村民乙订立了一个买卖合同，村民丙是买方村民甲的保证人。在这个例子中，主债权是村民甲应向村民乙支付的价款，利息是迟延付款产生的利息。二人约定的违约金或者未支付价款的损害赔偿金也是保证担保的范围。在村民甲没有支付价款的情况下，村民乙起诉村民甲的诉讼费就属于实现债权的费用。

《担保法》第 21 条还规定，保证合同另有约定的，按照约定。也就是说，当事人可以事先约定保证担保的范围，如果对保证担保的范围没有约定或者约定不明确的，保证人应当对主债权及利息、违约金、损害赔偿金和实现债权的费用承担责任。

(5)保证期间　保证期间为保证责任的存续期间，保证合同应明确规定保证期间。如果当事人在合同中没有约定保证期间，根据《担保法》第 25 条的规定，保证期间为主债务履行期届满之日起 6 个月。

(二)定　金

1. 定金的含义　定金是指当事人为了确保合同的履行，依据法律规定或者当事人双方的约定，由一方当事人按照合同标的额的一定比例，预先交付给对方当事人作为担保的金钱。

2. 定金合同　根据《担保法》第 90 条的规定，定金应当以书面形式约定，定金合同从实际交付定金之日起生效。

定金的数额由当事人约定，但根据《担保法》第 91 条的规定，定金不得超过主合同标的额的 20%，超过部分人民法院不予保护。

3. 定金效力　根据《担保法》第 89 条的规定，当事人可以约定一方向对方给付定金作为债权的担保。债务人履行债务后，定金应当抵作价款或者收回。给付定金的一方不履行约定的债务的，无权要求返还定金；收受定金的一方不履行约定的债务的，应当双倍返还定金。

【例】 村民甲和村民乙为了担保二人之间农产品购销合同的履行，约定由买方村民甲向卖方村民乙交付合同总价款15%的定金。在合同顺利履行后，村民甲收回定金或者以定金抵作价款。如果村民甲不履行购买农产品的义务，则丧失全部定金；如果村民乙不履行出售农产品的义务，则应当双倍返还定金。

（三）抵　押

1. 抵押的含义　根据《物权法》第179条的规定，抵押是指债权人（也就是享有抵押权的人）用债务人或第三人不移转占有而供担保的不动产及其他财产，优先清偿其债权的制度。债权人在债务人不履行债务时，有权依法以抵押物折价或从抵押物的变卖价金中优先得到清偿。

【例】 村民甲与村民乙要订立借款合同，村民甲为了担保借款，把自己的农用车抵押给村民乙。这里的债权人村民乙就是抵押权人，甲是债务人，同时也是抵押人。如果村民甲没有按期归还借款，村民乙可以拍卖、变卖该农用车来受偿。即使村民甲还有其他债权人，村民乙仍然可以在实现抵押权时优先于其他人受偿。

2. 抵押合同　抵押是由主债权人和主债务人或提供抵押物的第三人通过合同设立的。根据《物权法》第185条的规定，当事人应当采取书面形式订立抵押合同。当事人签订的抵押合同一般应当包括以下内容：

（1）被担保的主债权的种类和数额。

（2）债务人履行债务的期限。

（3）抵押物的名称、数量、质量、状况、所在地、所有权权属或使用权权属。

(4)抵押担保的范围。抵押权所担保的范围包括原债权及利息、抵押权实现费用、违约金和损害赔偿金。对于抵押担保的范围,当事人可以有特别约定。

【范 本】

抵押合同

抵押权人(以下简称甲方):

姓名______ 性别____ 年龄____

住址____________________ 等

抵押人(以下简称乙方):

姓名______ 性别____ 年龄____

住址____________________ 等

为确保甲方与债务人______签订的编号为______的合同(以下简称主合同)的履行,保障甲方债权的实现,乙方愿意以其所有的________作为抵押物抵押给甲方,为明确双方权利义务,经甲乙双方协商一致,订立本合同。

第一条 抵押财产

1. 乙方提供的抵押财产(以下称"抵押物")________________

2. 抵押权的效力及于抵押物及其从物、从权利、附着物、附合物、加工物、孳息及代位物。

第二条 担保的主债权及担保范围

1. 担保的主债权为编号______的主合同项下的债权,债务人履行债务的期限为__________

2. 乙方担保的范围为主合同项下本金及利息、违约金、损害赔偿金和实现债权的费用。

第三条 抵押物的登记

乙方应在本合同签订后______日内，向登记机关办理本合同项下抵押物的抵押登记手续，并在登记手续办妥后3日内将抵押登记证明文件正本及抵押物权属证明正本交抵押权人保管。

第四条 乙方的义务

1. 抵押物有损坏或者价值明显减少的可能，乙方应及时告知甲方并提供新的担保。

2. 乙方应承担本合同项下有关抵押物的评估、登记、公证、鉴定、保险、保管、维修及保养等费用。

3. 乙方应合理使用并妥善保管抵押物，不应以任何非正常的方式使用抵押物，应定时维修保养以保证抵押物的完好，并按甲方的要求办理保险。

4. 未经甲方书面同意，乙方不应有任何使抵押物价值减损或可能减损的行为；不应以转让、赠与、出租、设定担保物权等任何方式处分抵押物。

5. 乙方应配合甲方对抵押物的使用、保管、保养状况及权属维持情况进行检查。

第五条 争议解决

本合同项下争议双方应协商解决，协商不成，任何一方起诉，均需向本合同签订地人民法院起诉。

甲方：(签字盖章)　　　　　　　　乙方：(签字盖章)

年　　月　　日　　　　　　　　　年　　月　　日

3. 抵押物 抵押物是指债务人或第三人提供的用于抵押担保的财产。

(1)可以抵押的财产 根据《物权法》第180条的规定，下列财产可以作为抵押物：

建筑物和其他地上定着物。建筑物是指固定于土地上的房屋等。地上定着物是指固定于土地上的砖窑、桥梁、沟渠等。

机器、交通运输工具和其他财产。例如，联合收割机、汽车、拖拉机等。

建设用地使用权。建设用地使用权是经过法定程序从国家获得的使用某块土地进行建设的权利。

正在建造的建筑物、船舶、航空器。

以招标、拍卖、公开协商等方式取得的荒地等土地承包经营权。

法律、行政法规未禁止抵押的其他财产。例如，当事人以农作物进行抵押。

对于上述财产，抵押人既可以将其中的一项财产单独抵押，也可以将几项财产一并抵押，如村民可以把自有的拖拉机和土地承包经营权一并抵押。在将几项财产一并抵押时，抵押财产的范围应当以登记的财产为准。

根据《物权法》第 182 条的规定，以建筑物抵押的，该建筑物占用范围内的建设用地使用权一并抵押。以建设用地使用权抵押的，该土地上的建筑物一并抵押。抵押人没有一并抵押的，未抵押的财产视为一并抵押。因为房屋和土地使用权是密不可分的，因此应当一并设定抵押。

根据《物权法》第 183 条的规定，乡（镇）、村企业的建设用地使用权不得单独抵押。以乡（镇）、村企业的厂房等建筑物抵押的，其占用范围内的建设用地使用权一并抵押。

(2)不得抵押的财产　根据《物权法》第 184 条的规定，下列财产不得抵押：

①土地所有权。

②耕地、宅基地、自留地、自留山等集体所有的土地使用权。

③学校、幼儿园、医院等以公益为目的的事业单位和社会团体的教育设施、医疗卫生设施和其他社会公益设施。

④所有权、使用权不明或有争议的财产。

【例】 村民甲想把继承来的拖拉机抵押以便借款，但是他的几个兄弟不认为该拖拉机应当由甲继承，正在向法院提起诉讼。本案中的拖拉机就属于有争议的财产，不得设定抵押。

⑤依法被查封、扣押、监管的财产。例如，被公安机关依法扣押的赃物不得抵押。

⑥法律、行政法规规定不得抵押的其他财产。

4. 抵押登记 由于抵押的法律效果不仅直接涉及抵押人和抵押权人，而且还涉及抵押人的其他债权人。因此，《物权法》规定了抵押的登记程序。抵押登记是指由登记部门将抵押人、抵押权人、抵押物等抵押信息登记在案。当事人办理抵押物登记，应当向登记部门提交主合同和抵押合同以及抵押物所有权或使用权证书等文件或其复印件。登记部门登记的资料，应当允许查阅、抄录或者复印。

根据《物权法》第 187 条的规定，下述财产的抵押，应当办理抵押物登记，抵押权自登记时发生效力：建筑物和其他土地附着物；建设用地使用权；以招标、拍卖、公开协商等方式取得的荒山、荒沟、荒丘、荒滩等土地承包经营权；正在建造的建筑物。

当事人以上述必须办理登记的抵押物之外的其他财产抵押的，可以自愿办理抵押物登记，抵押权自抵押合同生效时发生效力。但是未经登记，不得对抗善意第三人。

【例】 村民甲为了向村民乙借款，将自己的农用车设定了抵押。在抵押合同生效时，村民乙就享有抵押权。在该抵押没有登记的情况下，村民甲把该农用车转让给了村民丙，村民丙并不知道该农用车已经抵押，从登记部门也无法查到该农用车设定抵押的信息，他就是善意的第三人。村民乙未经登记的抵押权不能对抗村民丙的所有权，村民乙无法行使抵押权。

5. 抵押权的实现 抵押权的实现是在债权已届清偿期而没

有清偿时，抵押权人就抵押物优先受偿。抵押担保的范围包括主债权及利息、违约金、损害赔偿金和实现抵押权的费用，如果抵押合同另有约定的，按照约定来确定抵押担保的范围。

根据《物权法》第195条的规定，抵押权实现的方法有以下三种。

(1)拍卖　拍卖是指抵押权人在债权已届清偿期而未受清偿时，可以依一定的程序拍卖抵押物，就其所卖得的价金进行受偿。

(2)折价　折价是指在债权清偿期届满后，抵押权人与抵押人订立合同，由抵押权人取得抵押物的所有权，将抵押物价值高于债权额的部分返还抵押人。

(3)变卖　变卖是指在抵押权人不愿意拍卖抵押物，也不愿意取得抵押物的所有权，可以用一般的买卖方法，将抵押物出卖，以卖得的价金受偿。

抵押财产折价或者拍卖、变卖后，其价款超过债权数额的部分归债务人所有，不足部分由债务人清偿。

【真实案例】

原告××县农村信用合作联社与被告王××于2009年5月5日签订了个人抵押借款合同一份，借款人为王××、抵押人为王××，借款金额为600000元，借款期限为2009年4月7日起至2010年4月7日止，贷款利率为月息9.3‰，逾期罚息按合同利率加罚50%，还款方式按月清息，到期一次还清本金。被告王××将属家庭财产的位于××县武装部楼下，房产证号为××县字第××××××号，房屋面积为188.74平方米的门面房提供抵押担保，该房屋产权已经××县房产管理部门办理了他项权证。所抵押的房产经××市××房地产评估有限公司估价为人民币879700元。被告王×云系王××之妻，也在抵押借款申请书及房地产抵押物清单上签了名字。个人抵押借款合同签订后，原告依约向被告王××发放了借款 600 000 元，被告王××仅支付了 2009 年 7 月 31 日以前的利息。借款本金 600 000 元以及 2009 年 8 月 1 日以后的利息至今未能清偿。

法院认为：原告××县农村信用合作联社与被告王××签订的个人抵押借款合同形式合法，客观真实，应为有效合同。被告王××应依合同约定偿还借款本金及利息。然而被告王××在借款到期后，未履行还本付息的义务，应承担相应的民事责任。被告王××与王×云系夫妻关系，夫妻关系存续期间的债务属共同债务，故被告王×云对此笔借款本息承担连带清偿责任。原告要求被告王××偿还借款本金及 2009 年 8 月 1 日以后的利息及被告王×云承担连带清偿责任的主张，本院予以支持。被告王××提供门面房抵押担保，并办理了房屋他项权证登记，因此，对于原告要求对被告王××所抵押登记的门面房享有优先受偿权的请求，予以支持。判决如下：

一、被告王××于本判决生效后 10 日内偿还原告××县农村信用合作联社借款本金 600 000 元及利息（利息自 2009 年 8 月 1 日按月利率 9.3‰计息至 2010 年 4 月 7 日；2010 年 4 月 8 日以后的利息按月利率 9.3‰加罚 50%计算至还款之日止）。

二、被告王×云对上述借款及利息承担连带清偿责任。

三、被告王××、王×云在上述时间内未清偿借款本金及利息时，以被告王××的抵押物依法折价或者拍卖、变卖的价款优先受偿。

案件受理费 12 220 元，诉讼保全费 5 000 元，公告费 600 元，共计 17 820 元，由被告王××负担。

（案例来源：北大法律信息网）

(四)质　押

1. 质押的含义　根据《物权法》第208条的规定,质押是指为了担保债务的履行,债务人或第三人将其动产或权利移交债权人占有,当债务人不履行债务时,债权人有就其占有的财产优先受偿的担保方式。

质押产生的权利为质权,享有质权的债权人是质权人,提供动产或者权利的债务人或者第三人是出质人。

【例】 村民甲与村民乙要订立借款合同,村民甲为了担保借款,把自己新购买的电视机交给村民乙占有,设定质权。在本例中,村民甲是出质人,村民乙是质权人。

质权是为担保债务的履行而设定的,在债务人不履行债务时,质权人可以就质物优先受偿。质权是一种动产物权,对土地、房屋等不动产不能设定质权。设定质权必须移转质物的占有,出质人应当将质物的占有移交给债权人。

2. 动产质权　动产质权是指以动产为质押物的质权。

(1)质押合同　根据《物权法》第210条的规定,设立质权要签订书面的质押合同,质押合同一般应当包括以下内容:①被担保的主债权种类和数额。②债务人履行债务的期限。③质押财产的名称、数量、质量、状况。④质权的担保范围。质权的担保范围包括主债权及利息、违约金、损害赔偿金、质物保管费用和实现质权的费用。但如果质权合同另有约定的,按照当事人的约定确定质权担保的范围。⑤质物移交的时间。质权自出质人移交质押财产时设立。

根据《物权法》第211条的规定,在质押合同中,出质人和质权人不得约定在债务履行期届满,质权人未受清偿时,质物的所有权转移为质权人所有。质权的实现要通过拍卖、折价、变卖等方式实现,而不能约定由质权人直接取得质物的所有权。

(2)质物　质物一般是各类动产，质押合同中对质押财产约定不明，或者约定的质押财产与实际移交的财产不一致的，以实际交付占有的财产为准。

质物有隐蔽瑕疵造成质权人其他财产损害的，应由出质人承担赔偿责任。但是，质权人在质物移交时明知质物有瑕疵而予以接受的除外。

【例】 村民甲把自家患了传染病的耕牛质押给了村民乙，村民乙把病牛与自家的牛圈养在一起，结果导致自家的牛也被传染患病。此时，出质人村民甲应当对村民乙患病的耕牛承担赔偿责任。但是如果村民乙在取得质物时知道村民甲的牛患有传染病，则村民甲不承担责任。

3. 权利质权　权利质权是指为了担保债权清偿，债务人或第三人以其享有的权利设定的质权。

【例】 村民甲为了担保债权，以自己尚未到期的定期存款单设定了质权。银行存款单负载着村民甲与银行之间的债权，村民甲依据存款单可以要求银行支付存款本金及利息。因此，村民甲设定的是权利质权。

权利质权与动产质权基本相同，在此不再作过多阐述。

(五)留　置

1. 留置的含义　根据《物权法》第230条的规定，留置是债权人按照合同约定占有债务人的财产，在债务人逾期不履行债务时，可以扣留该财产以迫使债务人履行债务，并在债务人仍不履行债务时以该财产优先受偿的权利。留置产生的担保权利是留置权，留置他人财产的人是留置权人。

【例】 村民甲将自己的电视机交给修理工乙修理，但是在乙修理好电视机后甲却不肯支付修理费和更换配件的费用。此时，乙可以留置该电视机迫使甲支付修理费等费用。如果甲仍然不履行支付费用的义务，乙可以用电视机优先受偿。

2. 留置权的产生　留置权是基于法律的规定取得的，在符合法律规定的条件下，债权人取得留置权。

产生留置权必须债权人占有债务人的动产。因保管合同、运输合同、加工承揽合同等发生的债权，债务人不履行债务的，债权人有留置权。

在债权未届清偿期时，还没有发生债务人不履行债务的问题，因此不产生留置权。只有在债权已届清偿期，债务人不履行债务时，债权人才可以留置债务人的动产。

3. 留置权的实现　根据《物权法》第236条的规定，留置权人与债务人应当约定留置财产后的债务履行期间。没有约定或者约定不明确的，留置权人应当给债务人2个月以上履行债务的时间，但鲜活易腐等不易保管的动产除外。债务人逾期未履行的，留置权人可以与债务人协议以留置财产折价，也可以就拍卖、变卖留置财产所得的价款优先受偿。

根据《物权法》第238条的规定，留置财产折价或者拍卖、变卖后，其价款超过债权数额的部分归债务人所有，不足部分由债务人清偿。

第八章　农村侵权责任

侵权责任是民事主体侵害了他人的民事权益所应承担的法律后果。农村村民、法人或者其他组织的民事权益被侵害，可以要求侵权人承担侵权责任。侵权责任可以弥补被侵权人受到的损害，保护无辜当事人的民事权益。

一、侵权责任总论

（一）侵权责任的含义

根据《中华人民共和国侵权责任法》（以下简称《侵权责任法》）第 2 条的规定，侵权责任是民事主体侵害了他人的民事权益所应承担的法律后果。例如，伤害他人身体，诋毁他人名誉，损坏他人财物的行为都要承担侵权责任。

侵权责任与行政责任和刑事责任存在本质区别。侵权责任是发生在民事主体之间的责任，而行政责任和刑事责任是违法行为人向国家承担的责任。根据《侵权责任法》第 4 条的规定，侵权人因同一行为应当承担行政责任或者刑事责任的，不影响依法承担侵权责任。因同一行为应当承担侵权责任和行政责任、刑事责任，侵权人的财产不足以支付的，先承担侵权责任。例如，某村民毁损了邻居的房屋，如果损害后果较轻，那么仅仅向受害人承担侵权责任。如果损害后果严重，违反了《治安管理处罚法》的规定，那么在承担侵权责任的同时还要承担行政责任。如果损害后果十分严重，违反了《刑法》的规定，那么在承担侵权责任的同时还要受到刑事处罚。

侵权责任主要涉及侵权行为、侵权责任的方式和不承担侵权责任等问题，下面将逐一解释。

（二）侵权行为

侵权行为是民事主体违反民事义务，侵害他人民事权益，依法应承担民事法律责任的行为。伤害他人身体、诋毁他人名誉、损坏他人财物等都是侵权行为。

1. 侵权行为归责原则　侵权行为的归责原则是指在行为人造成他人损害时，确定行为人侵权责任的标准。侵权行为的归责原则包括过错责任原则、无过错责任原则和公平责任原则。

（1）过错责任原则　过错责任原则是指行为人主观上的故意或者过失是侵权行为必备要件的归责原则。根据《侵权责任法》第6条的规定，行为人因过错侵害他人民事权益，应当承担侵权责任。

过错是行为人故意或过失的主观心理状态。通俗地讲，故意是有意去实施侵权行为，过失是疏忽大意或者过于自信的心理状态。例如，某村民挖地基时不小心挖塌了邻居的围墙就属于疏忽大意的过失。再如，某村民自以为驾驶技术好，在乡间公路超速开车，结果与前面的车追尾就属于过于自信的过失。

过错推定责任是过错责任的特殊形式，是指行为人的行为致人损害就先认定他有过错，如果他能证明自己没有过错，那么就不承担民事责任。

【例】　村民甲房屋上的烟囱突然倒塌，砸伤了路过的村民乙。在本案中，首先要认定村民甲有过错，要承担侵权责任。但是，如果村民甲能够提供证据证明既不是自己故意也不是过失造成的损害后果，而是由于地震造成了损害，那么他不承担侵权责任。

（2）无过错责任原则　无过错责任原则是指行为人虽然主观

上没有过错，但是他的行为造成了损害，仍然应当承担侵权责任的归责原则。根据《侵权责任法》第 7 条的规定，行为人损害他人民事权益，不论行为人有无过错，法律规定应当承担侵权责任的，要依照法律规定承担责任。

【例】 民用航空公司的飞机迫降在某村民的田地里，即使飞机驾驶员没有过错，航空公司也要赔偿村民的损失。

(3)公平责任原则　公平责任原则是指行为人和受害人对损害结果的发生都没有过错，但如果受害人的损失得不到补偿又显失公平时，由当事人分担损害后果。根据《侵权责任法》第 24 条的规定，受害人和行为人对损害的发生都没有过错的，可以根据实际情况，由双方分担损失。

【例】 村民甲借用村民乙的农用车拉货，但是在半路农用车突然起火，导致农用车被焚毁报废。但是，经过鉴定无法确定农用车起火是车辆的原因还是驾驶的原因。此时，虽然不能认为村民甲或者村民乙有过错，但是二人要分担农用车焚毁的损失。

2. 共同侵权行为　许多侵权行为由一个人实施，这称为单独侵权行为。与单独侵权行为相对应的是共同侵权行为。共同侵权行为是指 2 人以上实施的侵权行为，多个侵权行为人的行为共同导致一个损害后果的发生。

(1)共同加害行为　根据《侵权责任法》第 8 条的规定，共同实施侵权行为造成他人损害的，应当承担连带责任。这里共同实施的侵权行为就是共同加害行为。连带责任是指受害人可以要求部分或所有的侵权人一起承担侵权责任，也可以要求任意一个侵权人承担全部责任，承担责任的侵权人再向其他侵权人追偿。

【例】 村民甲和村民乙共同将同村的村民丙打伤，此时村民甲和村民乙承担连带责任。村民丙可以要求村民甲和村民乙一起承担侵权责任，也可以要求村民甲承担全部责任，村民甲承担全部责任后再向村民乙追偿。

(2)教唆、帮助行为　根据《侵权责任法》第 9 条的规定，教唆、帮助他人实施侵权行为的，应当与行为人承担连带责任。教唆是指怂恿、利诱他人实施侵权行为。

【例】　村民甲对村民乙说，村民丙经常背后说乙的坏话，如果不教训丙村里人会笑话他，村民乙一气之下把村民丙打伤。本案中，村民甲的行为是教唆行为，村民乙的行为是直接的加害行为，二人要承担连带责任。

帮助是指协助他人完成侵权行为。

【例】　村民甲要报复同村的村民丙，村民乙给了村民甲一笔钱用于购买凶器，村民甲用这笔钱购买了弓箭并射伤了村民丙。本案中，村民甲的行为是直接的加害行为，村民乙的行为是帮助行为，二人要承担连带责任。

《侵权责任法》第 9 条还规定，教唆、帮助无民事行为能力人、限制民事行为能力人实施侵权行为的，应当承担侵权责任。如果该无民事行为能力人、限制民事行为能力人的监护人未尽到监护责任的，应当承担相应的责任。

根据《中华人民共和国民法通则》(以下简称《民法通则》)第 11 条的规定，18 周岁以上的公民是成年人，具有完全民事行为能力，可以独立进行民事活动，是完全民事行为能力人。限制民事行为能力人是只能独立实施与年龄智力相适应的民事法律行为，其他行为须经法定代理人同意或由法定代理人代理的人。根据《民法通则》第 12 条和第 13 条的规定，年满 10 周岁以上的未成年人和不能完全辨认自己行为的精神病人，是限制民事行为能力人。无民事行为能力是不能独立实施民事法律行为的能力。根据《民法通则》的第 12 条和第 13 条的规定，不满 10 周岁的未成年人和不能辨认自己行为的精神病人是无民事行为能力人。无民事行为能力人的民事活动必须由法定代理人代理。根据《民法通则》第 14 条的规定，无民事行为能力人和限制行为能力人的监护人是法定代理人。监护是指对未成年人和成年精神病人设定专人保护其利益、监督其行为、管理其财产。根据《民法通则》第16条的规定，未成年人的父母是未成年人的监护人，未成年人的父母死亡或没有监护能力的，依次由祖父母和外祖父母、兄姐、关系密切的亲属或朋友、父母单位和未成年人住所地的居委会或村委会、民政部门担任监护人。根据《民法通则》第17条的规定，成年精神病人依次由配偶、父母、成年子女、其他近亲属、关系密切的亲属或朋友、精神病人所在单位或住所地的居委会、村委会、民政部门担任监护人。

【例】 村民甲教唆患有精神病的村民乙打伤了村民丙，村民甲应当承担侵权责任。如果村民乙的父母疏于照管患有精神病的村民乙，那么村民乙的父母也要承担一定的责任。

(3)共同危险行为　共同危险行为是指二人以上的行为人共同实施可能侵害他人权利的危险行为，造成了损害后果，但不能确定实际侵害人。根据《侵权责任法》第10条的规定，二人以上实施危及他人人身、财产安全的行为，其中一人或者数人的行为造成他人损害，能够确定具体侵权人的，由侵权人承担责任，不能确定具体侵权人的，行为人承担连带责任。

【例】 村民甲和村民乙同时向村民丙投出石块，打伤了丙的眼睛，丙是被甲乙投出的一块石块击中的，但不能证明到底是谁投出的石块将丙打伤，此时村民甲和村民乙承担连带责任。当然，如果能够证明是甲或者乙打伤了丙，那么就由伤人者承担侵权责任，而不是承担连带责任。

(4)承担连带责任的分别行为　根据《侵权责任法》第11条的规定，二人以上分别实施侵权行为造成同一损害，每个人的侵权行为都足以造成全部损害的，行为人承担连带责任。

【例】 村民甲和村民乙十分憎恨同村的村民丙，二人没有事先商量分别给丙饲养的牛下毒，结果丙的牛被毒死。本案中，甲和乙分别投毒的行为都能够造成丙的牛被毒死的后果，虽然二人是分别实施的投毒行为，但是要承担连带责任。

（三）承担侵权责任的方式

根据《侵权责任法》第15条的规定，承担侵权责任的方式主要有如下几种：

1. 停止侵害　停止侵害是指当侵权行为人实施的侵权行为仍然处于继续状态时，受害人可以依法要求加害人停止侵害人身或财产权的行为。停止侵害可以及时制止侵权行为，防止侵害后果的继续扩大。

【例】　村民甲持续不断地散布谣言败坏村民乙的名誉，村民乙可以要求村民甲停止散布谣言的侵权行为。

2. 排除妨碍　排除妨碍是指当侵权行为人的行为使受害人的权利无法正常行使时，受害人可以请求排除侵权行为人对其权利行使的妨碍。

【例】　村民甲和村民乙因为琐事结仇，村民甲将推土机停放在村民乙的门前，阻碍村民乙一家人正常出行。此时，村民乙有权请求排除对通行的妨碍。

3. 消除危险　消除危险是指侵权行为人的行为存在对他人的人身财产安全造成损害的危险时，处于危险中的人有权要求侵权行为人消除这种危险。

【例】　村民甲家的院墙即将倒塌，对邻居村民乙家的人身安全构成威胁，村民乙可以要求村民甲采取措施排除这种危险。

4. 返还财产　返还财产是指当侵权行为人没有合法依据控制了他人财产时，受害人可以要求行为人返还该财产。

【例】　村民甲偷走了村民乙的羊，村民乙可以要求村民甲返还被偷的羊。

5. 恢复原状　恢复原状是指侵权行为致使他人的财产遭到

损坏，受害人可以要求侵权人采取其他措施将受损的财产恢复到原来的状态。

【例】 村民甲将拖拉机借给村民乙使用，村民乙操作不当致使拖拉机损坏，村民甲可以要求村民乙修理拖拉机，使拖拉机恢复到原来的状态。

6. 赔偿损失 赔偿损失是指以金钱方式对受害人遭受的损失进行弥补。赔偿损失包括财产损害赔偿、人身损害赔偿和精神损害赔偿。

(1)财产损害赔偿 财产损害赔偿是指对受害人的财产遭受的损失给予的赔偿。

根据《侵权责任法》第19条的规定，侵害他人财产的，财产损失可以按照损失发生时的市场价格计算。

(2)人身损害赔偿 人身损害赔偿是指对侵害受害人的生命、健康、名誉、肖像等人身权利造成的损失给予的赔偿。

根据《侵权责任法》第16条的规定，侵害他人造成人身损害的，应当赔偿医疗费、护理费、交通费等为治疗和康复支出的合理费用，以及因误工减少的收入。造成残疾的，还应当赔偿残疾生活辅助具费（例如假肢、轮椅）和残疾赔偿金。造成死亡的，还应当赔偿丧葬费和死亡赔偿金。

根据《侵权责任法》第20条的规定，侵害他人人身权益造成财产损失的，按照被侵权人因此受到的损失赔偿。被侵权人的损失难以确定，侵权人因此获得利益的，按照其获得的利益赔偿。

【例】 某村民擅自使用某明星的肖像作广告，宣传自己的农家旅游项目，在给该明星造成的损失难以确定的情况下，可以按照村民经营农家旅游获得的利益来赔偿该明星的损失。

(3)精神损害赔偿 精神损害赔偿是指对侵害受害人的生命、健康、名誉、肖像等人身权利造成的精神痛苦给予的赔偿。以金钱赔偿精神损害可以起到对受害人进行精神抚慰的作用。

根据《侵权责任法》第22条的规定，侵害他人人身造成严重精神损害的，被侵权人可以请求精神损害赔偿。

【例】 村民甲由于求爱不成，将硫酸泼到年轻貌美的同村姑娘乙的脸上，造成乙面部毁损。乙由于被毁容几乎精神崩溃，甚至想要自杀。本案中，村民甲的行为给乙造成了严重的精神损害，乙可以向甲请求精神损害赔偿。

7. 赔礼道歉 赔礼道歉是指侵权行为人向受害人承认错误、表达歉意、请求原谅。

【例】 村民甲当众侮辱村民乙的人格，村民乙可以要求村民甲赔礼道歉。

赔礼道歉可以是公开的，如在报纸上刊登道歉信。赔礼道歉也可以是不公开的，如由侵权行为人单独向受害人口头道歉，或向受害人提交道歉信。

8. 消除影响、恢复名誉 消除影响是指侵权行为人对受害人的人格造成了不良影响时，受害人可以要求其消除该不良影响。恢复名誉是指侵权行为人的侵权行为造成受害人的名誉受损时，受害人可以要求侵权人将其名誉恢复到未受侵害前的状态。

【例】 村民甲为了泄愤，捏造并散布村民乙有生活作风问题，给村民乙造成了不良影响，致使村民乙的名誉降低。本案中，村民乙可以要求村民甲消除影响、恢复名誉。

（四）不承担和减轻侵权责任的情形

在存在以下法律规定的事由的情况下，行为人不承担或者减轻侵权责任。

1. 受害人的过错 根据《侵权责任法》第26条的规定，被侵权人对损害的发生也有过错的，可以减轻侵权人的责任。

【例】 村民甲向村民乙挑衅，二人开始互相殴打，结果村民甲被村民乙打伤。在本案中，村民乙要承担侵权责任，但是由于村民甲也有过错，应减轻村民乙的侵权责任。

2. 受害人的故意 根据《侵权责任法》第27条的规定，损害是因受害人故意造成的，行为人不承担责任。

【例】 村民甲因为厌世想自杀，他故意扑倒在村民乙驾驶的汽车车轮下，结果被碾压成重伤。在本案中，村民甲的故意行为导致了受伤的结果，村民乙不承担侵权责任。

3. 第三人的原因 根据《侵权责任法》第28条的规定，损害是因第三人造成的，第三人应当承担侵权责任。

【例】 村民甲驾驶自有的农用车运输收割的粮食，途中农用车刹车失灵撞伤了村民乙。后来查明，农用车刹车失灵是村民丙破坏了村民甲农用车的刹车装置导致的。在本案中，虽然是村民甲的农用车撞伤了村民乙，但是村民乙受伤是村民丙造成的，应当由村民丙承担侵权责任。

4. 不可抗力 不可抗力是指不能预见、不能避免并不能克服的客观情况。地震、洪水、台风等自然现象，战争、暴乱等社会现象都是不可抗力。

根据《侵权责任法》第29条的规定，因不可抗力造成他人损害的，不承担责任。

【例】 村民甲的房屋倒塌砸伤了村民乙，但是甲的房屋倒塌是地震造成的，此时村民甲不承担侵权责任。

5. 正当防卫 正当防卫是指为了保护公共利益、本人或他人的合法利益，制止正在进行的不法侵害。

根据《侵权责任法》第30条的规定，因正当防卫造成损害的，不承担责任。正当防卫超过必要的限度，造成不应有的损害的，正当防卫人应当承担适当的责任。

【例】 村民甲酒后意图殴打村民乙，村民乙为了避免自己受伤打昏了村民甲，这就属于正当防卫，村民乙不承担侵权责任。但是，如果村民乙为了避免受伤将村民甲打死，这就属于正当防卫超过必要限度，应当承担适当的侵权责任。

6. 紧急避险　紧急避险是指为了避免社会公共利益、本人或他人的合法权益遭受更大的损害，在迫不得已的情况下采取的躲避危险的行为。

根据《侵权责任法》第31条的规定，因紧急避险造成损害的，由引起险情发生的人承担责任。紧急避险采取措施不当或者超过必要的限度，造成不应有的损害的，紧急避险人应当承担适当的责任。

【例】　村民甲在路上骑自行车，为了躲避村民乙驾驶的汽车的碾压，将在路边行走的村民丙撞倒，村民丙受轻伤。在本案中，村民甲不承担责任，由引起危险的村民乙承担撞伤村民丙的侵权责任。如果村民甲为了避免被汽车撞倒而将村民丙撞死，则他要承担适当的侵权责任。

《侵权责任法》第31条还规定，如果危险是由自然原因引起的，紧急避险人不承担责任或者给予适当补偿。

【例】　村民甲在路上骑自行车，雷电将一棵大树击倒，村民甲为了躲避大树将在路上行走的村民乙撞伤。本案中，村民甲要给予村民乙适当补偿。

（五）关于责任主体的特殊规定

1. 无民事行为能力人、限制民事行为能力人的侵权责任　根据《侵权责任法》第32条的规定，无民事行为能力人、限制民事行为能力人造成他人损害的，由监护人承担侵权责任。监护人尽到监护责任的，可以减轻其侵权责任。有财产的无民事行为能力人、限制民事行为能力人造成他人损害的，从本人财产中支付赔偿费用。不足部分，由监护人赔偿。

【例】　村民甲患有精神病的儿子打碎了邻居村民乙的车窗玻璃，应当由监护人村民甲承担侵权责任。如果村民甲已经对儿子严加看护，但是患有精神病的儿子突然发病打碎了村民乙的车窗玻璃，可以减轻村民甲的责任。如果村民甲的儿子从爷爷那里继承了一笔财产，则从他本人的财产中支付赔偿费用，不足的部分再由村民甲赔偿。

2. 完全民事行为能力人暂时没有意识或者失去控制的侵权责任 根据《侵权责任法》第33条的规定，完全民事行为能力人对自己的行为暂时没有意识或者失去控制造成他人损害有过错的，应当承担侵权责任。没有过错的，根据行为人的经济状况对受害人适当补偿。

【例】 村民甲骑摩托车在路上行驶，突然羊痫风病发作暂时失去意识，撞翻了路边村民乙的水果摊。如果村民甲是第一次发作羊痫风病，那么可以认为他对暂时失去意识没有过错，要对村民乙进行适当补偿。如果村民甲明知自己经常发作羊痫风，但是仍然骑摩托车外出，那么可以认定村民甲有过错，要承担侵权责任。

《侵权责任法》第33条还规定，完全民事行为能力人因醉酒、滥用麻醉药品或者精神药品对自己的行为暂时没有意识或者失去控制造成他人损害的，应当承担侵权责任。

3. 无民事行为能力人、限制民事行为能力人受到人身损害的侵权责任 根据《侵权责任法》第38条的规定，无民事行为能力人在幼儿园、学校或者其他教育机构学习、生活期间受到人身损害的，幼儿园、学校或者其他教育机构应当承担责任，但能够证明尽到教育、管理职责的，不承担责任。

根据《侵权责任法》第39条的规定，限制民事行为能力人在学校或者其他教育机构学习、生活期间受到人身损害，学校或者其他教育机构未尽到教育、管理职责的，应当承担责任。

根据《侵权责任法》第40条的规定，无民事行为能力人或者限制民事行为能力人在幼儿园、学校或者其他教育机构学习、生活期间，受到幼儿园、学校或者其他教育机构以外的人员人身损害的，由侵权人承担侵权责任；幼儿园、学校或者其他教育机构未尽到管理职责的，承担相应的补充责任。

【例】 村民甲出于报复社会的目的，闯入幼儿园伤害了几名儿童，应当由村民甲承担侵权责任。如果幼儿园疏于防范，安全保护措施不到位，那么幼儿园应当承担一定的赔偿责任。

二、农村常见侵权责任

（一）产品责任

产品责任是指由于产品存在缺陷造成受害人人身、财产损害所应承担的侵权责任。

1. 生产者的产品责任 根据《侵权责任法》第41条的规定，因产品存在缺陷造成他人损害的，生产者应当承担侵权责任。

根据《中华人民共和国产品质量法》（以下简称《产品质量法》）第2条的规定，产品是指经过加工、制作，用于销售的产品。也就是说，产品是指进入流通领域的工业产品，不包括原始农产品。例如，电视机、洗衣机等家电产品，衣柜、沙发等家具都属于产品。收获的玉米、捕捞的鱼虾不属于产品，但是如果以玉米、鱼虾为原料加工制作成食品，那么该食品属于产品。

根据《产品质量法》第46条的规定，产品存在缺陷是指产品存在危及人身、他人财产安全的不合理的危险；产品有保障人体健康，人身、财产安全的国家标准、行业标准的，是指不符合该标准。例如，食品中的添加剂超过国家标准，收割机叶片脱落等，都属于产品缺陷。

根据《侵权责任法》第41条的规定，只要生产者生产的产品存在缺陷，造成他人损害，就应当承担侵权责任。

【例】 某乡镇酒厂用工业用酒精制造白酒，造成饮用该白酒的农民中毒死亡，酒厂要承担侵权责任。

2. 销售者的产品责任 根据《侵权责任法》第42条的规定，因销售者的过错使产品存在缺陷，造成他人损害的，销售者应当承担侵权责任。

【例】 在村里经营小卖店的村民甲从村民乙的食品加工厂批发了一批蛋糕销售，因保管不善造成了蛋糕变质，村民丙购买并食用了该蛋糕后中毒。在本案中，村民甲保管不善造成了蛋糕变质，应当为村民丙的中毒承担侵权责任。

《侵权责任法》第42条还规定，销售者不能指明缺陷产品的生产者也不能指明缺陷产品的供货者的，销售者应当承担侵权责任。也就是说，即使不是销售者的过错造成产品存在缺陷，但是销售者找不到该产品的生产者，也找不到该产品的供货者时，要由销售者承担侵权责任。

【例】 在村里经营小卖店的村民甲从一个路过该村的推销员那里批发了一批蛋糕销售，村民丙购买并食用了该蛋糕后中毒。事后查明该批蛋糕的添加剂超标，但是村民甲无法提供生产者和销售者的信息。在本案中，虽然村民甲对蛋糕变质没有过错，但是也应当为村民丙的中毒承担侵权责任。

3. 生产者、销售者产品责任的承担 根据《侵权责任法》第43条的规定，因产品存在缺陷造成损害的，被侵权人可以向产品的生产者请求赔偿，也可以向产品的销售者请求赔偿。产品缺陷由生产者造成的，销售者赔偿后，有权向生产者追偿。因销售者的过错使产品存在缺陷的，生产者赔偿后，有权向销售者追偿。

4. 第三人产品责任的承担 根据《侵权责任法》第44条的规定，因运输者、仓储者等第三人的过错使产品存在缺陷，造成他人损害的，产品的生产者、销售者赔偿后，有权向第三人追偿。

【例】 村民甲从外地食品加工厂批发了一批蛋糕销售，由村民乙负责运输，乙在运输途中保管不善造成了蛋糕变质，村民丙购买并食用了该蛋糕后中毒。在村民甲向村民丙承担了侵权责任后,可以向村民乙追偿。

(二)机动车交通事故责任

机动车交通事故责任是指驾驶机动车造成受害人人身、财产损害所应承担的侵权责任。

1. 机动车交通事故责任的一般规定 根据《侵权责任法》第48条的规定,机动车发生交通事故造成损害的,依照《中华人民共和国道路交通安全法》(以下简称《道路交通安全法》)的有关规定承担赔偿责任。

《道路交通安全法》第76条规定,机动车发生交通事故造成人身伤亡、财产损失的,由保险公司在机动车第三者责任强制保险责任限额范围内予以赔偿。机动车第三者责任强制保险,是指机动车所有人必须投保的由保险公司对被保险机动车发生道路交通事故造成受害人的人身伤亡、财产损失进行赔偿的责任保险。

【例】 某农用车所有人村民甲的第三者责任强制保险责任限额为12.2万元,甲驾驶农用车撞上了村民乙驾驶的摩托车,需要承担20万元的赔偿责任。保险公司应当在12.2万元的第三者责任强制保险责任限额范围内赔偿。

《道路交通安全法》第76条还规定,保险公司在第三者责任强制保险责任限额范围内赔偿后不足的部分,按照下列规定承担赔偿责任:

(1)机动车之间发生交通事故的,由有过错的一方承担赔偿责任。双方都有过错的,按照各自过错的比例分担责任。

【例】 村民甲驾驶的农用车与乙驾驶的小汽车相撞,根据交警的认定,甲乙双方都有过错,但甲的过错更大,甲承担70%的责任,乙承担30%的责任。

(2)机动车与非机动车驾驶人、行人之间发生交通事故,非机动车驾驶人、行人没有过错的，由机动车一方承担赔偿责任。有证据证明非机动车驾驶人、行人有过错的，根据过错程度适当减轻机动车一方的赔偿责任。机动车一方没有过错的，承担不超过10%的赔偿责任。也就是说，即使机动车一方没有任何过错，也要承担赔偿责任。

2. 租赁、借用机动车的交通事故责任　根据《侵权责任法》第49条的规定，因租赁、借用等情形机动车所有人与使用人不是同一人时，发生交通事故后属于该机动车一方责任的，由保险公司在机动车强制保险责任限额范围内予以赔偿。不足部分，由机动车使用人承担赔偿责任。机动车所有人对损害的发生有过错的，承担相应的赔偿责任。

【例】　村民甲把自家的载货卡车借给同村的村民乙使用，村民乙撞伤了路上行走的村民丙。在本案中，首先由保险公司在强制保险责任限额范围内予以赔偿，不足的部分，由使用卡车的村民乙赔偿。如果造成交通事故是由于甲的机动车刹车失灵，那么甲也要承担赔偿责任。

3. 转让机动车的交通事故责任　根据《侵权责任法》第50条的规定，当事人之间已经以买卖等方式转让并交付机动车但未办理所有权转移登记，发生交通事故后属于该机动车一方责任的，由保险公司在机动车强制保险责任限额范围内予以赔偿。不足部分，由受让人承担赔偿责任。

【例】　村民甲把自家的载货卡车卖给了同村的村民乙，在没有办理完毕所有权转移登记手续时，该卡车已经交给村民乙使用，结果村民乙撞伤了路上行走的村民丙。在本案中，首先由保险公司在强制保险责任限额范围内予以赔偿，不足的部分，由购买卡车的村民乙赔偿。

根据《侵权责任法》第51条的规定，以买卖等方式转让拼装或者已达到报废标准的机动车，发生交通事故造成损害的，由转让人和受让人承担连带责任。

4. 盗抢机动车的交通事故责任　根据《侵权责任法》第52条的规定，盗窃、抢劫或者抢夺的机动车发生交通事故造成损害的，由盗窃人、抢劫人或者抢夺人承担赔偿责任。保险公司在机动车强制保险责任限额范围内垫付抢救费用的，有权向交通事故责任人追偿。

【例】　村民甲盗窃了乙的机动车，在驾车回家途中撞伤了路上行人丙，侵权责任不是由乙承担而是应当由甲承担。如果保险公司垫付了抢救丙的费用，保险公司可以向村民甲追偿。也就是说保险公司对于盗抢的机动车不承担机动车强制保险责任。

5. 驾驶人逃逸的交通事故责任　根据《侵权责任法》第53条的规定，机动车驾驶人发生交通事故后逃逸，该机动车参加强制保险的，由保险公司在机动车强制保险责任限额范围内予以赔偿。

【例】　村民甲驾驶小客车撞伤了路上行走的村民乙，村民甲逃跑躲了起来。村民甲的小客车参加了机动车强制保险，保险公司要在强制保险责任限额范围内赔偿村民乙的损失。

《侵权责任法》第53条还规定，机动车不明或者该机动车未参加强制保险，需要支付被侵权人人身伤亡的抢救、丧葬等费用的，由道路交通事故社会救助基金垫付。道路交通事故社会救助基金垫付后，其管理机构有权向交通事故责任人追偿。

（三）医疗损害责任

医疗损害责任是指医疗机构造成患者损害所承担的侵权责任。

1. 过错诊疗行为的侵权责任　根据《侵权责任法》第54条的规定，患者在诊疗活动中受到损害，医疗机构及其医务人员有过错的，由医疗机构承担赔偿责任。

【例】 某村民到医院做阑尾炎手术，由于医院搞混了病人，按照胃病为他治疗，打开他的腹腔后才知道搞错了。本案中，医院要为自己的过错承担侵权责任。

根据《侵权责任法》第58条的规定，因下列情形之一患者有损害的，推定医疗机构有过错：

(1)违反法律、行政法规、规章以及其他有关诊疗规范的规定。《执业医师法》、《医疗事故处理条例》、《医疗机构管理条例》等法律法规规定了医疗机构的诊疗规范，如果医院违反这些诊疗规范，就认为医院有过错。

(2)隐匿或者拒绝提供与纠纷有关的病历资料。

(3)伪造、篡改或者销毁病历资料。

2. 违反说明义务的侵权责任 根据《侵权责任法》第55条的规定，医务人员在诊疗活动中应当向患者说明病情和医疗措施。需要实施手术、特殊检查、特殊治疗的，医务人员应当及时向患者说明医疗风险、替代医疗方案等情况，并取得其书面同意；不宜向患者说明的，应当向患者的近亲属说明，并取得其书面同意。医务人员未尽到上述义务，造成患者损害的，医疗机构应当承担赔偿责任。

根据《侵权责任法》第56条的规定，因抢救生命垂危的患者等紧急情况，不能取得患者或者其近亲属意见的，经医疗机构负责人或者授权的负责人批准，可以立即实施相应的医疗措施。也就是说，在上述紧急情况下，医疗机构可以不事先取得患者或者近亲属的同意。

3. 未尽到相应诊疗义务的侵权责任 根据《侵权责任法》第57条的规定，医务人员在诊疗活动中未尽到与当时的医疗水平相应的诊疗义务，造成患者损害的，医疗机构应当承担赔偿责任。

【例】 某村民到医院治疗腿病，按照当时的医疗水平，采用保守治疗的方案就可以治愈，但是医生采取了截肢的治疗方案。在本案中，医生在诊疗活动中没有尽到与当时的医疗水平相应的诊疗义务且造成了患者损害，医院应当承担赔偿责任。

4. 因药品、血液等产生的侵权责任 根据《侵权责任法》第59条的规定，因药品、消毒药剂、医疗器械的缺陷，或者输入不合格的血液造成患者损害的，患者可以向生产者或者血液提供机构请求赔偿，也可以向医疗机构请求赔偿。患者向医疗机构请求赔偿的，医疗机构赔偿后，有权向负有责任的生产者或者血液提供机构追偿。

5. 违反保密义务的侵权责任 根据《侵权责任法》第62条的规定，医疗机构及其医务人员应当对患者的隐私保密。泄露患者隐私或者未经患者同意公开其病历资料，造成患者损害的，应当承担侵权责任。

患者到医疗机构就诊，医务人员出于诊疗护理的需要有可能接触到患者的隐私、记录患者的病情。如果泄露患者的身体状况、患者的病史和家族病史等隐私或者未经同意公开患者的病历资料，造成患者损害，要承担侵权责任。

6. 医疗机构不承担赔偿责任的情形 根据《侵权责任法》第60条的规定，因下列情形患者有损害的，医疗机构不承担赔偿责任：

(1)患者或者其近亲属不配合医疗机构进行符合诊疗规范的诊疗。但是，如果医疗机构及其医务人员也有过错的，应当承担相应的赔偿责任。

(2)医务人员在抢救生命垂危的患者等紧急情况下已经尽到合理诊疗义务。

(3)限于当时的医疗水平难以诊疗。

(四)饲养动物造成损害的责任

饲养动物造成损害的责任是指由于饲养的动物造成受害人人身、财产损害所应承担的侵权责任。

1. 饲养动物造成损害责任的一般规定 根据《侵权责任法》

第78条的规定，饲养的动物造成他人损害的，动物饲养人或者管理人应当承担侵权责任，但能够证明损害是因被侵权人故意或者重大过失造成的，可以不承担或者减轻责任。

【例】 村民甲家里养的看家犬咬伤了路过的村民乙，村民甲要承担侵权责任。但是，如果是村民乙先用石头砸向村民甲的看家犬，犬被激怒咬伤了村民乙，那么村民甲可以不承担侵权责任。

2. 未对动物采取安全措施的侵权责任 根据《侵权责任法》第79条的规定，违反管理规定，未对动物采取安全措施造成他人损害的，动物饲养人或者管理人应当承担侵权责任。

【真实案例】

2012年3月14日上午，原告黄××坐在自家的牛车上准备运东西到本屯和家人砍甘蔗。10时许，当行至本屯时，原告的公牛看见被告皇××的公牛拴在公路下边的荒田中吃草，即拉着牛车冲下路边与被告皇××的公牛相斗。在牛车冲下路基和两牛相斗过程中，造成原告右侧第四、第五根肋骨和左侧第六根肋骨骨折。原告到百色市人民医院住院8天后，花去医药费5 726元，另外医院建议原告出院后予以卧床休息1个月(即30天)。为维护自己的合法权益，原告诉求被告赔偿其经济损失13 952元。

法院认为，饲养的动物造成他人损害的，动物饲养人或者管理人应当承担民事责任。动物饲养人或管理人就被害人有过错承担举证责任。本案被告皇××作为动物饲养人，在饲养动物过程中把牛拴在路基下，虽对其饲养的牛有一定的束缚，但未派人看管，疏于管理，最终导致自家的牛与原告的牛相斗、原告受到伤害的后果，且被告又不能证实原告有故意之过错，故应该承担一定的民事责任。原告在坐牛车去生产劳动过程中，未尽到安全防范义务，在不足以防止危险事故发生的前提下，放任自己饲养的牛行走，最终导致自己的牛与被告的牛相斗，自己受到伤害，原告的过错行为是本案发生的主要原因，应对自身受到的伤害承担主要责任。结合本案发生的原因和双方当事人在本案当中的过错情况，法院酌定被告承担本案的20%的民事责任为宜，余下80%的民事责任由原告自负。判决如下：

一、被告皇××一次性赔偿原告黄××医疗费、误工费、伙食补助费、交通费共计8 137.58元的20%，即1 627.52元。

二、驳回原告黄××的其他诉讼请求。

案件受理费149元，由原告黄××负担119.20元，被告皇××负担29.80元。原告已预交，本院不予退回。被告皇××所负担的29.80元，由被告皇××连同赔偿款一并给付原告。

（案例来源：北大法律信息网）

3. 遗弃、逃逸动物导致的侵权责任 根据《侵权责任法》第82条的规定，遗弃、逃逸的动物在遗弃、逃逸期间造成他人损害的，由原动物饲养人或者管理人承担侵权责任。

4. 因第三人过错导致的动物损害侵权责任 根据《侵权责任法》第83条的规定，因第三人的过错致使动物造成他人损害的，被侵权人可以向动物饲养人或者管理人请求赔偿，也可以向第三人请求赔偿。动物饲养人或者管理人赔偿后，有权向第三人追偿。

【例】 村民甲追打村民乙的牛，牛在狂奔过程中撞伤了路人丙。丙可以向动物的饲养人村民乙请求赔偿，也可以向村民甲请求赔偿。村民乙赔偿后，有权向第三人村民甲追偿。

（五）物件损害责任

物件损害责任是指建筑物等物件造成受害人人身、财产损害所应承担的侵权责任。

1. 物件脱落、坠落的侵权责任 根据《侵权责任法》第85条的规定，建筑物、构筑物或者其他设施及其搁置物、悬挂物发生脱落、坠落造成他人损害，所有人、管理人或者使用人不能证明自己没有过错的，应当承担侵权责任。所有人、管理人或者使用人赔偿后，有其他责任人的，有权向其他责任人追偿。

建筑物、构筑物是指与土地相连的房屋、桥梁、隧道、堤坝等人造设施。搁置物、悬挂物是与建筑物、构筑物相连的位于高处的附属物，如楼顶的热水器、阳台上的花盆、窗外的空调机等。因这些物件的脱落或坠落，造成他人损害的，所有人、管理人或者使用人应当承担侵权责任。如果所有人、管理人或者使用人证明自己已经妥善管理这些物件，没有过错，那么就不承担侵权责任。

2. 物件倒塌的侵权责任 根据《侵权责任法》第86条的规定，建筑物、构筑物或者其他设施倒塌造成他人损害的，由建设单位与施工单位承担连带责任。建设单位、施工单位赔偿后，有其他责任人的，有权向其他责任人追偿。因其他责任人的原因，建筑物、构筑物或者其他设施倒塌造成他人损害的，由其他责任人承担侵权责任。

【例】 乡间一座桥梁发生倒塌砸伤了路人，建设桥梁的路政部门和桥梁的施工单位某路桥公司要承担连带责任。如果事后查明，桥梁倒塌是由于建筑材料不合格所致，路政部门和施工单位赔偿后有权向提供建筑材料的单位追偿。

3. 堆放物倒塌的侵权责任 根据《侵权责任法》第88条的规定，堆放物倒塌造成他人损害，堆放人不能证明自己没有过错的，应当承担侵权责任。

【例】 村民甲在自家院墙外堆放了盖房用的木料，木料倒塌砸伤了路过的村民乙，村民甲应当承担侵权责任。

4. 堆放、倾倒、遗撒物品的侵权责任 根据《侵权责任法》第89条的规定，在公共道路上堆放、倾倒、遗撒妨碍通行的物品造成他人损害的，有关单位或者个人应当承担侵权责任。

【例】 村民甲在公路上晾晒秸秆，造成路过的车辆打滑侧翻，村民甲应当承担侵权责任。

5. 林木致人损害的侵权责任　根据《侵权责任法》第 90 条的规定，因林木折断造成他人损害，林木的所有人或者管理人不能证明自己没有过错的，应当承担侵权责任。

【真实案例】

2009 年 1 月 23 日上午，原告江××骑自行车经过 028 公路段庄村口附近时，被路边被风吹倒的树砸伤，原告受伤后即被 120 救护车送至河南省直第三人民医院住院治疗，经该院诊断为：①多发肋骨骨折；②胸椎骨折；③颜面部软组织裂伤。原告于 2009 年 1 月 23 日住院，2009 年 2 月 2 日出院，共住院 11 天，花费医疗费 4 748.91 元。2010 年 4 月 20 日，原告以×村委会为被告向法院提起诉讼。

法院认为，公民的生命健康权受法律保护，因林木折断造成他人损害，林木的所有人或者管理人不能证明自己没有过错的，应当承担侵权责任。原告骑自行车行走至 028 公路×村村头被路西侧被风刮倒的杨树砸伤的事实，有 110 出警记录为证，且被告×村委会均予以认可，本院对此予以确认。原告因此事故人身、财产遭受损失，应当获得赔偿。判决如下：

一、被告郑州市中原区航海西路办事处×村民委员会于本判决生效后 10 日内赔偿原告江××医疗费 4 748.90 元、护理费 519.30 元、住院伙食补助费 330 元、营养费 165 元、交通费 100 元、残疾赔偿金 15 863.10 元、精神抚慰金 10 000 元，以上共计 31 726.30 元。

二、驳回原告其他的和过高部分的诉讼请求。

（案例来源：北大法律信息网）

第九章　婚姻家庭与财产继承

家庭是社会的基本单位，婚姻则是组成家庭的途径。婚姻稳定、家庭和谐事关整个社会的和谐稳定。婚姻关系包括结婚和离婚两个方面，家庭关系包括夫妻关系和父母子女关系。我国实行婚姻自由、一夫一妻、男女平等的婚姻制度。夫妻应当互相忠实，互相尊重，家庭成员间应当敬老爱幼，互相帮助，维护平等、和睦、文明的婚姻家庭关系。财产继承是处理死者财产的方法，事关死者财产的分配，关系继承人的经济利益。继承人在遗产处理的过程中应相互体谅、谦让，在平等协商的基础上公平合理地分割遗产，实现物尽其用与家庭和睦。我国主要由婚姻法、继承法等法律规定婚姻家庭与财产继承。

一、婚姻家庭

（一）结　婚

结婚是指男女双方依照法律规定的条件和程序，确立夫妻关系的行为。结婚行为的主体必须是男女双方，同性别的人之间不能结婚。结婚必须依照法律规定的条件和方式进行，否则不是合法的婚姻。

1. 结婚的条件

（1）结婚的法定条件　根据《中华人民共和国婚姻法》（以下简称《婚姻法》）的规定，结婚必须具备以下条件。

①男女双方完全自愿　根据《婚姻法》第 5 条的规定，结婚必

须男女双方完全自愿，禁止任何一方对他方加以强迫或者任何第三者加以干涉。男女自愿是婚姻自由原则的体现，它要求在结婚时尊重当事人的意愿，不允许一方当事人、当事人的父母或第三人进行强迫、包办或干涉。

②当事人达到法定结婚年龄　法定婚龄是法律规定准予结婚的最低年龄。根据《婚姻法》第 6 条的规定，男性不得早于 22 周岁结婚，女性不得早于 20 周岁结婚。当事人一方未达到法定结婚年龄的，婚姻登记机关不予登记。

③符合一夫一妻制原则　一夫一妻是指婚姻关系存续期间只能有一个丈夫和一个妻子。要求结婚的男女必须都是无配偶的人，已有配偶的不能结婚。无配偶是指尚未结婚、婚后丧偶或者离婚。

(2)结婚的禁止条件　结婚的禁止条件是指具备该条件就不允许结婚。具体包括：

①禁止一定范围的血亲结婚　根据《婚姻法》第 7 条的规定，直系血亲和三代以内的旁系血亲禁止结婚。直系血亲是指有生养关系的亲人，如父母与子女，爷爷与孙女。三代以内的旁系血亲是指与自己出自同一父母或同一祖父母、外祖父母的血亲。三代以内旁系血亲包括：a. 同源于父母的兄弟姐妹，包括同父母、同父异母或同母异父的兄弟姐妹；b. 同源于祖父母或外祖父母的辈分不同又性别相异的亲属，如姑姑与侄子，舅舅与外甥女；c. 同源于祖父母、外祖父母的辈分相同的堂兄弟姐妹、姑表兄弟姐妹、舅表和姨表兄弟姐妹。

②禁止患有法律规定的疾病的人结婚　根据《婚姻法》第 7 条的规定，男女一方患有医学上认为不应当结婚的疾病时，禁止结婚。例如，患有艾滋病、淋病、梅毒、麻风病，患有精神分裂症、躁狂抑郁型精神病等重型精神病等，应禁止结婚。

2. 结婚登记　自愿结婚的男女，必须双方亲自到一方户口所在地的婚姻登记管理机关申请结婚登记，填写结婚申请书。结婚不能由一方单独申请，也不能委托他人代理申请。

婚姻登记机关依法对当事人的结婚申请和相关证件进行全面审查核实。婚姻登记机关要审查当事人所持证件是否真实、完备，审查当事人是否符合结婚的条件。

当事人符合结婚条件的，婚姻登记机关应当场予以登记，发给结婚证。登记结婚后，根据男女双方约定，女方可以成为男方家庭的成员，男方也可以成为女方家庭的成员。当事人不符合结婚条件的不予登记，并向当事人说明理由。当事人认为符合婚姻登记条件而婚姻管理机关不予登记的，可以依据行政复议法的规定申请复议。对复议决定不服的，可依法提起行政诉讼。

我国内地居民办理婚姻登记的机关在城市是市辖区、不设区的市人民政府的民政部门，在农村是县级人民政府民政部门或乡、镇、民族乡的人民政府。

3. 无效婚姻和可撤销婚姻

(1)无效婚姻　无效婚姻是指不符合结婚的条件，在法律上不具有合法效力的婚姻。根据《婚姻法》第 10 条的规定，无效婚姻包括违反一夫一妻制的重婚、有禁止结婚的亲属关系的婚姻、患有禁止结婚疾病的婚姻、未达到法定婚龄的婚姻。

有关当事人向人民法院起诉申请宣告婚姻无效，人民法院在受理后，经审查确属无效婚姻的，应当作出宣告婚姻无效的判决。

无效婚姻是违法婚姻，自始不发生合法婚姻的效力，在当事人之间不产生夫妻人身及财产方面的权利义务关系。

【例】　村民甲在家乡有妻子，他在外打工期间与乙结婚，甲乙之间的婚姻是无效婚姻。

(2)可撤销婚姻　根据《婚姻法》第 11 条的规定，可撤销婚姻是指由于胁迫成立婚姻关系，受胁迫的一方当事人可依法向婚姻登记机关或人民法院请求撤销该婚姻。

婚姻自由是我国《婚姻法》的基本原则，婚姻当事人应当具有结婚的真实意思。一方当事人因本人或其近亲属的生命、身体健康、名誉、财产等方面受到加害的威胁而产生恐惧，从而作出结婚的意思表示，就不具有结婚的真实意愿，法律赋予其撤销该婚姻的权利。

享有撤销权的是受胁迫一方的当事人本人，是否行使撤销权由其自行决定。根据《婚姻法》第 11 条的规定，受胁迫的一方撤销婚姻的请求，应当自结婚登记之日起 1 年内提出。如果受胁迫的一方结婚后的人身自由受到非法限制，请求撤销婚姻应当自其恢复人身自由之日起 1 年内提出。如果在 1 年的法定期间内不行使撤销权，该权利消灭。

【例】 村民甲由于害怕村民乙揭发她的隐私，在村民乙的威胁下与他结婚，甲乙之间的婚姻属于可撤销婚姻。村民甲可以自结婚登记之日起 1 年内提出撤销该婚姻。如果村民甲在 1 年的法定期间内不行使撤销权，她就不能再请求撤销该婚姻，该婚姻有效。

（二）家庭关系

1. 夫妻关系　夫妻又称为配偶，是婚姻关系存续中对男女双方的称呼。夫妻关系包括夫妻人身关系和夫妻财产关系。

（1）夫妻人身关系　夫妻人身关系是指夫妻在婚姻关系中的身份、人格等方面的权利义务关系。根据《婚姻法》的规定，夫妻人身关系的主要内容是：

①夫妻双方家庭地位平等　根据《婚姻法》第 13 条的规定，夫妻在家庭中地位平等。也就是说，男女双方在婚姻家庭生活的各个方面都平等地享有权利、负担义务，互不隶属。

②夫妻双方的姓名权　根据《婚姻法》第 14 条的规定，夫妻双方都有各用自己姓名的权利。姓名权由夫妻一方完整、独立地享

有，不受职业、收入、生活环境变化的影响，另一方不得干涉。

③夫妻双方的人身自由权　根据《婚姻法》第 15 条的规定，夫妻双方都有参加生产、工作、学习和社会活动的自由，一方或他方不得加以限制和干涉。

(2)夫妻财产关系　《婚姻法》对夫妻财产采取的是法定夫妻财产制与约定夫妻财产制相结合的做法。

①法定夫妻财产制　法定夫妻财产制是指夫妻双方在婚前、婚后都没有约定或约定无效时，直接按照法律规定确定夫妻财产的制度。夫妻财产可以分为夫妻共同财产和夫妻一方所有的财产。

根据《婚姻法》第 17 条的规定，夫妻在婚姻关系存续期间所得的下列财产，归夫妻共同所有：a. 工资、奖金；b. 生产、经营的收益，如经营养鸡场获得的收入；c. 知识产权的收益，例如转让发明专利获得的收入；d. 继承或赠与所得的财产；e. 其他应当归夫妻共同所有的财产。根据《最高人民法院关于适用〈中华人民共和国婚姻法〉若干问题的解释(二)》[以下简称《婚姻法解释(二)》]第 11 条的规定，“其他应当归共同所有的财产”包括一方以个人财产投资取得的收益，男女双方实际取得或者应当取得的住房补贴、住房公积金，男女双方实际取得或者应当取得的养老保险金、破产安置补偿费。

夫妻对共同所有的财产，有平等的处理权。根据《最高人民法院关于适用〈中华人民共和国婚姻法〉若干问题的解释(一)》[以下简称《婚姻法解释(一)》]第 17 条的规定，“平等的处理权”应当理解为：a. 夫或妻在处理夫妻共同财产上的权利是平等的。因日常生活需要而处理夫妻共同财产的，任何一方均有权决定。b. 夫或妻非因日常生活需要对夫妻共同财产做重要处理决定，夫妻双方应当平等协商，取得一致意见。他人有理由相信其为夫妻双方共同意思表示的，另一方不得以不同意或不知道为由对抗善意第三人。

【例】 村民甲和村民乙是夫妻,二人曾经当众表示过要把家里的农用车卖掉,后来丈夫甲把农用车卖给了村民丙。此时,妻子乙不得拒绝出售农用车,因为村民丙是有理由相信甲乙夫妻二人是都同意卖车的善意第三人。

根据《最高人民法院关于适用〈中华人民共和国婚姻法〉若干问题的解释(三)》[以下简称《婚姻法解释(三)》]第 4 条的规定,婚姻关系存续期间,夫妻一方请求分割共同财产的,人民法院不予支持。但有下列重大理由且不损害债权人利益的除外:a. 一方有隐藏、转移、变卖、毁损、挥霍夫妻共同财产或者伪造夫妻共同债务等严重损害夫妻共同财产利益行为的;b. 一方负有法定扶养义务的人患重大疾病需要医治,另一方不同意支付相关医疗费用的。

【例】 妻子不同意丈夫给患癌症的婆婆支付医疗费,丈夫可以主张分割共同财产。

根据《婚姻法》第 18 条的规定,夫妻一方所有的财产包括:a. 一方的婚前财产;b. 一方因身体受到伤害获得的医疗费、残疾人生活补助费等费用;c. 遗嘱或赠与合同中确定只归夫妻一方所有的财产;d. 一方专用的生活用品,如衣服、眼镜等;e. 其他应当归一方的财产。

根据《婚姻法解释(二)》第 13 条的规定,军人的伤亡保险金、伤残补助金、医药生活补助费等也属于个人财产。

根据《婚姻法解释(三)》第 5 条的规定,夫妻一方个人财产在婚后产生的收益,除孳息和自然增值外,应认定为夫妻共同财产,如银行存款的利息和母牛产下的牛犊都属于这里的孳息。

根据《婚姻法解释(三)》第 19 条的规定,夫妻一方的个人财产,不因婚姻关系的延续而转化为夫妻共同财产,但当事人另有约定的除外。

②约定夫妻财产制　约定夫妻财产制是指夫妻双方通过协商

对婚前、婚后取得的财产的归属、处分以及在婚姻关系解除后的财产分割达成协议的财产制度。夫妻的约定优先于法定夫妻财产制。

根据《婚姻法》第19条的规定，夫妻可以约定婚姻关系存续期间所得的财产以及婚前财产归各自所有、共同所有或部分各自所有、部分共同所有。约定应当采用书面形式。没有约定或约定不明确的，适用法定夫妻财产制的规定。

《婚姻法》第19条还规定，夫妻对婚姻关系存续期间所得的财产以及婚前财产的约定，对双方具有约束力。夫妻对婚姻关系存续期间所得的财产约定归各自所有的，夫或妻一方对外所负的债务，第三人知道该约定的，以夫或妻一方所有的财产清偿。也就是说，在约定夫妻财产制中，夫妻一方的债务用个人财产来偿还。

【例】 村民甲和村民乙是夫妻，二人约定婚姻关系存续期间所得的财产归各自所有。村民甲向同村的村民丙借款1万元，如果村民丙知道二人关于夫妻财产的约定，该1万元债务由村民甲偿还。如果村民丙不知道二人关于夫妻财产的约定，村民丙可以要求由村民甲和村民乙共同负责偿还该1万元债务。

2. 父母子女关系 父母子女关系是指父母子女间的权利义务关系。父母子女关系可以分为以下三种：

(1)自然血亲的父母子女关系 自然血亲的父母子女关系是指由于子女出生的事实而在父母与子女之间形成的权利义务关系。

根据《婚姻法》第21条的规定，父母对子女有抚养教育的义务；子女对父母有赡养扶助的义务。父母不履行抚养义务时，未成年的或不能独立生活的子女，有要求父母付给抚养费的权利。根据《婚姻法解释(一)》第20条的规定，不能独立生活的子女，是指尚在校接受高中及其以下学历教育，或者丧失或未完全丧失劳动能力等非因主观原因而无法维持正常生活的成年子女。根据《婚姻法解释(一)》第21条的规定,抚养费包括子女生活费、教育费、医疗费等费用。

《婚姻法》第21条还规定,子女不履行赡养义务时,无劳动能力的或生活困难的父母,有要求子女付给赡养费的权利。

根据《婚姻法》第23条的规定,父母有保护和教育未成年子女的权利和义务。在未成年子女对国家、集体或他人造成损害时,父母有承担民事责任的义务。

根据《婚姻法》第30条的规定,子女应当尊重父母的婚姻权利,不得干涉父母再婚以及婚后的生活。子女对父母的赡养义务,不因父母的婚姻关系变化而终止。父亲或者母亲再婚后,子女仍然应当履行对父亲或者母亲的赡养义务。

根据子女出生的事实是发生在婚前还是婚后,自然血亲又分为婚生父母子女关系和非婚生父母子女关系。根据《婚姻法》第25条的规定,非婚生子女享有与婚生子女同等的权利。不直接抚养非婚生子女的生父或生母,应当负担子女的生活费与教育费,直至子女能独立生活为止。

(2)继父母子女关系　继父母是指父母一方再婚后的配偶,继子女是指夫妻一方在其前婚中所生子女。

根据《婚姻法》第27条的规定,继父母与继子女间,不得虐待或歧视。继父或继母和受其抚养教育的继子女间的权利和义务,适用上述自然血亲父母子女关系的有关规定。

(3)养父母子女关系　通过收养能够在收养人与被收养人之间形成养父母子女关系。根据《中华人民共和国收养法》(以下简称《收养法》)的规定,收养是指依照法律规定领养他人的子女为自己的子女。

根据《收养法》的规定,收养人必须没有子女,有抚养教育被收养人的能力,没有患在医学上认为不应当收养子女的疾病,年满30周岁。收养人一般只能收养一名子女,但收养孤儿、残疾儿童或者社会福利机构抚养查找不到生父母的弃婴和儿童,可以不受无子女和收养一名的限制。收养人无配偶且为男性,又收养女性的,则他们之间年龄应当相差40周岁以上。收养人有配偶的须由夫妻双方共同决定。

根据《收养法》的规定,被收养人必须为未满14周岁的未成年人,并且必须是丧失父母的孤儿,或者是查找不到生父母的弃婴和儿童,或者是其父母有特殊困难无抚养能力。

收养可以采取书面协议的形式。收养双方或一方要求办理公证的,应当办理收养公证。收养人与送养人应向有关部门共同申请,并提交有关证明材料。办理收养登记的机关为县级以上人民政府的民政部门。民政部门应对提交材料加以全面审查,对证明材料齐全、合法、有效,符合收养条件的,应准予登记并颁发《收养证书》,公安部门应依法办理户口登记等手续。

根据《婚姻法》第26条的规定,养父母和养子女间的权利和义务,适用对父母子女关系的有关规定。养子女和生父母间的权利和义务,因收养关系的成立而消除。

3. 其他家庭成员关系 根据《婚姻法》第28条的规定,有负担能力的祖父母、外祖父母,对于父母已经死亡或父母无力抚养的未成年的孙子女、外孙子女,有抚养的义务。有负担能力的孙子女、外孙子女,对于子女已经死亡或子女无力赡养的祖父母、外祖父母,有赡养的义务。

根据《婚姻法》第29条的规定,有负担能力的兄、姐,对于父母已经死亡或父母无力抚养的未成年的弟、妹,有扶养的义务。由兄、姐扶养长大的有负担能力的弟、妹,对于缺乏劳动能力又缺乏生活来源的兄、姐,有扶养的义务。

(三)离　婚

离婚是指夫妻双方依照法定的条件和程序解除婚姻关系

的行为。

1. 离婚的方式　离婚可分为协议离婚和诉讼离婚两种方式。

(1)协议离婚　协议离婚是指夫妻双方依据法律规定自愿解除婚姻关系。根据《婚姻法》第31条的规定,男女双方自愿离婚的,双方必须到婚姻登记机关申请离婚登记。婚姻登记机关经过形式审查和实质审查,确认双方自愿并对子女和财产问题已经有适当处理的,应当办理离婚登记并发给离婚证。

【范　本】

离婚协议书

男方:姓名______　性别____　年龄____

　　住址____________________等

女方:姓名______　性别____　年龄____

　　住址____________________等

双方于______年____月____日在______登记结婚,婚后于______年____月____日生育一儿子(女儿),名______。现夫妻感情已经完全破裂,经双方协商一致,订立如下离婚协议:

1. 男女双方自愿离婚。

2. 子女抚养及探望权:

儿子(女儿)______由____方抚养,抚养费(含托养费、教育费、医疗费)由双方各承担一半。____方每年____月____日前支付当年的抚养费。

在不影响孩子学习、生活的情况下,____方可随时探望____方抚养的孩子。

3. 夫妻共同财产的处理:

(1)存款：双方名下现有银行存款共______元，双方各分一半。

(2)房屋：夫妻共同所有的位于______的房产归____方所有。

(3)其他财产：双方各自的私人生活用品归各自所有(附清单)。

4. 债权与债务的处理：

双方确认在婚姻关系存续期间没有发生任何共同债务，任何一方如对外负有债务的，由负债方自行偿还。

本协议一式3份，男、女双方各执1份，婚姻登记机关存档1份。

男方：(签字)　　　　　　　　　　女方：(签字)

年　　月　　日　　　　　　　　　年　　月　　日

(2)诉讼离婚　诉讼离婚是指夫妻双方对离婚以及子女抚养、遗产分割等问题不能达成协议，夫妻一方向人民法院起诉，由人民法院依法解除婚姻关系。

①军人离婚的特殊规定　根据《婚姻法》第33条的规定，现役军人的配偶要求离婚的，须经军人同意，但军人一方有重大过失的除外。现役军人是指具有中国人民解放军军籍的军官和士兵，人民武装警察部队的干部和士兵。现役军人配偶是指夫妻中非军人的一方。如果双方都是军人或军人一方向非军人一方提出离婚的，不适用上述规定。如果由于军人一方重婚，有配偶与他人同居，实施家庭暴力或虐待、遗弃家庭成员，有吸毒、赌博等恶习又屡教不改或其他情形的过错，导致夫妻感情破裂而使非军人一方要求离婚，军人一方又不同意的，人民法院应通过军人所在部队团以上政治机关做好军人的思想政治工作，准予离婚。

②不得提出离婚的情形　根据《婚姻法》第34条的规定，在女方怀孕期间、分娩后1年内或中止妊娠后6个月内，男方不得请求离婚。女方提出离婚的或人民法院认为确有必要受理男方的离婚

请求的不在此限。

【例】　在上述男方不得提出离婚的期间内确实存在不能继续共同生活的重大而急迫的事由，可能危及生命、人身安全的，就属于确有必要。再如，女方怀孕或分娩的婴儿是因与他人通奸所致也属于确有必要。

③判决离婚的标准　根据《婚姻法》第 32 条的规定，人民法院审理离婚案件时，应当进行调解，如果感情确已破裂，调解无效，应准予离婚。因此，夫妻感情破裂是法院判决离婚的依据。根据《婚姻法》第 32 条的规定，有重婚或有配偶者与他人同居，实施家庭暴力或虐待、遗弃家庭成员，有赌博、吸毒等恶习屡教不改，因感情不和分居满 2 年等情形，调解无效的，应准予离婚。

2. 离婚的法律后果

(1)离婚后的人身关系

①离婚后的夫妻关系　离婚后，因夫妻身份而产生的相互扶养的权利义务、相互继承的权利等消灭，当事人取得再次结婚的权利。

②离婚后的子女抚养　根据《婚姻法》第 36 条的规定，离婚后父母子女间的关系不因离婚而消灭，子女无论由父亲或母亲抚养，仍是父母双方的子女。离婚后，父母对于子女仍有抚养和教育的权利和义务。

根据《婚姻法》第 36 条的规定，离婚后，哺乳期内的子女，以随哺乳的母亲抚养为原则。哺乳期后的子女，如双方因抚养问题发生争执不能达成协议时，由人民法院根据子女的权益和双方的具体情况判决。

根据《婚姻法》第 37 条的规定，离婚后，一方抚养子女，另一方负担必要的生活费用的部分或全部。负担费用的多少和期限的长短，由双方协议，协议不成时，由人民法院判决。抚养费给付的期限，一般至子女 18 周岁止。16 周岁以上不满 18 周岁子女以自己劳动收入为主要生活来源，并能维持当地一般生活水平的，父母可停止给付抚养费。已满 18 周岁尚未独立生活的成年子女有下列情形之一，父母有给付能力的，仍然须给付抚养费：属于尚在学校接受高中教育及其以下学历教育的；丧失劳动能力的；虽未完全丧失劳动能力等非主观原因而无法维持正常生活的成年子女。

离婚后，在父母或子女情况发生变化时，男女双方及子女都可以依法要求予以增加、减少或免除抚养费。有下列情形的可以要求增加抚养费：原定抚养费数额不足以维持当地实际生活水平的；因子女患病、上学，实际需要已经超过原定数额的；有其他正当理由应当增加的。有下列情形的可以要求减少或免除抚养费：丧失劳动能力的；失去经济来源，无法按原来的协议或判决确定的抚养费数额给付的；因犯罪正在服刑，无力支付抚养费的。

③离婚后的子女探望权　探望是指离婚后未直接抚养子女的一方依法在一定时间，以一定方式探视、看望子女。探望是法定的权利，任何人都不得非法干预。根据《婚姻法》第 38 条的规定，离婚后，不直接抚养子女的父或母，有探望子女的权利，另一方有协助的义务。行使探望权利的方式、时间由当事人协议；协议不成时，由人民法院判决。

《婚姻法》第 38 条还规定，父或母探望子女，不利于子女身心健康的，由人民法院依法中止探望的权利，中止的事由消失后，应当恢复探望的权利。

【例】 探望权人患有医学上认为不宜与他人接触或有传染性疾病，或对子女有违法行为的，可以依法中止其探望的权利。

(2)离婚时的财产关系

①离婚时的财产处理　根据《婚姻法》第 19 条的规定，如果夫妻双方以书面形式约定婚姻关系存续期间所得财产归个人所有，离婚时不发生夫妻共有财产的分割问题。如果在婚姻存续期间，夫妻有共同财产的，在离婚时要对共同财产进行分割。

根据《婚姻法》第 40 条的规定，夫妻书面约定婚姻关系存续期间所得的财产归各自所有，一方因抚育子女、照料老人、协助另一方工作等付出较多义务的，离婚时有权向另一方请求补偿。

根据《婚姻法》第 42 条的规定，离婚时，如一方生活困难，另一方应从其住房等个人财产中给予适当帮助。具体办法由双方协议，协议不成的由人民法院判决。生活困难是指其依靠个人财产和离婚时分得的财产无法维持当地基本生活水平。一方离婚后没有住处的，属于生活困难。一方以个人财产中的住房对生活困难者进行帮助的，可以是房屋的居住权或所有权。

【例】 村民甲和村民乙离婚，村民甲有婚前财产房屋一套，村民乙没有住房也没有工作。经二人协商，村民乙在找到工作前可以在村民甲房屋中的一间居住。

根据《婚姻法》第 47 条的规定，离婚时，一方隐匿、转移、变卖、毁损夫妻共同财产或伪造债务企图侵占另一方财产的，人民法院可以予以制裁。分割夫妻共同财产时，对一方隐匿、转移、变卖、毁损夫妻共同财产或伪造债务企图侵占另一方财产的，可以向人民法院提起诉讼，请求再次分割夫妻共同财产。

根据《婚姻法解释(二)》第 10 条的规定，在离婚案件中，如果双方虽办理了结婚登记手续但确未共同生活或者婚前因按照习俗给付彩礼并导致给付人生活困难，当事人一方请求返还该彩礼的，人民法院应当予以支持。

②离婚时的债务清偿　根据《婚姻法》第 41 条的规定，离婚时原为夫妻共同生活所负的债务，应由双方共同清偿。共同财产不足清偿的，或财产归各自所有的，由双方协议清偿，协议不成的，由法院判决确定。共同债务是指在婚姻关系存续期间为履行抚养、赡养等义务所负的债务，治疗疾病所负的债务，家庭的生产经营所负的债务等。

根据《婚姻法解释(二)》第 24 条的规定，属于婚姻关系存续期间以一方名义欠下的债务，原则上应当认定为夫妻共同债务，应该由夫妻共同偿还。但是，如果夫妻一方能够证明该债务确为欠债人个人债务，就不应由夫妻共同偿还。

【例】 夫妻关系存续期间，丈夫以自己的名义借钱炒股票，炒股的收入只用于自己的挥霍，而且借据上明确写明是由丈夫自己偿还，这个债务就应当认定为个人债务。

3. 离婚的损害赔偿 离婚的损害赔偿是指因夫妻一方有过错导致离婚，无过错的另一方当事人有权请求物质损害赔偿和精神损害赔偿。物质损害赔偿的目的是补偿无过错当事人遭受的财产损失，精神损害赔偿的目的是抚慰无过错当事人一方的精神。

根据《婚姻法》第46条的规定，有下列情形之一导致离婚的，无过错方有权请求损害赔偿：①重婚的；②有配偶者与他人同居的；③实施家庭暴力的；④虐待、遗弃家庭成员的。

【真实案例】

原告曾××、被告张××于1996年在深圳打工时相识，1997年5月在××市××街道办事处登记结婚，1998年6月26日生育儿子张×。2007年10月，原、被告因家庭琐事发生争吵，被告以外出打工为由，离开家庭，一直未归，原、被告分居生活。原告请求与被告离婚；婚生小孩张×由原告抚养。

法院认为，原、被告自由恋爱，自愿结婚，有一定的感情基础，但双方因琐事发生争执后，未能正确处理对待，被告离开家庭，导致原、被告自2007年10月起，分居生活，期间原、被告无任何联系，夫妻感情确已破裂，本院依法准许原、被告离婚。鉴于原、被告分居生活期间，小孩张×一直随原告生活，现原告要求小孩随其生活，并自愿负担小孩的一切抚养费用至小孩独立生活时止。为有利于小孩的健康成长，对该主张，本院予以采纳。依照《中华人民共和国婚姻法》第三十二条第二款、第三款第(四)项、第三十六条第三款、第三十七第一款、《中华人民共和国民事诉讼法》第一百四十四条的规定,判决如下:

一、准许原告曾××与被告张××离婚。

二、原、被告婚生男孩张×(1998年6月26日出生)随原告曾××生活,并由原告曾××负担该小孩一切抚养费用至小孩能独立生活时止,小孩成年后,随父随母由其自择。

本案案件受理费200元,由原告曾××负担。

(案例来源:北大法律信息网)

二、财产继承

(一)继承概述

1. 继承的含义 继承是指自然人死亡后,由法律规定的人或者死者遗嘱指定的人依法取得死者遗留的个人合法财产。例如,夫妻可以相互继承财产,子女可以继承父母的财产。在继承法律关系中,死者称为被继承人,被继承人遗留的财产是遗产,依法承受死者遗产的人是继承人。

根据《中华人民共和国继承法》(简称《继承法》)的规定,继承分为法定继承和遗嘱继承。

2. 继承权 继承权是自然人依照法律规定或者被继承人的遗嘱享有的承受被继承人遗产的权利。根据《继承法》的规定,继承权的权利人是自然人,法人、其他组织或国家不能行使继承权取得遗产。

(1)继承权的取得

①法定继承权的取得 法定继承权的取得是指自然人依据法律规定取得继承权。根据《继承法》和《婚姻法》的规定,配偶之间

有互相继承遗产的权利，父母子女、兄弟姐妹间相互享有继承权，有抚养关系的继父母与继子女间以及有抚养关系的继兄弟姐妹之间有继承权，丧偶的儿媳对公、婆，丧偶女婿对岳父母，尽了主要赡养义务的，作为第一顺序继承人。

②遗嘱继承权的取得　遗嘱继承权的取得是指自然人依据被继承人的遗嘱取得遗嘱继承权。遗嘱继承权依据被继承人生前立下的合法有效遗嘱取得。被继承人的遗嘱只能在法定继承人的范围内选定遗嘱继承人或者规定法定继承人的继承份额，不能任意选定遗嘱继承人。

(2)继承权的丧失　继承权的丧失是指继承人对被继承人或其他继承人有违法行为而被依法剥夺继承权。

根据《继承法》第 7 条的规定，继承人有下列行为之一的，丧失继承权：

一是故意杀害被继承人的。故意杀害被继承人不但应当受到刑罚处罚，而且是严重伤害被继承人感情的行为，应当剥夺该继承人的继承权。

二是为争夺遗产而杀害其他继承人的。例如，弟弟为了争夺遗产杀害哥哥。只有继承人杀害其他继承人的目的是争夺遗产时才丧失继承权，如果不是出于争夺遗产的目的杀害其他继承人的不丧失继承权。

三是遗弃被继承人的，或虐待被继承人情节严重的。遗弃被继承人是指有赡养、抚养能力的继承人，拒绝赡养或抚养没有独立生活能力或丧失劳动能力的被继承人的行为。例如，儿子拒绝赡养年迈体衰的母亲。虐待被继承人是指采用侮辱、打骂、冻饿等手段对被继承人进行折磨。继承人虐待被继承人情节是否严重，可以从实施虐待行为的时间、手段、后果和社会影响等方面认定。

四是伪造、篡改或者销毁遗嘱，情节严重的。情节严重是指伪造、篡改或销毁遗嘱的行为侵害了缺乏劳动能力又无生活来源的继承人的利益，并造成其生活困难。

（二）法定继承

法定继承是指在没有遗赠扶养协议和遗嘱的情况下，根据法律规定的继承人范围、继承顺序以及遗产分配原则承受被继承人的遗产。根据《继承法》第 5 条的规定，被继承人死亡后有遗赠扶养协议的，先要执行遗赠扶养协议；没有遗赠扶养协议的，适用遗嘱继承；没有遗嘱的，适用法定继承。

1. 法定继承人的范围和顺序　根据《继承法》第 10 条的规定，遗产按照下列顺序继承：

第一顺序是配偶、子女、父母。第二顺序是兄弟姐妹、祖父母、外祖父母。继承开始后，由第一顺序继承人继承，第二顺序继承人不继承。没有第一顺序继承人继承的，由第二顺序继承人继承。

上述子女，包括婚生子女、非婚生子女、养子女和有扶养关系的继子女。上述父母，包括生父母、养父母和有扶养关系的继父母。上述兄弟姐妹，包括同父母的兄弟姐妹、同父异母或者同母异父的兄弟姐妹、养兄弟姐妹、有扶养关系的继兄弟姐妹。

根据《继承法》第 12 条的规定，被继承人的配偶，子女，父母，对公婆、岳父母尽了主要赡养义务的丧偶儿媳和女婿为第一顺序继承人。尽了主要赡养义务，是指对被继承人生活提供了主要经济来源，或在劳务等方面给予了主要扶助。

2. 代位继承　根据《继承法》第 11 条的规定，代位继承是指在法定继承中，被继承人的子女先于被继承人死亡的，由死亡子女的晚辈直系血亲代位继承其应继承的遗产。

【例】　村民甲有两个儿子乙和丙，乙有个女儿丁。乙先于甲死亡，在甲死亡时，由乙的女儿丁继承乙应当继承的甲的遗产。这就是代位继承。

被继承人的孙子女、外孙子女、曾孙子女、外曾孙子女都可以代位继承，代位继承人不受辈数的限制。

3. 法定继承的遗产分配 根据《继承法》第13条的规定，同一顺序继承人继承遗产的份额，一般应当均等。继承人协商同意的，也可以不均等。

【例】 村民甲去世时的第一顺序继承人包括配偶和三个子女，分配遗产时一般应当按照均等的份额分配，也就是说每人分得遗产的1/4。如果三个子女和母亲协商，多分给母亲一些遗产，这是允许的。

《继承法》第13条还规定，对生活有特殊困难的缺乏劳动能力的继承人，分配遗产时，应当予以照顾。对被继承人尽了主要扶养义务或者与被继承人共同生活的继承人，分配遗产时，可以多分。有扶养能力和有扶养条件的继承人，不尽扶养义务的，分配遗产时，应当不分或者少分。

4. 酌情分配遗产 根据《继承法》第14条的规定，对继承人以外的依靠被继承人扶养的缺乏劳动能力又没有生活来源的人，或者继承人以外的对被继承人扶养较多的人，可以分配给他们适当的遗产。

【例】 村民甲未成年的侄子父母双亡，一直依靠村民甲提供生活费，即使侄子不是法定继承人，在村民甲死亡时可以适当分给侄子遗产。

【例】 村民甲的外甥在甲生前对甲扶养较多，即使外甥不是法定继承人，在村民甲死亡时可以适当分给外甥遗产。

（三）遗嘱继承、遗赠和遗赠扶养协议

1. 遗嘱继承 遗嘱继承是指继承人依照被继承人的遗嘱承受被继承人的遗产。依照遗嘱享有遗嘱继承权的人是遗嘱继承

人，设立遗嘱的被继承人是遗嘱人。在遗嘱继承中，遗嘱人可以指定遗产的继承人、指定继承人继承的顺序等。根据《继承法》第16条的规定，遗嘱继承人只能是法定继承人范围之内的人。被继承人死亡后，先按遗嘱进行继承，没有遗嘱才开始法定继承。

(1)遗嘱的形式　遗嘱是指生前按照法律规定处分自己的财产并于死后发生法律效力的行为。根据《继承法》第17条的规定，遗嘱的形式有以下几种。

①公证遗嘱　公证遗嘱是指经过国家公证机关认可真实性与合法性的书面遗嘱。公证遗嘱由遗嘱人向公证机关申请办理，是最能保障真实性的遗嘱形式。

②自书遗嘱　自书遗嘱是指由遗嘱人亲笔书写的遗嘱。自书遗嘱由遗嘱人亲笔书写，签名，注明年、月、日。

【范　本】

遗　嘱

遗嘱人：姓名＿＿＿＿性别＿＿＿＿年龄＿＿＿＿
住址＿＿＿＿＿＿＿＿＿＿＿＿＿＿＿＿
身份证号码＿＿＿＿＿＿＿＿＿＿＿＿等

为对本人所有的财产进行处理，特立遗嘱如下：

1. 我自愿将下列归我所有的财产遗留给甲：

＿＿＿＿＿＿＿＿＿＿＿＿＿＿＿＿＿＿＿＿＿＿＿＿

我遗留给甲的财产，属于甲个人所有。

2. 我自愿将下列归我所有的财产遗留给乙：

＿＿＿＿＿＿＿＿＿＿＿＿＿＿＿＿＿＿＿＿＿＿＿＿

我遗留给乙的财产，属于乙个人所有。

本遗嘱委托丙(姓名＿＿＿＿、性别＿＿＿、年龄＿＿＿、住址＿＿＿＿

________、身份证号码________)为执行人。

本遗嘱一式2份,一份由本人收执,一份由委托执行人丙保存。

立遗嘱人:(签名)

年　月　日

③代书遗嘱　代书遗嘱是指遗嘱人口述遗嘱内容,他人代为书写的遗嘱。代书遗嘱应当有两个以上见证人在场见证,由其中一人代书,注明年、月、日,并由代书人、其他见证人和遗嘱人签名。

④录音遗嘱　录音遗嘱是指以录音方式录制下来的遗嘱人的口述遗嘱。以录音形式立的遗嘱,应当有两个以上见证人在场见证。

⑤口头遗嘱　口头遗嘱是指遗嘱人在危急情况下口头陈述的遗嘱。口头遗嘱应当有两个以上见证人在场见证。危急情况解除后,遗嘱人能够用书面或者录音形式立遗嘱的,所立的口头遗嘱无效。

为保证遗嘱的真实性,《继承法》第18条规定下列人员不能作为遗嘱见证人:a. 无行为能力人或限制行为能力人。b. 继承人、受遗赠人。c. 与继承人、受遗赠人有利害关系的人。例如,继承人、受遗赠人的姻亲与继承人、受遗赠人有利害关系,不能作为遗嘱的见证人。

(2)遗嘱的撤销、变更　根据《继承法》第20条的规定,遗嘱人可以撤销、变更自己所立的遗嘱。立有数份遗嘱,内容相抵触的,以最后的遗嘱为准。自书、代书、录音、口头遗嘱,不得撤销、变更公证遗嘱。

(3)无效遗嘱　根据《继承法》第22条的规定,下列遗嘱无效:①无行为能力人或者限制行为能力人所立的遗嘱无效;②遗嘱必须表示遗嘱人的真实意思,受胁迫、欺骗所立的遗嘱无效;③伪造的遗嘱无效；④遗嘱被篡改的,篡改的内容无效。

2. 遗赠 遗赠是指设立遗嘱把遗产的全部或一部分无偿赠给国家、组织或法定继承人以外的人。

遗嘱继承中的继承人在法定继承人范围内,遗赠的受让人是法定继承人以外的人、国家及其他组织。

3. 遗赠扶养协议 遗赠扶养协议是指遗赠人与扶养人或者组织签订的,扶养人或者组织承担对遗赠人生养死葬义务,遗赠人的全部或部分财产在其死亡后归扶养人或者组织所有的协议。

根据《继承法》第 31 条的规定,公民可以与扶养人签订遗赠扶养协议。按照协议,扶养人承担该公民生养死葬的义务,享有受遗赠的权利。公民可以与集体所有制组织签订遗赠扶养协议。按照协议,集体所有制组织承担该公民生养死葬的义务,享有受遗赠的权利。

【范 本】

遗赠抚养协议

甲方：姓名______ 性别____ 年龄____
住址______________________等

乙方：姓名______ 性别____ 年龄____
住址______________________等

甲乙双方就遗赠事宜达成协议如下：

1. 甲方所有的________,在甲方死亡后赠送给乙方。

2. 乙方应于每月____日前给付甲方生活费____元,医疗补助费____元。

3. 甲方负有对遗赠财产的维护责任,不得随意处理遗赠的财产。如果甲方故意将财产损坏或者送给他人,乙方有权要求甲方修理、更换或者收回，否则乙方有权终止协议。

4. 乙方应当按时给付甲方费用。如果连续____月不给付费用的，甲方有权终止协议。

5. 乙方应在甲方去世后____日内办理赠与财产的所有权转移手续。逾期不办的，视为拒绝遗赠，其遗产按法定继承处理。

6. 本协议一式2份，双方各执1份。

甲方：(签字盖章)　　　　　　乙方：(签字盖章)
年　月　日　　　　　　　　　年　月　日

(四)遗产的处理

1. 遗　产

(1)遗产的范围　根据《继承法》第3条的规定，遗产是公民死亡时遗留的个人合法财产，包括：①公民的收入；②公民的房屋、储蓄和生活用品；③公民的林木、牲畜和家禽；④公民的文物、图书资料；⑤法律允许公民所有的生产资料；⑥公民的著作权、专利权中的财产权利；⑦公民的其他合法财产。

(2)遗产的认定　根据《继承法》第26条的规定，夫妻在婚姻关系存续期间所得的共同所有的财产，除有约定的以外，如果分割遗产，应当先将共同所有的财产的一半分出为配偶所有，其余的为被继承人的遗产。遗产在家庭共有财产之中的，遗产分割时，应当先分出他人的财产。

(3)按法定继承办理的遗产　根据《继承法》第27条的规定，有下列情形之一的，遗产中的有关部分按照法定继承办理：①遗嘱继承人放弃继承或者受遗赠人放弃受遗赠的；②遗嘱继承人丧失继承权的；③遗嘱继承人、受遗赠人先于遗嘱人死亡的；④遗嘱无效部分所涉及的遗产；⑤遗嘱未处分的遗产。

2. 继承通知和遗产保管　根据《继承法》第23条的规定，继承开始后，知道被继承人死亡的继承人应当及时通知其他继承人和遗嘱执行人。继承人中无人知道被继承人死亡或者知道被继承人死亡而不能通知的，由被继承人生前所在单位或者住所地的居民委员会、村民委员会负责通知。

根据《继承法》第 24 条的规定，存有遗产的人，应当妥善保管遗产，任何人不得侵吞或者争抢。

3. 继承和遗赠的接受和放弃 根据《继承法》第 25 条的规定，继承开始后，继承人放弃继承的，应当在遗产处理前，作出放弃继承的表示。没有表示的，视为接受继承。

《继承法》第 25 条还规定，受遗赠人应当在知道受遗赠后 2 个月内，作出接受或者放弃受遗赠的表示。到期没有表示的，视为放弃遗赠。

4. 遗产的分割 根据《继承法》第 28 条的规定，遗产分割时，应当保留胎儿的继承份额。胎儿出生时是死体的，保留的份额按照法定继承办理。

根据《继承法》第 29 条的规定，遗产分割应当有利于生产和生活需要，不损害遗产的效用。不宜分割的遗产，可以采取折价、适当补偿或者共有等方法处理。

【例】 村民甲和村民乙是兄弟，他们从父亲那里继承了一套商品房。他们可以采用村民甲取得房屋所有权，然后村民甲给村民乙补偿的方式继承。他们也可以把房屋卖掉平分价款，还可以采用共有房屋的方式继承。

5. 债务清偿 根据《继承法》第 33 条的规定，继承遗产应当清偿被继承人依法应当缴纳的税款和债务，缴纳税款和清偿债务以被继承人遗产的实际价值为限。超过遗产实际价值部分，继承人自愿偿还的不在此限。继承人放弃继承的，对被继承人依法应当缴纳的税款和债务可以不负偿还责任。

根据《继承法》第 34 条的规定，执行遗赠不得妨碍清偿遗赠人依法应当缴纳的税款和债务。也就是说，执行遗赠前要先依法缴纳税款、清偿债务。

【真实案例】

2011年11月3日，被告陈××的丈夫即被继承人徐××因做工程办手续缺资金向原告徐××借款50 000元，并由被继承人徐××出具了借条。2012年2月13日，被继承人徐××因突发疾病身亡。后原告徐××多次找被告陈××还款未果，原告徐××起诉要求陈××和被继承人徐××的儿子徐××还款。

法院认为，被继承人徐××向原告徐××借款50 000元，事实清楚，证据充分，其借款关系合法有效，应受法律保护。该笔借款发生在被告陈××和被继承人徐××夫妻关系存续期间，依法应视为夫妻共同债务，被继承人徐××身亡后，被告陈××、儿子徐××已经开始继承，两被告应首先清偿被继承人徐××对外所欠的债务，承担债务的金额以其继承遗产数额为限。据此，经合议庭评议，判决如下：

一、被告陈××于本判决生效后10日内偿还原告徐××借款50 000元。

二、被告儿子徐××在继承被继承人徐××遗留的财产份额或价值范围内对被告陈××承担连带清偿责任。

本案受理费1 050元，由被告陈××、儿子徐××共同负担。

（案例来源：北大法律信息网）

6. 无人继承又无人受遗赠的遗产　根据《继承法》第32条的规定，无人继承又无人受遗赠的遗产，归国家所有。死者生前是集体所有制组织成员的，归所在集体所有制组织所有。

第十章　农村纠纷解决

纠纷是人类社会人与人之间的矛盾现象。有了纠纷不解决会影响社会稳定，损害社会主义和谐社会建设。随着经济和社会的发展，我国农村地区的纠纷呈现复杂、多发的特点。纠纷的解决方式主要包括人民调解、仲裁、诉讼和信访。本章将逐一介绍上述纠纷解决方式。

一、人民调解

根据《中华人民共和国人民调解法》(以下简称《人民调解法》)第 2 条的规定，人民调解是指人民调解委员会通过说服、疏导等方法，促使当事人在平等协商基础上自愿达成调解协议，解决民间纠纷的活动。

(一)人民调解委员会

1. 人民调解委员会的设置　人民调解委员会是依法设立的调解民间纠纷的群众性组织。根据《人民调解法》第 8 条的规定，村民委员会、居民委员会设立人民调解委员会。企业、事业单位根据需要设立人民调解委员会。人民调解委员会由委员 3～9 人组成，设主任 1 人，必要时，可以设副主任若干人。人民调解委员会应当有妇女成员，多民族居住的地区应当有人数较少民族的成员。

2. 人民调解委员会的组成和任期　根据《人民调解法》第 9 条的规定，村民委员会、居民委员会的人民调解委员会委员由村民会议或者村民代表会议、居民会议推选产生。人民调解委员会委员每届任期 3 年，可以连选连任。

3. 人民调解委员会的工作原则 根据《人民调解法》第 3 条的规定，人民调解委员会调解民间纠纷，应当遵循下列原则：

(1)在当事人自愿、平等的基础上进行调解。

(2)不违背法律、法规和国家政策。

(3)尊重当事人的权利，不得因调解而阻止当事人依法通过仲裁、行政、司法等途径维护自己的权利。

4. 人民调解委员会的工作保障 人民调解委员会调解民间纠纷，不收取任何费用。根据《人民调解法》第 12 条的规定，村民委员会、居民委员会应当为人民调解委员会开展工作提供办公条件和必要的工作经费。

根据《人民调解法》第 6 条的规定，国家鼓励和支持人民调解工作，县级以上地方人民政府对人民调解工作所需经费应当给予必要的支持和保障，对有突出贡献的人民调解委员会和人民调解员按照国家规定给予表彰奖励。

5. 对人民调解委员会工作的指导 根据《人民调解法》第 5 条的规定，司法部负责指导全国的人民调解工作，县级以上地方人民政府司法厅局负责指导本行政区域的人民调解工作。基层人民法院对人民调解委员会调解民间纠纷进行业务指导。

根据《人民调解法》第 10 条的规定，县级人民政府司法局应当对本行政区域内人民调解委员会的设立情况进行统计，并且将人民调解委员会以及人员组成和调整情况及时通报所在地基层人民法院。

(二)人民调解员

人民调解员是在人民调解委员会从事人民调解工作的人员。

1. 人民调解员的组成 根据《人民调解法》第 13 条的规定，人民调解员由人民调解委员会委员和人民调解委员会聘任的人员担任。

根据《人民调解法》第14条的规定，人民调解员应当由公道正派、热心人民调解工作，并具有一定文化水平、政策水平和法律知识的成年公民担任。县级人民政府司法行政部门应当定期对人民调解员进行业务培训。

2. 人民调解员的罢免和解聘　根据《人民调解法》第15条的规定，人民调解员在调解工作中有下列行为之一的，由其所在的人民调解委员会给予批评教育、责令改正，情节严重的，由推选或者聘任单位予以罢免或者解聘：

(1)偏袒一方当事人的。

(2)侮辱当事人的。

(3)索取、收受财物或者牟取其他不正当利益的。

(4)泄露当事人的个人隐私、商业秘密的。

3. 人民调解员的待遇　根据《人民调解法》第16条的规定，人民调解员从事调解工作，应当给予适当的误工补贴。因从事调解工作致伤致残、生活发生困难的，当地人民政府应当提供必要的医疗、生活救助。在人民调解工作岗位上牺牲的人民调解员，其配偶、子女按照国家规定享受抚恤和优待。

(三)人民调解程序

1. 人民调解程序的启动　根据《人民调解法》第17条的规定，当事人可以向人民调解委员会申请调解；人民调解委员会也可以主动调解。当事人一方明确拒绝调解的，不得调解。

根据《人民调解法》第18条的规定，基层人民法院、公安机关对适宜通过人民调解方式解决的纠纷，可以在受理前告知当事人向人民调解委员会申请调解。

2. 参与人民调解的人员　根据《人民调解法》第19条的规定，人民调解委员会根据调解纠纷的需要，可以指定1名或者数名人民调解员进行调解，也可以由当事人选择1名或者数名人民调解员进行调解。

根据《人民调解法》第20条的规定，人民调解员根据调解纠纷的需要，在征得当事人的同意后，可以邀请当事人的亲属、邻里、同事等参与调解，也可以邀请具有专门知识、特定经验的人员或者有关社会组织的人员参与调解。人民调解委员会支持当地公道正派、热心调解、群众认可的社会人士参与调解。

【例】 人民调解员调解经济纠纷可以邀请会计师参与调解，调解家庭纠纷可以邀请心理咨询机构的心理咨询师参与调解。

3. 当事人在人民调解活动中的权利和义务

(1)当事人在人民调解活动中的权利　①选择或者接受人民调解员；②接受调解、拒绝调解或者要求终止调解；③要求调解公开进行或者不公开进行；④自主表达意愿、自愿达成调解协议。

(2)当事人在人民调解活动中的义务　①如实陈述纠纷事实；②遵守调解现场秩序，尊重人民调解员；③尊重对方当事人行使权利。

4. 人民调解的结果

(1)达成人民调解协议　根据《人民调解法》第22条的规定，人民调解员应充分听取当事人的陈述，讲解有关法律、法规和国家政策，耐心疏导，在当事人平等协商、互谅互让的基础上提出纠纷解决方案，帮助当事人自愿达成调解协议。

(2)向有关部门报告　根据《人民调解法》第25条的规定，人民调解员在调解纠纷过程中，发现纠纷有可能激化的，应当采取有针对性的预防措施。对有可能引起治安案件、刑事案件的纠纷，应当及时向当地公安机关或者其他有关部门报告。

(3)终止调解　根据《人民调解法》第26条的规定，人民调解员调解纠纷，调解不成的，应当终止调解，并依据有关法律、法规的规定，告知当事人可以依法通过仲裁、行政、司法等途径维护自己的权利。

(四)人民调解协议

人民调解协议是当事人在人民调解委员会的主持下,本着平等、自愿的原则,就纠纷的解决达成的协议。

1. 人民调解协议的形式 根据《人民调解法》第28条的规定,经人民调解委员会调解达成调解协议的,可以制作调解协议书。当事人认为无需制作调解协议书的,可以采取口头协议方式,人民调解员应当记录协议内容。

2. 人民调解协议书的主要内容 根据《人民调解法》第29条的规定,调解协议书可以载明下列事项:

(1)当事人的基本情况。

(2)纠纷的主要事实、争议事项以及各方当事人的责任。

(3)当事人达成调解协议的内容,履行的方式、期限。

【范 本】

人民调解协议书

人民调解委员会(　　　　)调字第　　号

____方当事人:姓名______性别____年龄____民族____籍贯______工作单位__________职务__________住址__________居民身份证或执业证号码__________

____方当事人:姓名______性别____年龄____民族____籍贯______工作单位__________职务__________住址__________居民身份证或执业证号码__________

____方当事人:姓名______性别____年龄____民族____籍贯______工作单位__________职务__________住址__________

______居民身份证或执业证号码______________

上列当事人于______年______月______日发生______________纠纷，于______年______月______日请求我委调解，我委于______年______月______日开始对纠纷进行调解。调解前，我委已告知各方当事人有关人民调解的性质、原则、效力和参与调解的权利、义务。经我委调解，各方当事人认同纠纷的简要事实、争议事项、各方责任和纠纷造成损害情况如下：______________________________

____

经调解，各方当事人自愿达成以下协议：

本协议履行的方式为：______________________

本协议履行的地点为：______________________

本协议履行的期限为：______________________

本协议书具有民事合同性质，受法律保护。各方当事人应当按照协议自觉和及时履行自己的义务，不得擅自变更或者解除本协议，否则将承担法律责任。本协议生效后可能引起的民事诉讼将由签订地基层人民法院管辖，法律另有规定的按照规定。

调解中有关证据、调查笔录等材料共____份____页，原件保存于本次调解案卷中。

本协议书正本共____份，各方当事人各执1份，本人民调解委员会存档1份，送______备案____份，其效力相同。

__方当事人签名：　　__方当事人签名：　　__方当事人签名：

__方______人签名：　__方______人签名：　__方______人签名：

其他见证人签名：

主持人民调解员签名：

人民调解员签名：

人民调解委员会（公章）

年　　月　　日

3. 人民调解协议的效力

(1)人民调解协议的生效 根据《人民调解法》第29条的规定,调解协议书自各方当事人签名、盖章或者按指印,人民调解员签名并加盖人民调解委员会印章之日起生效。调解协议书由当事人各执1份,人民调解委员会留存1份。

根据《人民调解法》第30条的规定,口头调解协议自各方当事人达成协议之日起生效。

(2)人民调解协议的约束力 根据《人民调解法》第31条的规定,经人民调解委员会调解达成的调解协议,具有法律约束力,当事人应当按照约定履行。人民调解委员会应当对调解协议的履行情况进行监督,督促当事人履行约定的义务。

根据《人民调解法》第32条的规定,经人民调解委员会调解达成调解协议后,当事人之间就调解协议的履行或者调解协议的内容发生争议的,一方当事人可以向人民法院提起诉讼。

(3)人民调解协议的司法确认 根据《人民调解法》第33条的规定,经人民调解委员会调解达成调解协议后,双方当事人认为有必要的,可以自调解协议生效之日起30日内共同向人民法院申请司法确认,人民法院应当及时对调解协议进行审查,依法确认调解协议的效力。

《人民调解法》第33条还规定,人民法院依法确认调解协议有效,一方当事人拒绝履行或者未全部履行的,对方当事人可以向人民法院申请强制执行。人民法院依法确认调解协议无效的,当事人可以通过人民调解方式变更原调解协议或者达成新的调解协议,也可以向人民法院提起诉讼。

【例】 村民甲和村民乙经本村人民调解委员会调解就双方的合伙纠纷达成调解协议。二人在调解协议生效后请求人民法院确认该调解协议的效力。人民法院依法审查后确认调解协议有效。后来村民甲无故不履行调解协议,村民乙可以直接向人民法院申请强制执行。

二、仲 裁

仲裁是指仲裁委员会依据有效的仲裁协议,对当事人之间的合同和其他财产权益纠纷作出有约束力的裁决的纠纷解决方式。下面将依据《中华人民共和国仲裁法》(以下简称《仲裁法》)解释仲裁这种纠纷解决方式。

(一)仲裁申请与受理

1. 仲裁申请 仲裁申请是指平等主体的公民、法人和其他组织根据仲裁协议就合同纠纷和其他财产权益纠纷,提请选定的仲裁委员会进行仲裁审理和裁决。

(1)申请仲裁的条件 根据《仲裁法》第 21 条的规定,当事人申请仲裁,必须符合一定的条件,这些条件包括:

①有仲裁协议 仲裁协议是指双方当事人自愿将他们之间已经发生或者可能发生的争议提交仲裁解决的书面协议。没有仲裁协议,仲裁委员会不受理仲裁。

根据《仲裁法》第 16 条的规定,仲裁协议包括合同中订立的仲裁条款和以其他书面方式在纠纷发生前或者纠纷发生后达成的请求仲裁的协议。仲裁协议应当具有下列内容:a. 请求仲裁的意思表示,也就是双方当事人都同意仲裁;b. 仲裁事项,如当事人约定就农产品销售纠纷可以提请仲裁;c. 选定的仲裁委员会。

根据《仲裁法》第 17 条的规定,有下列情形之一的,仲裁协议无效:a. 约定的仲裁事项超出法律规定的仲裁范围的;b. 无民事行为能力人或者限制民事行为能力人订立的仲裁协议;c. 一方采取胁迫手段,迫使对方订立仲裁协议的。

【范　本】

仲裁协议书

甲方：姓名＿＿＿＿＿　性别＿＿＿　年龄＿＿＿

住址＿＿＿＿＿＿＿＿＿＿＿＿＿＿＿＿＿等

委托代理人：姓名＿＿＿＿＿　性别＿＿＿　年龄＿＿＿

住址＿＿＿＿＿＿＿＿＿＿＿＿＿＿＿＿＿等

乙方：姓名＿＿＿＿＿　性别＿＿＿　年龄＿＿＿

住址＿＿＿＿＿＿＿＿＿＿＿＿＿＿＿＿＿等

委托代理人：姓名＿＿＿＿＿　性别＿＿＿　年龄＿＿＿

住址＿＿＿＿＿＿＿＿＿＿＿＿＿＿＿＿＿等

双方当事人曾于＿＿＿年＿＿月＿＿日就＿＿＿＿＿＿事签订了＿＿＿合同(合同编号为：＿＿＿)。现双方一致确认凡因该合同引起的或与该合同有关的任何争议，均提请＿＿＿＿＿仲裁委员会按照该会仲裁规则进行仲裁。

上述合同中对争议解决方式的约定如与本协议不一致，以本协议为准。

甲方：(签字盖章)　　　　　　乙方：(签字盖章)

年　　月　　日　　　　　　　年　　月　　日

②有具体的仲裁请求和事实、理由　具体的仲裁请求是指仲裁申请人请求仲裁机构确定和保护的民事权益的具体内容，如某村民请求农产品的收购方付款。事实、理由是指支持申请人仲裁请求的具体事实和依据，可以证明申请人仲裁请求的合理性。

③属于仲裁委员会的受理范围　仲裁委员会是处理仲裁案件

的专门机构。根据《仲裁法》第10条的规定，仲裁委员会可以在直辖市和省、自治区人民政府所在地的市设立，也可以根据需要在其他设区的市设立，不按行政区划层层设立。

根据《仲裁法》第2条和第3条的规定，平等主体的公民、法人和其他组织之间发生的合同纠纷和其他财产权益纠纷，可以仲裁。婚姻、收养、监护、扶养、继承纠纷和依法应当由行政机关处理的行政争议不能仲裁。《仲裁法》第77条还规定，劳动争议和农业集体经济组织内部的农业承包合同纠纷的仲裁，由法律另行规定，不适用《仲裁法》的规定。

(2)申请仲裁的文件　根据《仲裁法》第22条的规定，当事人申请仲裁，应当向仲裁委员会递交仲裁协议、仲裁申请书及副本。也就是说当事人申请仲裁必须采用书面方式。

仲裁申请书是指申请人将争议提请仲裁委员会机构进行审理和裁决的法律文书。根据《仲裁法》第23条的规定，仲裁申请书应当载明下列内容：①当事人的姓名、性别、年龄、职业、工作单位、住所、电话和法定代表人或者主要负责人的姓名、职务；②仲裁请求和事实根据、理由；③证据、证人姓名和住所。

【范　本】

仲裁申请书

申请人：姓名________ 性别_____ 年龄_____

住址________________________等

委托代理人：姓名________ 性别_____ 年龄_____

住址____________________________等

被申请人：姓名________ 性别_____ 年龄_____

住址_________________________等

委托代理人：姓名______ 性别____ 年龄____
　　住址__________________________等

请求事项：______________________________________
____

事实和理由：____________________________________
____

此致

××仲裁委员会

申请人：(签名或盖章)
年　　月　　日

附：1. 申请书副本____份。
　　2. 证据____份。
　　3. 其他材料____份。

2. 仲裁受理

(1)仲裁申请的审查　根据《仲裁法》第 24 条的规定，仲裁委员会收到仲裁申请书之日起 5 日内，认为符合受理条件的，应当受理，并通知当事人。认为不符合受理条件的，应当书面通知当事人不予受理，并说明理由。

(2)受理后的工作　根据《仲裁法》第 25 条的规定，仲裁委员会受理仲裁申请后，应当在仲裁规则规定的期限内将仲裁规则和仲裁员名册送达申请人，并将仲裁申请书副本和仲裁规则、仲裁员名册送达被申请人。被申请人收到仲裁申请书副本后，应当在仲裁规则规定的期限内向仲裁委员会提交答辩书。仲裁委员会收到答辩书后，应当在仲裁规则规定的期限内将答辩书副本送达申请人。被申请人未提交答辩书的，不影响仲裁程序的进行。

(3)当事人起诉的处理　根据《仲裁法》第26条的规定，当事人达成仲裁协议，一方向人民法院起诉未声明有仲裁协议，人民法院受理后，另一方在首次开庭前提交仲裁协议的，人民法院应当驳回起诉，但仲裁协议无效的除外。另一方在首次开庭前未对人民法院受理该案提出异议的，视为放弃仲裁协议，人民法院应当继续审理。

(二)仲裁庭

仲裁庭是仲裁委员会中具体负责仲裁案件审理的组织。仲裁庭由当事人选定或者仲裁委员会主任指定的仲裁员组成，对仲裁案件依仲裁程序进行审理并作出裁决。

1. 仲裁庭的组成　根据《仲裁法》第30条的规定，仲裁庭可以由3名仲裁员或者1名仲裁员组成。由3名仲裁员组成的，设首席仲裁员。

2. 仲裁员的回避　仲裁员的回避是指具备法定回避事由的仲裁员退出仲裁案件审理的制度。

根据《仲裁法》第34条的规定，仲裁员有下列情形之一的，必须回避，当事人也有权提出回避申请：

(1)是本案当事人或者当事人、代理人的近亲属的。

(2)与本案有利害关系的。

(3)与本案当事人、代理人有其他关系，可能影响公正仲裁的。

(4)私自会见当事人、代理人，或者接受当事人、代理人的请客送礼的。

(三)仲裁审理

仲裁审理是指仲裁庭按照法律规定的程序和方式审查、核实证据，查明案件事实，适用法律解决当事人之间的纠纷。

1. 仲裁审理的方式和原则

(1)仲裁审理的方式　根据《仲裁法》第39条的规定，仲裁应当开庭进行。当事人协议不开庭的，仲裁庭可以根据仲裁申请书、答辩书以及其他材料作出裁决。开庭审理是指仲裁庭通知当事人和证人等其他仲裁参与人到庭，按照法定程序对案件进行审理。如果当事人同意不开庭，仲裁庭可以在当事人及其他仲裁参与人不到庭的情况下，根据当事人提供的书面材料进行审理，这称为书面审理。

(2)仲裁审理的原则　根据《仲裁法》第40条的规定，仲裁不公开进行。当事人协议公开的，可以公开进行，但涉及国家秘密的除外。不公开审理是指仲裁庭在审理案件时不允许旁听，也不允许新闻记者采访和报道的审理方式。

2. 开庭通知　根据《仲裁法》第41条的规定，仲裁委员会应当将开庭日期通知双方当事人。当事人有正当理由的，可以请求延期开庭，是否延期由仲裁庭决定。

【例】　某村民身患重病无法出庭，他可以请求延期开庭。

3. 审理程序

(1)仲裁证据　根据《仲裁法》第43条的规定，当事人应当对自己的主张提供证据。仲裁庭认为有必要收集的证据，可以自行收集。

根据《仲裁法》第44条的规定，仲裁庭对专门性问题认为需要鉴定的，可以交由当事人约定的鉴定部门鉴定，也可以由仲裁庭指定的鉴定部门鉴定。根据当事人的请求或者仲裁庭的要求，鉴定部门应当派鉴定人参加开庭。当事人经仲裁庭许可，可以向鉴定人提问。

【例】　某村民就种子购销纠纷向仲裁庭申请仲裁，仲裁庭将村民所购种子是否为假种子的问题交给鉴定部门鉴定。

根据《仲裁法》第46条的规定，在证据可能灭失或者以后难以取得的情况下，当事人可以申请证据保全。

【例】 证人身患重病随时可能去世，如果不及时取证就会使案件事实无法得到证明，仲裁申请人可以申请及时向证人取证。

《仲裁法》第46条还规定，当事人申请证据保全的，仲裁委员会应当将当事人的申请提交证据所在地的基层人民法院。也就是说仲裁庭没有权力保全证据，只能提交人民法院进行证据保全。

(2)辩论　根据《仲裁法》第47条的规定，当事人在仲裁过程中有权进行辩论。辩论终结时，首席仲裁员或者独任仲裁员应当征询当事人的最后意见。

4. 仲裁和解与调解

(1)仲裁和解　仲裁和解是指当事人通过协商自行解决已提交仲裁的争议事项。

根据《仲裁法》第49条的规定，当事人申请仲裁后，可以自行和解。达成和解协议的，可以请求仲裁庭根据和解协议作出裁决书，也可以撤回仲裁申请。

(2)仲裁调解　仲裁调解是指在仲裁庭主持下，仲裁当事人在自愿协商、互谅互让的基础上就争议事项达成解决协议。

根据《仲裁法》第51条的规定，仲裁庭在作出裁决前，可以先行调解。当事人自愿调解的，仲裁庭应当调解。调解不成的，应当及时作出裁决。调解达成协议的，仲裁庭应当制作调解书或者根据协议的结果制作裁决书。调解书与裁决书具有同等法律效力。

5. 仲裁裁决　根据《仲裁法》第54条的规定，裁决书应当写明仲裁请求、争议事实、裁决理由、裁决结果、仲裁费用的负担和裁决日期。当事人协议不愿写明争议事实和裁决理由的，可以不写。裁决书由仲裁员签名，加盖仲裁委员会印章。对裁决持不同意见的仲裁员，可以签名，也可以不签名。

根据《仲裁法》第57条的规定，裁决书自作出之日起发生法律效力。

（四）申请撤销仲裁裁决

申请撤销仲裁裁决是指当事人申请人民法院裁定撤销符合法定条件的仲裁裁决。

1. 申请撤销裁决的条件　根据《仲裁法》第58条的规定，当事人提出证据证明裁决有下列情形之一的，可以向仲裁委员会所在地的中级人民法院申请撤销裁决：

（1）没有仲裁协议的。

（2）裁决的事项不属于仲裁协议的范围或者仲裁委员会无权仲裁的。

（3）仲裁庭的组成或者仲裁的程序违反法定程序的。

（4）裁决所根据的证据是伪造的。

（5）对方当事人隐瞒了足以影响公正裁决的证据的。

（6）仲裁员在仲裁该案时有索贿受贿，徇私舞弊，枉法裁决行为的。

2. 撤销仲裁裁决的期限　根据《仲裁法》第59条的规定，当事人申请撤销裁决的，应当自收到裁决书之日起6个月内提出。

根据《仲裁法》第60条的规定，人民法院应当在受理撤销裁决申请之日起2个月内作出撤销裁决或者驳回申请的裁定。

三、民事诉讼

民事诉讼是指人民法院在当事人和其他诉讼参与人的参加下，以审理、判决、执行等方式解决民事纠纷的活动。根据《中华人民共和国民事诉讼法》（以下简称《民事诉讼法》）第3条的规定，人民法院受理公民之间、法人之间、其他组织之间以及他们相互之间因财产关系和人身关系提起的民事诉讼，适用该法的规定。

(一)管　辖

民事诉讼的管辖是指各级人民法院之间和同级人民法院之间受理第一审民事案件的分工和权限。管辖是具体确定特定的民事案件由哪个人民法院行使民事审判权的制度。

1. 级别管辖　级别管辖是指上下级人民法院之间受理第一审民事案件的分工和权限。我国设有四级人民法院,每一级法院都受理一审民事案件,级别管辖是对四级人民法院受理一审民事案件权限的分工。

(1)基层人民法院管辖的第一审民事案件　根据《民事诉讼法》第17条的规定,除《民事诉讼法》另有规定的以外,基层人民法院管辖第一审民事案件。

基层人民法院根据地区、人口和案件情况可以设立若干人民法庭。人民法庭是基层人民法院的组成部分,它的判决和裁定就是基层人民法院的判决和裁定。

(2)中级人民法院管辖的第一审民事案件　根据《民事诉讼法》第18条的规定,中级人民法院管辖下列第一审民事案件:

①重大涉外案件。重大涉外案件主要是指争议标的额大、案情复杂、国外当事人人数众多的涉及外国的案件。

【例】　中国农民对外国企业就大宗蔬菜购销合同起诉的案件属于重大涉外案件。

②在本辖区有重大影响的案件。

③最高人民法院确定由中级人民法院管辖的案件。

(3)高级人民法院管辖的第一审民事案件　根据《民事诉讼法》第19条的规定,高级人民法院管辖在本辖区有重大影响的第一审民事案件。

(4)最高人民法院管辖的第一审民事案件　根据《民事诉讼法》第20条的规定,最高人民法院管辖下列第一审民事案件:

①在全国有重大影响的案件；②认为应当由本院审理的案件。

2. 地域管辖　地域管辖是指按照民事案件与各人民法院辖区的隶属关系划分的诉讼管辖。地域管辖的作用是确定同级人民法院在各自辖区内受理第一审民事案件的分工和权限。级别管辖在纵向确定了四级人民法院分别管辖的民事案件，划分了各级人民法院受理第一审民事案件的权限。但是除最高人民法院外，在同一级中有许多个法院，需要将划归同一级人民法院管辖的案件在各个人民法院之间进行划分。

(1)一般地域管辖　一般地域管辖，是指以当事人的所在地与人民法院的隶属关系确定的诉讼管辖。当事人有原告和被告之分，一般地域管辖以“原告就被告”为原则，也就是以被告所在地作为确定管辖的依据。例外情况下以原告所在地来确定一般地域管辖。

①被告所在地人民法院管辖　根据《民事诉讼法》第21条的规定，对公民提起的民事诉讼，由被告住所地人民法院管辖；被告住所地与经常居住地不一致的，由经常居住地人民法院管辖。公民的住所地是指该公民的户籍所在地。经常居住地是指公民离开住所至起诉时已连续居住满1年的地方，但公民住院就医的地方除外。

《民事诉讼法》第21条规定，对法人或者其他组织提起的民事诉讼，由被告住所地人民法院管辖。上述住所地是指法人或其他组织的主要办事机构所在地或主要营业地。

《民事诉讼法》第21条还规定，同一诉讼的几个被告住所地、经常居住地在两个以上人民法院辖区的，各该人民法院都有管辖权。

②原告所在地人民法院管辖　根据《民事诉讼法》第22条的规定，下列民事诉讼，由原告住所地人民法院管辖；原告住所地与经常居住地不一致的，由原告经常居住地人民法院管辖：

a. 对不在中华人民共和国领域内居住的人提起的有关身份关系的诉讼。

【例】 某村民对已经居住在国外的妻子提起离婚诉讼。

b. 对下落不明或者宣告失踪的人提起的有关身份关系的诉讼。

【例】 某村民对洪水之后失踪的丈夫提起离婚诉讼。

c. 对被采取强制性教育措施的人提起的诉讼。

【例】 某村民对被采取强制戒毒措施的人提起的偿还债务的诉讼。

d. 对被监禁的人提起的诉讼。

【例】 某村民对正在劳动改造的人提起的偿还债务的诉讼。

(2)特殊地域管辖　特殊地域管辖是指就特殊事项确定的地域管辖。《民事诉讼法》规定了10种特殊地域管辖。

①根据《民事诉讼法》第23条的规定,因合同纠纷提起的诉讼,由被告住所地或者合同履行地人民法院管辖。

合同履行地是指履行合同义务的地点,如村民向收购方交付水果的地点。当事人应当在合同中明确约定合同履行地。对履行地约定不明确的合同,应当根据《合同法》的规定确定履行地:履行地点不明的,给付货币的,在接受货币一方所在地履行;交付不动产的,在不动产所在地履行;其他标的,在履行义务一方所在地履行。

【例】 甲县的某村民和乙县的某村民签订了一个在甲县履行的农产品购销合同。后来,乙县的村民违约。甲县的村民要起诉乙县的村民,该案由被告的住所地乙县或者合同的履行地甲县人民法院管辖。

②根据《民事诉讼法》第24条的规定,因保险合同纠纷提起的诉讼,由被告住所地或者保险标的物所在地人民法院管辖。

保险合同是投保人与保险人约定保险权利义务关系的合同。

投保人是按照保险合同支付保险费的人。保险人是承担赔偿或者给付保险金责任的保险公司。

③根据《民事诉讼法》第 25 条的规定，因票据纠纷提起的诉讼，由票据支付地或者被告住所地人民法院管辖。

票据包括汇票、本票、支票等。票据支付地是指票据上载明的付款地。

④根据《民事诉讼法》第 26 条的规定，因公司设立、确认股东资格、分配利润、解散等纠纷提起的诉讼，由公司住所地人民法院管辖。

⑤根据《民事诉讼法》第 27 条的规定，因铁路、公路、水上、航空运输和联合运输合同纠纷提起的诉讼，由运输始发地、目的地或者被告住所地人民法院管辖。

⑥根据《民事诉讼法》第 28 条的规定，因侵权行为提起的诉讼，由侵权行为地或者被告住所地人民法院管辖。

⑦根据《民事诉讼法》第 29 条的规定，因铁路、公路、水上和航空事故请求损害赔偿提起的诉讼，由事故发生地或者车辆、船舶最先到达地、航空器最先降落地或者被告住所地人民法院管辖。

⑧根据《民事诉讼法》第 30 条的规定，因船舶碰撞或者其他海事损害事故请求损害赔偿提起的诉讼，由碰撞发生地、碰撞船舶最先到达地、加害船舶被扣留地或者被告住所地人民法院管辖。

船舶碰撞是指船舶之间在航行过程中接触造成的损害事故。其他海损事故是指船舶除了碰撞之外，在航行中因触礁、失火、爆炸等造成的损害事故。

⑨根据《民事诉讼法》第 31 条的规定，因海难救助费用提起的诉讼，由救助地或者被救助船舶最先到达地人民法院管辖。

海难救助是指对在海上遭遇危险的船舶及船舶上的人员、货物进行的救助。被救助方应根据救助的事实和效果向救助方支付救助费用。

⑩根据《民事诉讼法》第 32 条的规定，因共同海损提起的诉讼，由船舶最先到达地、共同海损理算地或者航程终止地的人民法院管辖。

共同海损是指船舶在航行中遭受意外事故时，为了挽救船舶、人员和货物而作出的物质牺牲或支付的费用。因共同海损作出的牺牲和支付的费用应当按照一定的规则进行理算，由受益的各方分摊。

(3)专属管辖　专属管辖是指法律规定某些特殊类型的案件由特定的法院管辖。法律规定为专属管辖的诉讼不得适用一般地域管辖或特殊地域管辖。

根据《民事诉讼法》第 33 条的规定，下列案件属于专属管辖：①因不动产纠纷提起的诉讼，由不动产所在地人民法院管辖。不动产是指不能移动或移动后会降低乃至丧失其价值的财产，如土地及土地上的房屋、桥梁等。②因港口作业中发生纠纷提起的诉讼，由港口所在地人民法院管辖。港口作业中发生的纠纷包括因为装卸、驳运等发生的纠纷，因违章作业损坏港口设施或造成人身或财产损害引起的纠纷等。③因继承遗产纠纷提起的诉讼，由被继承人死亡时住所地或者主要遗产所在地人民法院管辖。

【例】　村民甲是村民乙和村民丙的父亲，村民甲的房屋和承包地都在××县××村。村民甲去世后，村民丙认为村民乙独占了遗产，要起诉村民乙。在该案中，被继承人村民甲的住所地和遗产都在××县××村，××县人民法院对该案有管辖权。

(4)协议管辖　协议管辖是指双方当事人以书面方式约定案件的管辖法院。

根据《民事诉讼法》第 34 条的规定，合同或者其他财产权益纠纷的当事人可以书面协议选择被告住所地、合同履行地、合同签订地、原告住所地、标的物所在地等与争议有实际联系的地点的人民法院管辖，但不得违反该法对级别管辖和专属管辖的规定。

(5)选择管辖 选择管辖是指当两个以上的法院对某特定案件都有管辖权时，当事人可以选择其中一个法院提起诉讼。

根据《民事诉讼法》第35条的规定，两个以上人民法院都有管辖权的诉讼，原告可以向其中一个人民法院起诉。原告向两个以上有管辖权的人民法院起诉的，由最先立案的人民法院管辖。

【真实案例】

××法院受理原告××市××区××镇××村经济合作社与被告中国××财产保险股份有限公司××市分公司（以下简称××公司）保险合同纠纷一案，被告××公司在提交答辩状期间对管辖权提出异议，认为原、被告双方签订的保险合同中约定争议解决方式为提交中国国际经济贸易仲裁委员会仲裁，故××法院对本案没有管辖权，请求驳回原告起诉。

法院认为，本案系保险合同纠纷，双方当事人签订的《机动车保险单》中约定保险合同争议解决方式为提交中国国际经济贸易仲裁委员会处理，由于双方当事人签订有仲裁条款，故本院对本案无管辖权。依据《中华人民共和国民事诉讼法》第一百一十一条第（二）项、第一百四十条第（三）项的规定，裁定如下：

驳回原告××市××区××镇××村经济合作社的起诉。

如不服本裁定，可在裁定书送达之日起10日内，向本院递交上诉状，并按对方当事人的人数提出副本，上诉于××市第一中级人民法院。

（案例来源：北大法律信息网）

（二）审判组织和回避

1. 审判组织 审判组织是指人民法院具体负责特定案件审判的组织。

(1)**一审民事案件的审判组织** 根据《民事诉讼法》第39条的规定,人民法院审理第一审民事案件,由审判员、陪审员共同组成合议庭或者由审判员组成合议庭。合议庭的成员人数,必须是单数。适用简易程序审理的民事案件,由审判员一人独任审理。

(2)**二审和再审民事案件的审判组织** 根据《民事诉讼法》第40条的规定,人民法院审理第二审民事案件,由审判员组成合议庭。合议庭的成员人数,必须是单数。发回重审的案件,原审人民法院应当按照第一审程序另行组成合议庭。审理再审案件,原来是第一审的,按照第一审程序另行组成合议庭;原来是第二审的或者是上级人民法院提审的,按照第二审程序另行组成合议庭。

2. 回避 回避是指为了保证案件的公正审判,要求与案件有法定关系的审判人员或其他有关人员不得参与本案的诉讼活动。

(1)**回避的法定条件** 根据《民事诉讼法》第44条的规定,审判人员有下列情形之一的,应当自行回避,当事人有权用口头或者书面方式申请他们回避:①是本案当事人或者当事人、诉讼代理人近亲属的;②与本案有利害关系的;③与本案当事人、诉讼代理人有其他关系,可能影响对案件公正审理的;④审判人员接受当事人、诉讼代理人请客送礼,或者违反规定会见当事人、诉讼代理人的。

上述规定适用于书记员、翻译人员、鉴定人、勘验人。

(2)**回避的申请** 根据《民事诉讼法》第45条的规定,当事人提出回避申请,应当说明理由,在案件开始审理时提出;回避事由在案件开始审理后知道的,也可以在法庭辩论终结前提出。被申请回避的人员在人民法院作出是否回避的决定前,应当暂停参与本案的工作,但案件需要采取紧急措施的除外。

(3)**回避的决定** 根据《民事诉讼法》第46条的规定,院长担任审判长时的回避,由审判委员会决定;审判人员的回避,由院长决定;其他人员的回避,由审判长决定。

根据《民事诉讼法》第47条的规定，人民法院对当事人提出的回避申请，应当在申请提出的3日内，以口头或者书面形式作出决定。申请人对决定不服的，可以在接到决定时申请复议1次。复议期间，被申请回避的人员，不停止参与本案的工作。人民法院对复议申请，应当在3日内作出复议决定，并通知复议申请人。

（三）诉讼参加人

1. 当事人　民事诉讼中的当事人是指因民事权利义务发生争议，以自己的名义进行诉讼的人。

(1)当事人的权利和义务　根据《民事诉讼法》第49条的规定，当事人有权委托代理人，提出回避申请，收集、提供证据，进行辩论，请求调解，提起上诉，申请执行。当事人可以查阅本案有关材料，并可以复制本案有关材料和法律文书。当事人必须依法行使诉讼权利，遵守诉讼秩序，履行发生法律效力的判决书、裁定书和调解书。

根据《民事诉讼法》第50条和第51条的规定，双方当事人可以自行和解。原告可以放弃或者变更诉讼请求。被告可以承认或者反驳诉讼请求，有权提起反诉。

原告是指为维护民事权益以自己名义向法院起诉，从而引起民事诉讼程序的一方当事人。被告是指被原告诉称发生民事争议而由法院通知应诉的一方当事人。反诉是指在一个已经开始的民事诉讼程序中，被告以原告为被告向人民法院提出诉讼请求。

【例】　村民甲起诉村民乙没有支付大蒜的销售款，村民乙反诉村民甲没有按时交付质量合格的大蒜。

(2)共同诉讼当事人　共同诉讼是指当事人一方或双方为二人及以上的诉讼。通常情况下，民事诉讼的原告或被告只有一人，当事人一方或双方为二人及以上时就形成了共同诉讼。

根据《民事诉讼法》第52条的规定，当事人一方或者双方为2

人以上，其诉讼标的是共同的，或者诉讼标的是同一种类、人民法院认为可以合并审理并经当事人同意的，为共同诉讼。这里的诉讼标的是指诉讼指向的对象。

【例】 村民甲和村民乙共同打伤了村民丙，村民丙起诉村民甲和村民乙，在该案中诉讼标的是共同的。

【例】 村民丙收购该村村民的玉米，后来拖欠村民甲和村民乙各1万元玉米款，村民甲和村民乙分别起诉村民丙。在该案中，甲和乙的诉讼标的是同一种类的，人民法院认为可以合并审理并经当事人同意的，也是共同诉讼。

(3)诉讼代表人　诉讼代表人是指为了便于诉讼，由人数众多的一方当事人推选的，代表众人诉讼的人。

①人数确定的诉讼中的诉讼代表人　根据《民事诉讼法》第53条的规定，当事人一方人数众多的共同诉讼，可以由当事人推选代表人进行诉讼。代表人的诉讼行为对其所代表的当事人发生效力，但代表人变更、放弃诉讼请求或者承认对方当事人的诉讼请求，进行和解，必须经被代表的当事人同意。

②人数不确定的诉讼中的诉讼代表人　根据《民事诉讼法》第54条的规定，诉讼标的是同一种类、当事人一方人数众多在起诉时人数尚未确定的，人民法院可以发出公告，说明案件情况和诉讼请求，通知权利人在一定期间向人民法院登记。

向人民法院登记的权利人可以推选代表人进行诉讼；推选不出代表人的，人民法院可以与参加登记的权利人商定代表人。

代表人的诉讼行为对其所代表的当事人发生效力，但代表人变更、放弃诉讼请求或者承认对方当事人的诉讼请求，进行和解，必须经被代表的当事人同意。

人民法院作出的判决、裁定，对参加登记的全体权利人发生效力。未参加登记的权利人在诉讼时效期间提起诉讼的，适用该判决、裁定。

【例】 某村的几十户村民购买了某种品牌的化肥，由于化肥质量低劣造成农作物绝收。几十户村民要起诉化肥的生产者，他们可以推选代表人进行诉讼。

(4)第三人 民事诉讼的第三人是指对原告和被告所争议的诉讼标的有独立的请求权，或者虽然没有独立的请求权，但与案件的处理结果有法律上的利害关系，从而参加诉讼的当事人。

根据《民事诉讼法》第56条的规定，对当事人双方的诉讼标的，第三人认为有独立请求权的，有权提起诉讼。

【例】 村民甲、村民乙是兄弟，村民丙是二人的妹妹，他们的父亲去世时留下了10万元存款，存款由大哥甲保管。村民乙起诉大哥村民甲要求平分10万元存款，但是丙以父亲以遗嘱将10万元存款全部留给自己为由，作为有独立请求权的第三人起诉甲和乙。

《民事诉讼法》第56条还规定，对当事人双方的诉讼标的，第三人虽然没有独立请求权，但案件处理结果同他有法律上的利害关系的，可以申请参加诉讼，或者由人民法院通知他参加诉讼。人民法院判决承担民事责任的第三人，有当事人的诉讼权利义务。

【例】 村民甲欠村民乙10万元钱，村民乙欠村民丙10万元钱。由于村民乙没有要求村民甲还钱，导致村民乙无法偿还村民丙的10万元钱。于是，村民丙起诉村民甲要求其直接向自己还钱。在本案中，村民乙为第三人。

2. 诉讼代理人 诉讼代理人是指根据法律规定或当事人的委托，代当事人进行诉讼活动的人。

(1)法定代理人 根据《民事诉讼法》第57条的规定，无诉讼行为能力人由他的监护人作为法定代理人代为诉讼。法定代理人之间互相推诿代理责任的，由人民法院指定其中一人代为诉讼。例如，少年儿童和精神病人都属于无诉讼行为能力人。

(2)委托代理人 根据《民事诉讼法》第58条的规定，当事人、法定代理人可以委托1～2人作为诉讼代理人。下列人员可以被委托为诉讼代理人：①律师、基层法律服务工作者；②当事人的近亲属或者工作人员；③当事人所在社区、单位以及有关社会团体推荐的公民。

根据《民事诉讼法》第59条的规定，委托他人代为诉讼，必须向人民法院提交由委托人签名或者盖章的授权委托书。授权委托书必须记明委托事项和权限。诉讼代理人代为承认、放弃、变更诉讼请求，进行和解，提起反诉或者上诉，必须有委托人的特别授权。

【范 本】

民事授权委托书

委托人因________________一案，现委托__________为本案的诉讼代理人。代理权限如下：

1. 一般授权代理：____________________

2. 特别授权代理：代为签收法律文书，代为提起诉讼、承认、放弃、变更诉讼请求等。

3. 其他授权事项：____________________

委托方：

被委托方：

年　　月　　日

(3)代理人的权限　根据《民事诉讼法》第60条的规定，诉讼代理人的权限如果变更或者解除，当事人应当书面告知人民法院，并由人民法院通知对方当事人。

根据《民事诉讼法》第61条的规定，代理诉讼的律师和其他诉讼代理人有权调查收集证据，可以查阅本案有关材料。

(4)离婚案件的代理人　根据《民事诉讼法》第 62 条的规定，离婚案件有诉讼代理人的，本人除不能表达意思的以外，仍应出庭。确因特殊情况无法出庭的，必须向人民法院提交书面意见。

(四)证　据

证据是指在诉讼中能够证明案件真实情况的各种资料。民事证据是民事诉讼中法院认定案件事实的根据。根据《民事诉讼法》第 64 条的规定，当事人对自己提出的主张，有责任提供证据。

1. 证据的种类

(1)当事人的陈述　当事人的陈述是指当事人在诉讼中就本案的事实向法院所作的陈述。例如，某村民就被告打伤自己向法院所作的陈述。但是，当事人为了维护自己的利益，可能向法院陈述不真实的事实。

根据《民事诉讼法》第 75 条的规定，人民法院对当事人的陈述，应当结合本案的其他证据，审查确定能否作为认定事实的根据。当事人拒绝陈述的，不影响人民法院根据证据认定案件事实。

(2)书证　书证是指以文字、符号、图形等记载的内容来证明案件事实的证据。例如，合同文本、信函、图纸等。

根据《民事诉讼法》第 70 条的规定，书证应当提交原件。提交原件确有困难的，可以提交复制品、照片、副本、节录本。提交外文书证，必须附有中文译本。

(3)物证　物证是指以实物来证明案件事实的证据。例如，侵权纠纷中打伤他人的棍棒，合同纠纷中交付的伪劣种子。

根据《民事诉讼法》第 70 条的规定，物证应当提交原物。提交原物确有困难的，可以提交复制品。

(4)视听资料　视听资料是指利用录音、录像等技术手段反映的声音、图像来证明案件事实的证据。例如，录像带、录音带等。

视听资料具有生动逼真的特点，能够直观再现案件过程，但视听资料也容易用技术手段篡改。根据《民事诉讼法》第 71 条的规定，人民法院对视听资料，应当辨别真伪，并结合本案的其他证据，审查确定能否作为认定事实的根据。

(5)电子数据　电子数据是指以电子计算机等储存的数据证明案件事实的证据。例如，储存于光盘、硬盘中的程序等。

(6)证人证言　证人是指了解案件情况并提供证词的人。证言是指证人对了解的案件事实所作的陈述或证词。

根据《民事诉讼法》第 72 条的规定，凡是知道案件情况的单位和个人，都有义务出庭作证。有关单位的负责人应当支持证人作证。不能正确表达意思的人，不能作证。例如，精神病人不能作证。

根据《民事诉讼法》第 73 条的规定，经人民法院通知，证人应当出庭作证。有下列情形之一的，经人民法院许可，可以通过书面证言、视听传输技术或者视听资料等方式作证：①因健康原因不能出庭的；②因路途遥远，交通不便不能出庭的；③因自然灾害等不可抗力不能出庭的；④其他有正当理由不能出庭的。

根据《民事诉讼法》第 74 条的规定，证人因履行出庭作证义务而支出的交通、住宿、就餐等必要费用以及误工损失，由败诉一方当事人负担。当事人申请证人作证的，由该当事人先行垫付；当事人没有申请，人民法院通知证人作证的，由人民法院先行垫付。

(7)鉴定意见　鉴定意见是指鉴定人运用专业知识和技术对案件中的专门性问题进行分析判断后作出的结论。例如，文书鉴定、工程鉴定、产品质量鉴定等。

根据《民事诉讼法》第 76 条的规定，当事人可以就查明事实的专门性问题向人民法院申请鉴定。当事人申请鉴定的，由双方当事人协商确定具备资格的鉴定人；协商不成的，由人民法院指定。当事人未申请鉴定，人民法院对专门性问题认为需要鉴定的，应当委托具备资格的鉴定人进行鉴定。

根据《民事诉讼法》第 77 条的规定，鉴定人有权了解进行鉴定所需要的案件材料,必要时可以询问当事人、证人。鉴定人应当提出书面鉴定意见,在鉴定书上签名或者盖章。

根据《民事诉讼法》第78条的规定,当事人对鉴定意见有异议或者人民法院认为鉴定人有必要出庭的,鉴定人应当出庭作证。经人民法院通知,鉴定人拒不出庭作证的,鉴定意见不得作为认定事实的根据。支付鉴定费用的当事人可以要求返还鉴定费用。

根据《民事诉讼法》第79条的规定,当事人可以申请人民法院通知有专门知识的人出庭,就鉴定人作出的鉴定意见或者专业问题提出意见。

(8)勘验笔录 勘验笔录是审判人员在诉讼中对与争议有关的现场、物品进行查验、测量、拍照后制作的笔录。勘验笔录是审判人员作为记录人取得的证据,它的证明作用比较强。

根据《民事诉讼法》第80条的规定,勘验物证或者现场,勘验人必须出示人民法院的证件,并邀请当地基层组织或者当事人所在单位派人参加。当事人或者当事人的成年家属应当到场,拒不到场的,不影响勘验的进行。有关单位和个人根据人民法院的通知,有义务保护现场,协助勘验工作。勘验人应当将勘验情况和结果制作笔录,由勘验人、当事人和被邀参加人签名或者盖章。

2. 人民法院调查取证 根据《民事诉讼法》第64条的规定,当事人及其诉讼代理人因客观原因不能自行收集的证据,或者人民法院认为审理案件需要的证据,人民法院应当调查收集。

根据《民事诉讼法》第67条的规定,人民法院有权向有关单位和个人调查取证,有关单位和个人不得拒绝。人民法院对有关单位和个人提出的证明文书,应当辨别真伪,审查确定其效力。

3. 证据提交和质证

(1)证据提交 根据《民事诉讼法》第65条的规定,当事人对自己提出的主张应当及时提供证据。人民法院根据当事人的主张和案件审理情况,确定当事人应当提供的证据及其期限。当事人在该期限内提供证据确有困难的，可以向人民法院申请延长期限，人民法院根据当事人的申请适当延长。当事人逾期提供证据的，人民法院应当责令其说明理由；拒不说明理由或者理由不成立的，人民法院根据不同情形可以不予采纳该证据，或者采纳该证据但予以训诫、罚款。

根据《民事诉讼法》第66条的规定，人民法院收到当事人提交的证据材料，应当出具收据，写明证据名称、页数、份数、原件或者复印件以及收到时间等，并由经办人员签名或者盖章。

(2)质证　质证是指当事人、诉讼代理人及第三人在法庭的主持下，对证据的真实性、合法性、关联性以及证明力的有无、大小予以说明和质辩的活动。

根据《民事诉讼法》第68条的规定，证据应当在法庭上出示，并由当事人互相质证。对涉及国家秘密、商业秘密和个人隐私的证据应当保密，需要在法庭出示的，不得在公开开庭时出示。

4. 证据保全　证据保全是指在证据可能灭失或以后难以取得的情况下，法院根据申请人的申请或依职权，对证据加以固定和保护。

根据《民事诉讼法》第81条的规定，在证据可能灭失或者以后难以取得的情况下，当事人可以在诉讼过程中向人民法院申请保全证据，人民法院也可以主动采取保全措施。

《民事诉讼法》第81条还规定，因情况紧急，在证据可能灭失或者以后难以取得的情况下，利害关系人可以在提起诉讼或者申请仲裁前向证据所在地、被申请人住所地或者对案件有管辖权的人民法院申请保全证据。

（五）法院调解

法院调解是指民事诉讼中在法院审判人员的主持和协调下，双方当事人就案件争议问题进行协商从而解决纠纷的活动。

1. 调解活动 根据《民事诉讼法》第 93 条的规定，人民法院审理民事案件，根据当事人自愿的原则，在事实清楚的基础上，分清是非，进行调解。

根据《民事诉讼法》第 94 条的规定，人民法院进行调解，可以由审判员一人主持，也可以由合议庭主持，并尽可能就地进行。人民法院进行调解，可以用简便方式通知当事人、证人到庭。

根据《民事诉讼法》第 95 条的规定，人民法院进行调解，可以邀请有关单位和个人协助。被邀请的单位和个人，应当协助人民法院进行调解。

2. 调解协议和调解书 根据《民事诉讼法》第 96 条的规定，调解达成协议，必须双方自愿，不得强迫。调解协议的内容不得违反法律规定。

【例】 某村民和儿子达成的调解协议中有限制儿子婚姻自由的内容，这部分调解协议是无效的。

根据《民事诉讼法》第 97 条的规定，调解达成协议，人民法院应当制作调解书。调解书应当写明诉讼请求、案件的事实和调解结果。调解书由审判人员、书记员署名，加盖人民法院印章，送达双方当事人。调解书经双方当事人签收后，即具有法律效力。

【范　本】

××省××市××人民法院民事调解书

（××）民×字第××号

原告：姓名＿＿＿＿　性别＿＿＿　年龄＿＿＿

住址＿＿＿＿＿＿＿＿＿＿＿＿＿等

委托代理人：姓名＿＿＿　性别＿＿＿　年龄＿＿＿

住址＿＿＿＿＿＿＿＿＿＿＿＿＿等

被告：姓名＿＿＿＿ 性别＿＿＿＿ 年龄＿＿＿＿

住址＿＿＿＿＿＿＿＿＿＿＿＿＿＿＿＿等

委托代理人：姓名＿＿＿＿ 性别＿＿＿＿ 年龄＿＿＿＿

住址＿＿＿＿＿＿＿＿＿＿＿＿＿＿＿＿等

案由：＿＿＿＿＿＿＿＿＿＿＿＿＿＿＿＿＿＿＿＿＿＿＿＿

＿＿＿＿＿＿＿＿＿＿＿＿＿＿＿＿＿＿＿＿＿＿＿＿＿＿＿＿

本案在审理过程中，经本院主持调解，双方当事人自愿达成以下协议：

＿＿＿＿＿＿＿＿＿＿＿＿＿＿＿＿＿＿＿＿＿＿＿＿＿＿＿＿

＿＿＿＿＿＿＿＿＿＿＿＿＿＿＿＿＿＿＿＿＿＿＿＿＿＿＿＿

上述协议，符合有关法律规定，本院予以确认。

本调解书经双方当事人签收后，即具有法律效力。

审判长：

审判员：

审判员：

年　月　日

本件与原本核对无异

书记员：

根据《民事诉讼法》第98条的规定，下列案件调解达成协议，人民法院可以不制作调解书：①调解和好的离婚案件；②调解维持收养关系的案件；③能够即时履行的案件；④其他不需要制作调解书的案件。

对不需要制作调解书的协议，应当记入笔录，由双方当事人、审判人员、书记员签名或者盖章后，即具有法律效力。

但是，根据《民事诉讼法》第99条的规定，调解未达成协议或者调解书送达前一方反悔的，人民法院应当及时判决。

(六)财产保全和先予执行

1. 财产保全 财产保全是指在有关财产可能被转移、隐匿、毁灭,造成对某方当事人的损害或可能使人民法院的判决难以执行时,根据当事人、利害关系人的申请或人民法院的决定,对有关财产采取保护措施。

(1)诉讼财产保全 诉讼财产保全是指在诉讼过程中人民法院采取的财产保全措施。

【例】 原告村民甲发现被告村民乙正在转移财产,他可以申请人民法院保全财产。

根据《民事诉讼法》第100条的规定,人民法院对于可能因当事人一方的行为或者其他原因,使判决难以执行或者造成当事人其他损害的案件,根据对方当事人的申请,可以裁定对其财产进行保全、责令其作出一定行为或者禁止其作出一定行为;当事人没有提出申请的,人民法院在必要时也可以裁定采取保全措施。

《民事诉讼法》第100条还规定,人民法院采取保全措施,可以责令申请人提供担保,申请人不提供担保的,裁定驳回申请。人民法院接受申请后,对情况紧急的,必须在48小时内作出裁定;裁定采取保全措施的,应当立即开始执行。

【真实案例】

××法院在审理原告唐××与被告阮××、李××民间借贷纠纷一案中,原告于2012年9月20日向法院提出财产保全的申请,要求对被告李××与案外人颜××共有的坐落于××县××街道××路××号××座××单元××室(房产证号为××产证字第××××号)的房产进行诉讼保全,并已用现金提供担保。

法院认为,原告的申请符合法律规定。依照《中华人民共和国民事诉讼法》第九十二条第一款、第九十四条第二款、最高人民法院《关于适用〈中华人民共和国民事诉讼法〉若干问题的意见》第101条之规定，裁定如下：

限制被告李××与案外人颜××共有的坐落于××县××街道××路××号××座××单元××室（房产证号为××产证字第××××号）的房产办理转让、抵押等手续。

本裁定送达后立即执行。

如不服本裁定，可以向本院申请复议一次。复议期间不停止裁定的执行。

（案例来源：北大法律信息网）

（2）诉前财产保全　诉前财产保全是指在利害关系人起诉前人民法院采取的财产保全措施。这里的利害关系人可以理解为将要起诉的人。

【例】 村民甲将要起诉村民乙，但是人民法院还没有立案，村民甲此时申请财产保全的身份是利害关系人。如果人民法院已经立案，村民甲申请财产保全的身份是当事人。

根据《民事诉讼法》第101条的规定，利害关系人因情况紧急，不立即申请保全将会使其合法权益受到难以弥补的损害的，可以在提起诉讼或者申请仲裁前向被保全财产所在地、被申请人住所地或者对案件有管辖权的人民法院申请采取保全措施。申请人应当提供担保，不提供担保的，裁定驳回申请。人民法院接受申请后，必须在48小时内作出裁定；裁定采取保全措施的，应当立即开始执行。

《民事诉讼法》第101条还规定，申请人在人民法院采取保全措施后30日内不依法提起诉讼或者申请仲裁的，人民法院应当解除保全。

（3）财产保全措施　根据《民事诉讼法》第102条的规定，保全限于请求的范围，或者与本案有关的财物。

【例】 村民甲请求人民法院保全被村民乙侵占的耕牛，该财产保全的范围是该耕牛。

根据《民事诉讼法》第103条的规定，财产保全采取查封、扣押、冻结或者法律规定的其他方法。例如，查封房屋，扣押农用车，冻结银行账户等。

《民事诉讼法》第103条还规定，人民法院保全财产后，应当立即通知被保全财产的人。财产已被查封、冻结的，不得重复查封、冻结。

(4)财产保全的解除　根据《民事诉讼法》第104条的规定，财产纠纷案件，被申请人提供担保的，人民法院应当裁定解除保全。

【例】 经过村民甲申请，人民法院查封了村民乙的酿酒作坊，村民乙以自己祖传的古董提供担保，人民法院应当解除保全。

(5)错误财产保全的赔偿　根据《民事诉讼法》第105条的规定，申请有错误的，申请人应当赔偿被申请人因保全所遭受的损失。

【例】 经过村民甲申请，人民法院查封了村民乙的酿酒作坊，但是村民甲败诉，村民甲应当赔偿村民乙因停产造成的损失。

(6)财产保全的复议　根据《民事诉讼法》第108条的规定，当事人对保全的裁定不服的，可以申请复议一次。复议期间不停止裁定的执行。

2. 先予执行　先予执行是指人民法院在判决之前，为解决当事人的急需，依法裁定义务人先履行义务。

(1)先予执行的案件　根据《民事诉讼法》第106条的规定，人民法院对下列案件，根据当事人的申请，可以裁定先予执行：①追索赡养费、扶养费、抚育费、抚恤金、医疗费用的；②追索劳动报酬的；③因情况紧急需要先予执行的。

(2)先予执行的条件　根据《民事诉讼法》第107条的规定，人民法院裁定先予执行的，应当符合下列条件：①当事人之间权利义务关系明确，不先予执行将严重影响申请人的生活或者生产经营的；②被申请人有履行能力。

人民法院可以责令申请人提供担保，申请人不提供担保的，驳回申请。申请人败诉的，应当赔偿被申请人因先予执行遭受的财产损失。

(3)先予执行的复议　根据《民事诉讼法》第 108 条的规定，当事人对先予执行的裁定不服的，可以申请复议一次。复议期间不停止裁定的执行。

(七)第一审普通程序

1. 起诉和受理

(1)起诉的条件　起诉是指公民、法人和其他组织在其民事权益受到侵害或与他人发生争议时，向人民法院提起诉讼。根据《民事诉讼法》第 119 条的规定，起诉必须符合下列条件：

①原告是与本案有直接利害关系的公民、法人和其他组织。

【例】 村民甲被村民乙打伤，村民甲与该侵权案件有直接的利害关系。

②有明确的被告。

【例】 村民甲被村民乙打伤，村民乙就是本案明确的被告。

③有具体的诉讼请求和事实、理由。

④属于人民法院受理民事诉讼的范围和受诉人民法院管辖。

(2)起诉状　根据《民事诉讼法》第 121 条的规定，起诉应当向人民法院递交起诉状，并按照被告人数提出副本。书写起诉状确有困难的，可以口头起诉，由人民法院记入笔录，并告知对方当事人。

根据《民事诉讼法》第 120 条的规定，起诉状应当记明下列事项：①原告的姓名、性别、年龄、民族、职业、工作单位、住所、联系方式，法人或者其他组织的名称、住所和法定代表人或者主要负责人的姓名、职务、联系方式；②被告的姓名、性别、工作单位、住所等信息，法人或者其他组织的名称、住所等信息；③诉讼请求和所根据的事实与理由；④证据和证据来源，证人姓名和住所。

【范　本】

民事起诉状

原告：姓名＿＿＿＿　性别＿＿＿　年龄＿＿＿

　　住址＿＿＿＿＿＿＿＿＿＿＿＿＿＿＿＿等

委托代理人：姓名＿＿＿＿　性别＿＿＿　年龄＿＿＿

　　住址＿＿＿＿＿＿＿＿＿＿＿＿＿＿＿＿等

被告：姓名＿＿＿＿　性别＿＿＿　年龄＿＿＿

　　住址＿＿＿＿＿＿＿＿＿＿＿＿＿＿＿＿等

委托代理人：姓名＿＿＿＿　性别＿＿＿　年龄＿＿＿

　　住址＿＿＿＿＿＿＿＿＿＿＿＿＿＿＿＿等

诉讼请求：＿＿＿＿＿＿＿＿＿＿＿＿＿＿＿＿＿＿＿＿＿＿＿＿

＿＿＿＿＿＿＿＿＿＿＿＿＿＿＿＿＿＿＿＿＿＿＿＿＿＿＿＿＿＿

＿＿＿＿＿＿＿＿＿＿＿＿＿＿＿＿＿＿＿＿＿＿＿＿＿＿＿＿＿＿

事实与理由：＿＿＿＿＿＿＿＿＿＿＿＿＿＿＿＿＿＿＿＿＿＿＿

＿＿＿＿＿＿＿＿＿＿＿＿＿＿＿＿＿＿＿＿＿＿＿＿＿＿＿＿＿＿

＿＿＿＿＿＿＿＿＿＿＿＿＿＿＿＿＿＿＿＿＿＿＿＿＿＿＿＿＿＿

证据和证据来源、证人姓名和住址：＿＿＿＿＿＿＿＿＿＿＿＿＿

＿＿＿＿＿＿＿＿＿＿＿＿＿＿＿＿＿＿＿＿＿＿＿＿＿＿＿＿＿＿

＿＿＿＿＿＿＿＿＿＿＿＿＿＿＿＿＿＿＿＿＿＿＿＿＿＿＿＿＿＿

此致

××人民法院

具状人：

年　　月　　日

附：1. 合同副本____份。

2. 本诉状副本____份。

3. 其他证明文件____份。

(3)受理　受理是指人民法院对当事人的起诉进行审查，对符合法律规定条件的起诉决定立案。

根据《民事诉讼法》第123条的规定，人民法院应当保障当事人依照法律规定享有的起诉权利。对符合该法规定的起诉条件的起诉，必须受理。符合起诉条件的，应当在7日内立案，并通知当事人；不符合起诉条件的，应当在7日内作出裁定书，不予受理；原告对裁定不服的，可以提起上诉。

(4)对其他起诉的处理　根据《民事诉讼法》第124条的规定，人民法院对下列起诉，分别情形，予以处理：

①依照行政诉讼法的规定，属于行政诉讼受案范围的，告知原告提起行政诉讼。

②依照法律规定，双方当事人达成书面仲裁协议申请仲裁、不得向人民法院起诉的，告知原告向仲裁机构申请仲裁。

③依照法律规定，应当由其他机关处理的争议，告知原告向有关机关申请解决。

【例】 应当由公安机关侦查的刑事案件，人民法院应当告知原告向公安机关报案。

④对不属于本院管辖的案件，告知原告向有管辖权的人民法院起诉。

⑤对判决、裁定、调解书已经发生法律效力的案件，当事人又起诉的，告知原告申请再审，但人民法院准许撤诉的裁定除外。

⑥依照法律规定，在一定期限内不得起诉的案件，在不得起诉的期限内起诉的，不予受理。

【例】 根据《婚姻法》第34条的规定，在女方怀孕期间、分娩后1年内或中止妊娠后6个月内，男方不得请求离婚。

⑦判决不准离婚和调解和好的离婚案件，判决、调解维持收养关系的案件，没有新情况、新理由，原告在6个月内又起诉的，不予受理。

2. 审理前的准备

(1)送达起诉状副本和提出答辩状　根据《民事诉讼法》第125条的规定，人民法院应当在立案之日起5日内将起诉状副本发送被告，被告应当在收到之日起15日内提出答辩状。答辩状应当记明被告的姓名、性别、年龄、民族、职业、工作单位、住所、联系方式；法人或者其他组织的名称、住所和法定代表人或者主要负责人的姓名、职务、联系方式。人民法院应当在收到答辩状之日起5日内将答辩状副本发送原告。被告不提出答辩状的，不影响人民法院审理。

(2)通知和告知　根据《民事诉讼法》第126条的规定，人民法院对决定受理的案件，应当在受理案件通知书和应诉通知书中向当事人告知有关的诉讼权利义务，或者口头告知。

根据《民事诉讼法》第128条的规定，合议庭组成人员确定后，应当在3日内告知当事人。

根据《民事诉讼法》第132条的规定，必须共同进行诉讼的当事人没有参加诉讼的，人民法院应当通知其参加诉讼。

(3)管辖权异议　根据《民事诉讼法》第127条的规定，人民法院受理案件后，当事人对管辖权有异议的，应当在提交答辩状期间提出。人民法院对当事人提出的异议，应当审查。异议成立的，裁定将案件移送有管辖权的人民法院；异议不成立的，裁定驳回。

《民事诉讼法》第127条还规定，当事人未提出管辖异议，并应诉答辩的，视为受诉人民法院有管辖权，但违反级别管辖和专属管辖规定的除外。

(4)人民法院审核材料，调查收集证据　根据《民事诉讼法》第

129条的规定，审判人员必须认真审核诉讼材料，调查收集必要的证据。

根据《民事诉讼法》第130条的规定，人民法院派出人员进行调查时，应当向被调查人出示证件。调查笔录经被调查人校阅后，由被调查人、调查人签名或者盖章。

根据《民事诉讼法》第131条的规定，人民法院在必要时可以委托外地人民法院调查。委托调查，必须提出明确的项目和要求。受委托人民法院可以主动补充调查。受委托人民法院收到委托书后，应当在30日内完成调查。因故不能完成的，应当在上述期限内函告委托人民法院。

(5)人民法院对受理案件的处理　根据《民事诉讼法》第133条的规定，人民法院对受理的案件，分别情形，予以处理：①当事人没有争议，符合督促程序规定条件的，可以转入督促程序；②开庭前可以调解的，采取调解方式及时解决纠纷；③根据案件情况，确定适用简易程序或者普通程序；④需要开庭审理的，通过要求当事人交换证据等方式，明确争议焦点。

3. 开庭审理　开庭审理是指在人民法院审判人员的主持下，在当事人和其他诉讼参与人的参加下，依照法定的程序查明案件事实、分清是非，对案件作出裁判。根据《民事诉讼法》第134条的规定，人民法院审理民事案件，除涉及国家秘密、个人隐私或者法律另有规定的以外，应当公开进行。离婚案件，涉及商业秘密的案件，当事人申请不公开审理的，可以不公开审理。

(1)开庭审理的准备　根据《民事诉讼法》第136条的规定，人民法院审理民事案件，应当在开庭3日前通知当事人和其他诉讼参与人。公开审理的，应当公告当事人姓名、案由和开庭的时间、地点。

根据《民事诉讼法》第137条的规定，开庭审理前，书记员应当查明当事人和其他诉讼参与人是否到庭，宣布法庭纪律。开庭审理时，由审判长核对当事人，宣布案由，宣布审判人员、书记员名单，告知当事人有关的诉讼权利义务，询问当事人是否提出回避申请。

(2)法庭调查　法庭调查是指在法庭上展示与案件有关的证据，明确案件事实。

根据《民事诉讼法》第 138 条的规定，法庭调查按照下列顺序进行：

第一，当事人陈述。

第二，告知证人的权利义务，证人作证，宣读未到庭的证人证言。

第三，出示书证、物证、视听资料和电子数据等。

第四，宣读鉴定意见。

第五，宣读勘验笔录。

根据《民事诉讼法》第 139 条的规定，当事人在法庭上可以提出新的证据。当事人经法庭许可，可以向证人、鉴定人、勘验人发问。当事人要求重新进行调查、鉴定或者勘验的，是否准许，由人民法院决定。

(3)法庭辩论　法庭辩论是指当事人及诉讼代理人在法庭上就有争议的事实和法律问题进行辩驳和论证。

根据《民事诉讼法》第 141 条的规定，法庭辩论按照下列顺序进行：

第一，原告及其诉讼代理人发言。

第二，被告及其诉讼代理人答辩。

第三，第三人及其诉讼代理人发言或者答辩。

第四，互相辩论。

法庭辩论终结，由审判长按照原告、被告、第三人的先后顺序征询各方最后意见。

(4)判决和宣判

①判决　判决是指审判人员在法庭调查和法庭辩论的基础上，应当认定案件事实、适用法律，确定案件的审理结果。

根据《民事诉讼法》第142条的规定，法庭辩论终结，应当依法作出判决。判决前能够调解的，还可以进行调解，调解不成的，应当及时判决。

根据《民事诉讼法》第143条的规定，原告经传票传唤，无正当理由拒不到庭的，或者未经法庭许可中途退庭的，可以按撤诉处理；被告反诉的，可以缺席判决。

根据《民事诉讼法》第144条的规定，被告经传票传唤，无正当理由拒不到庭的，或者未经法庭许可中途退庭的，可以缺席判决。

根据《民事诉讼法》第145条的规定，宣判前，原告申请撤诉的，是否准许，由人民法院裁定。人民法院裁定不准许撤诉的，原告经传票传唤，无正当理由拒不到庭的，可以缺席判决。

②宣判　根据《民事诉讼法》第148条的规定，人民法院对公开审理或者不公开审理的案件，一律公开宣告判决。当庭宣判的，应当在10日内发送判决书；定期宣判的，宣判后立即发给判决书。

《民事诉讼法》第148条规定，宣告判决时，必须告知当事人上诉权利、上诉期限和上诉的法院。

《民事诉讼法》第148条还规定，宣告离婚判决，必须告知当事人在判决发生法律效力前不得另行结婚。

(5)延期开庭审理　根据《民事诉讼法》第146条的规定，有下列情形之一的，可以延期开庭审理：①必须到庭的当事人和其他诉讼参与人有正当理由没有到庭的，例如当事人重病住院；②当事人临时提出回避申请的；③需要通知新的证人到庭，调取新的证据，重新鉴定、勘验，或者需要补充调查的；④其他应当延期的情形。

(6)法庭笔录　根据《民事诉讼法》第147条的规定，书记员应当将法庭审理的全部活动记入笔录，由审判人员和书记员签名。

《民事诉讼法》第 147 条规定，法庭笔录应当当庭宣读，也可以告知当事人和其他诉讼参与人当庭或者在 5 日内阅读。当事人和其他诉讼参与人认为对自己的陈述记录有遗漏或者差错的，有权申请补正。如果不予补正，应当将申请记录在案。

《民事诉讼法》第 147 条还规定，法庭笔录由当事人和其他诉讼参与人签名或者盖章。拒绝签名盖章的，记明情况附卷。

(7)审理期限　根据《民事诉讼法》第 149 条的规定，人民法院适用普通程序审理的案件，应当在立案之日起 6 个月内审结。有特殊情况需要延长的，由本院院长批准，可以延长 6 个月；还需要延长的，报请上级人民法院批准。

4. 诉讼中止和终结

(1)诉讼中止　诉讼中止是指在诉讼进行过程中，因法定事由诉讼无法继续进行，人民法院暂时停止诉讼程序。

根据《民事诉讼法》第 150 条的规定，有下列情形之一的，中止诉讼：①一方当事人死亡，需要等待继承人表明是否参加诉讼的；②一方当事人丧失诉讼行为能力，尚未确定法定代理人的；③作为一方当事人的法人或者其他组织终止，尚未确定权利义务承受人的；④一方当事人因不可抗拒的事由，不能参加诉讼的；⑤本案必须以另一案的审理结果为依据，而另一案尚未审结的；⑥其他应当中止诉讼的情形。

《民事诉讼法》第 150 条还规定，中止诉讼的原因消除后，恢复诉讼。

(2)诉讼终结　诉讼终结是指在诉讼进行过程中，因法定事由诉讼程序已不可能继续进行，人民法院结束诉讼程序。

根据《民事诉讼法》第 151 条的规定，有下列情形之一的，终结诉讼：①原告死亡，没有继承人，或者继承人放弃诉讼权利的；②被告死亡，没有遗产，也没有应当承担义务的人的；③离婚案件一方当事人死亡的；④追索赡养费、扶养费、抚育费以及解除收养关系案件的一方当事人死亡的。

5. 判决和裁定

(1)判决　判决是人民法院就当事人之间民事权利义务争议所作出的决定。判决的表现形式是判决书。

根据《民事诉讼法》第152条的规定，判决书应当写明判决结果和作出该判决的理由。判决书内容包括：①案由、诉讼请求、争议的事实和理由；②判决认定的事实和理由、适用的法律和理由；③判决结果和诉讼费用的负担；④上诉期间和上诉的法院。

判决书由审判人员、书记员署名，加盖人民法院印章。

根据《民事诉讼法》第153条的规定，人民法院审理案件，其中一部分事实已经清楚，可以就该部分先行判决。

(2)裁定　裁定是人民法院就程序性问题所作出的决定。

根据《民事诉讼法》第154条的规定，裁定适用于下列范围：①不予受理；②对管辖权有异议的；③驳回起诉；④保全和先予执行；⑤准许或者不准许撤诉；⑥中止或者终结诉讼；⑦补正判决书中的笔误；⑧中止或者终结执行；⑨撤销或者不予执行仲裁裁决；⑩不予执行公证机关赋予强制执行效力的债权文书；⑪其他需要裁定解决的事项。

第①～③项裁定，可以上诉。裁定书应当写明裁定结果和作出该裁定的理由。裁定书由审判人员、书记员署名，加盖人民法院印章。口头裁定的，记入笔录。

(3)判决和裁定的效力　根据《民事诉讼法》第155条的规定，最高人民法院的判决、裁定，以及依法不准上诉或者超过上诉期没有上诉的判决、裁定，是发生法律效力的判决、裁定。

(八)简易程序

简易程序是指基层人民法院及其派出法庭审理简单民事案件

适用的程序。简易程序是与第一审普通程序并存的独立程序。简易程序有特定的适用范围,简易程序没有规定的内容要适用普通程序的有关规定。

1. 简易程序的适用范围 根据《民事诉讼法》第157条的规定,简易程序适用于基层人民法院和它派出的法庭审理事实清楚、权利义务关系明确、争议不大的简单的民事案件。

【例】 村民甲欠村民乙5 000元钱并亲笔写有欠条,但是村民甲拒不还钱,于是村民乙起诉村民甲,该案应适用简易程序。

《民事诉讼法》第157条还规定,基层人民法院和它派出的法庭审理上述规定以外的民事案件,当事人双方也可以约定适用简易程序。也就是说,当事人双方同意适用简易程序的,也可以适用简易程序。

2. 简易程序中的起诉 根据《民事诉讼法》第158条的规定,对简单的民事案件,原告可以口头起诉。当事人双方可以同时到基层人民法院或者它派出的法庭,请求解决纠纷。基层人民法院或者它派出的法庭可以当即审理,也可以另定日期审理。

3. 简易程序的审判员 根据《民事诉讼法》第160条的规定,简单的民事案件由审判员一人独任审理。

4. 简易程序的审理期限 根据《民事诉讼法》第161条的规定,人民法院适用简易程序审理案件,应当在立案之日起3个月内审结。

5. 一审终审的案件 根据《民事诉讼法》第162条的规定,基层人民法院和它派出的法庭审理事实清楚、权利义务关系明确、争议不大的简单的民事案件,标的额为各省、自治区、直辖市上年度就业人员年平均工资30%以下的,实行一审终审。但是,标的额超过各省、自治区、直辖市上年度就业人员年平均工资30%的民事案件和当事人约定采用简易程序的案件仍然实行二审终审。

(九)第二审程序

第二审程序是指当事人不服地方各级人民法院生效的第一审判决或裁定,在法定期间内向上一级人民法院提起上诉而引起的诉讼程序。第二审又称上诉审,我国实行两审终审制,二审作出的判决或裁定立即发生法律效力,因此二审程序又称为终审程序。当然,如果当事人不上诉也就不会引发二审程序。

1. 上诉的期限 根据《民事诉讼法》第164条的规定,当事人不服地方人民法院第一审判决的,有权在判决书送达之日起15日内向上一级人民法院提起上诉。当事人不服地方人民法院第一审裁定的,有权在裁定书送达之日起10日内向上一级人民法院提起上诉。

2. 上诉状 根据《民事诉讼法》第165条的规定,上诉应当递交上诉状。上诉状的内容应当包括:当事人的姓名,法人的名称及其法定代表人的姓名或者其他组织的名称及其主要负责人的姓名;原审人民法院名称、案件的编号和案由;上诉的请求和理由。

【范　本】

民事上诉状

上诉人:姓名______　性别____　年龄____

　　住址____________________等

委托代理人:姓名______　性别____　年龄____

　　住址____________________等

被上诉人:姓名______　性别____　年龄____

　　住址____________________等

委托代理人：姓名 ______ 性别 ______ 年龄 ______

住址 ________________________________ 等

上诉人因××一案，不服××人民法院××××年×月×日(××)字第×号判决，现提出上诉。

上诉请求：________________________________

____

____

上诉理由：________________________________

____

____

此致

××人民法院

上诉人：

年　月　日

附：本上诉状副本 ____ 份。

根据《民事诉讼法》第 166 条的规定，上诉状应当通过原审人民法院提出，并按照对方当事人或者代表人的人数提出副本。当事人直接向第二审人民法院上诉的，第二审人民法院应当在 5 日内将上诉状移交原审人民法院。

根据《民事诉讼法》第 167 条的规定，原审人民法院收到上诉状，应当在 5 日内将上诉状副本送达对方当事人，对方当事人在收到之日起 15 日内提出答辩状。人民法院应当在收到答辩状之日起 5 日内将副本送达上诉人。对方当事人不提出答辩状的，不影响人民法院审理。原审人民法院收到上诉状、答辩状，应当在 5 日内连同全部案卷和证据，报送第二审人民法院。

3. 二审审理 根据《民事诉讼法》第168条的规定,第二审人民法院应当对上诉请求的有关事实和适用法律进行审查。

根据《民事诉讼法》第169条的规定,第二审人民法院对上诉案件,应当组成合议庭,开庭审理。经过阅卷、调查和询问当事人,对没有提出新的事实、证据或者理由,合议庭认为不需要开庭审理的,可以不开庭审理。第二审人民法院审理上诉案件,可以在本院进行,也可以到案件发生地或者原审人民法院所在地进行。

根据《民事诉讼法》第172条的规定,第二审人民法院审理上诉案件,可以进行调解。调解达成协议,应当制作调解书,由审判人员、书记员署名,加盖人民法院印章。调解书送达后,原审人民法院的判决即视为撤销。

4. 对二审案件的处理 根据《民事诉讼法》第170条的规定,第二审人民法院对上诉案件,经过审理,按照下列情形,分别处理:

(1)原判决、裁定认定事实清楚,适用法律正确的,以判决、裁定方式驳回上诉,维持原判决、裁定。

(2)原判决、裁定认定事实错误或者适用法律错误的,以判决、裁定方式依法改判、撤销或者变更。

(3)原判决认定基本事实不清的,裁定撤销原判决,发回原审人民法院重审,或者查清事实后改判。

(4)原判决遗漏当事人或者违法缺席判决等严重违反法定程序的,裁定撤销原判决,发回原审人民法院重审。

但是,原审人民法院对发回重审的案件作出判决后,当事人提起上诉的,第二审人民法院不得再次发回重审。

5. 当事人撤回上诉 根据《民事诉讼法》第173条的规定,第二审人民法院判决宣告前,上诉人申请撤回上诉的,是否准许,由第二审人民法院裁定。

6. 二审案件的审理期限 根据《民事诉讼法》第176条的规定,人民法院审理对判决的上诉案件,应当在第二审立案之日起3

个月内审结。有特殊情况需要延长的，由本院院长批准。

《民事诉讼法》第176条还规定，人民法院审理对裁定的上诉案件，应当在第二审立案之日起30日内作出终审裁定。

（十）特别程序

根据《民事诉讼法》第177条的规定，特别程序是人民法院审理选民资格案件、宣告失踪或者宣告死亡案件、认定公民无民事行为能力或者限制民事行为能力案件、认定财产无主案件、确认调解协议案件和实现担保物权案件适用的程序。

1. 特别程序的一般规定　根据《民事诉讼法》第178条的规定，依照特别程序审理的案件，实行一审终审。选民资格案件或者重大、疑难的案件，由审判员组成合议庭审理；其他案件由审判员一人独任审理。

根据《民事诉讼法》第180条的规定，人民法院适用特别程序审理的案件，应当在立案之日起30日内或者公告期满后30日内审结。有特殊情况需要延长的，由本院院长批准。但审理选民资格的案件除外。

2. 选民资格案件　选民资格案件是指公民认为选举委员会对于选民资格的申诉所作的处理决定不符合法律规定时，依法向本选区所在地的基层人民法院提起诉讼的案件。

根据《民事诉讼法》第181条的规定，公民不服选举委员会对选民资格的申诉所作的处理决定，可以在选举日的5日以前向选区所在地基层人民法院起诉。

【例】　某村民是外地嫁到当地的妇女，她认为自己具备在该选区选举的资格，向选举委员会提出申诉。如果该村民不服选举委员会认定她不具有选举资格的处理决定，可以向法院起诉。

3. 宣告失踪、宣告死亡案件　宣告失踪案件是指经利害关系人申请，人民法院依法宣告去向不明、音讯全无，持续达到法定时间的公民失踪。

根据《民事诉讼法》第 183 条的规定，公民下落不明满 2 年，利害关系人申请宣告其失踪的，向下落不明人住所地基层人民法院提出。申请书应当写明失踪的事实、时间和请求，并附有公安机关或者其他有关机关关于该公民下落不明的书面证明。

这里的利害关系人包括被申请宣告失踪人的配偶、父母、子女、兄弟姐妹、祖父母、外祖父母、孙子女、外孙子女等。

宣告死亡案件是指经利害关系人申请，人民法院依法宣告符合法定条件的公民死亡。

根据《民事诉讼法》第 184 条的规定，公民下落不明满 4 年，或者因意外事故下落不明满 2 年，或者因意外事故下落不明，经有关机关证明该公民不可能生存，利害关系人申请宣告其死亡的，向下落不明人住所地基层人民法院提出。申请书应当写明下落不明的事实、时间和请求，并附有公安机关或者其他有关机关关于该公民下落不明的书面证明。

4. 认定公民无民事行为能力、限制民事行为能力案件 认定公民无民事行为能力、限制民事行为能力案件是指公民的近亲属或者其他利害关系人申请人民法院判决该公民为无民事行为能力人或者限制民事行为能力人。

【例】 某村民患精神病，他的妻子申请法院认定他为无民事行为能力人。

根据《民事诉讼法》第 187 条的规定，申请认定公民无民事行为能力或者限制民事行为能力，由其近亲属或者其他利害关系人向该公民住所地基层人民法院提出。

这里的近亲属包括配偶、父母、子女、兄弟姐妹、祖父母、外祖父母、孙子女、外孙子女。其他利害关系人是指与该公民有民事权利义务关系的人，如该公民的债权人。

《民事诉讼法》第 187 条还规定，申请书应当写明该公民无民事行为能力或者限制民事行为能力的事实和根据。

【例】 某村民患精神病，申请认定他为无民事行为能力人要写明他患精神病的事实和依据。

《民事诉讼法》第189条还规定，人民法院经审理认定申请有事实根据的，判决该公民为无民事行为能力或者限制民事行为能力人；认定申请没有事实根据的，应当判决予以驳回。

根据《民事诉讼法》第190条的规定，人民法院根据被认定为无民事行为能力人、限制民事行为能力人或者他的监护人的申请，证实该公民无民事行为能力或者限制民事行为能力的原因已经消除的，应当作出新判决，撤销原判决。

【例】 某村民患精神病，经他的妻子申请，人民法院判决他为无民事行为能力人。后来，该村民治愈了精神病，他可以申请人民法院判决撤销原来认定他为精神病人的判决。

5. 认定财产无主案件 认定财产无主案件是指人民法院根据申请人的申请，判决将没有所有人或者所有人不明的财产收归国家或集体所有。

根据《民事诉讼法》第191条的规定，申请认定财产无主，由公民、法人或者其他组织向财产所在地基层人民法院提出。申请书应当写明财产的种类、数量以及要求认定财产无主的根据。

【例】 某村有一个宅院，宅院的所有人去世后没有继承人继承，该村集体向法院申请该宅院归集体所有。

根据《民事诉讼法》第192条的规定，人民法院受理申请后，经审查核实，应当发出财产认领公告。公告满1年无人认领的，判决认定财产无主，收归国家或者集体所有。

根据《民事诉讼法》第193条的规定，判决认定财产无主后，原财产所有人或者继承人出现，可以请求人民法院作出新判决，撤销原判决。

6. 确认调解协议案件 确认调解协议案件是指经人民调解

委员会调解达成协议的当事人共同申请人民法院确认调解协议的效力。

根据《民事诉讼法》第 194 条的规定，申请确认调解协议，由双方当事人依照人民调解法等法律，自调解协议生效之日起 30 日内，共同向调解委员会所在地基层人民法院提出。

根据《民事诉讼法》第 195 条的规定，人民法院受理申请后，经审查，符合法律规定的，裁定调解协议有效，一方当事人拒绝履行或者未全部履行的，对方当事人可以向人民法院申请执行。不符合法律规定的，裁定驳回申请，当事人可以通过调解方式变更原调解协议或者达成新的调解协议，也可以向人民法院提起诉讼。

7. 实现担保物权案件 实现担保物权案件是指申请人依照物权法等法律，向人民法院申请拍卖、变卖担保物。

【例】 村民甲借给村民乙 50 万元，村民乙用自己的一套商品房设定抵押。后来村民乙没有还钱，村民甲作为抵押权人申请人民法院拍卖该商品房。

根据《民事诉讼法》第 196 条的规定，申请实现担保物权，要向担保财产所在地或者担保物权登记地基层人民法院提出申请。

根据《民事诉讼法》第 197 条的规定，人民法院受理申请后，经审查，符合法律规定的，裁定拍卖、变卖担保财产，当事人依据该裁定可以向人民法院申请执行。不符合法律规定的，裁定驳回申请，当事人可以向人民法院提起诉讼。

(十一)审判监督程序

审判监督程序也称为再审程序，是指人民法院认为已经发生法律效力的判决、裁定、调解书确有错误，对案件再行审理的程序。审判监督程序是纠正错误的程序，不是所有案件审理的必经程序。

1. 人民法院提起的再审 根据《民事诉讼法》第 198 条的规定，各级人民法院院长对本院已经发生法律效力的判决、裁定、调解书，发现确有错误，认为需要再审的，应当提交审判委员会讨论决定是否再审。

《民事诉讼法》第198条还规定，最高人民法院对地方各级人民法院已经发生法律效力的判决、裁定、调解书，上级人民法院对下级人民法院已经发生法律效力的判决、裁定、调解书，发现确有错误的，有权提审或者指令下级人民法院再审。

2. 当事人申请的再审　根据《民事诉讼法》第199条的规定，当事人对已经发生法律效力的判决、裁定，认为有错误的，可以向上一级人民法院申请再审。当事人一方人数众多或者当事人双方为公民的案件，也可以向原审人民法院申请再审。但是，当事人申请再审的，不停止判决、裁定的执行。

当事人申请再审要符合一定的条件，根据《民事诉讼法》第200条的规定，当事人的申请符合下列情形之一的，人民法院应当再审：

(1)有新的证据，足以推翻原判决、裁定的。

(2)原判决、裁定认定的基本事实缺乏证据证明的。

(3)原判决、裁定认定事实的主要证据是伪造的。

(4)原判决、裁定认定事实的主要证据未经质证的。

(5)对审理案件需要的主要证据，当事人因客观原因不能自行收集，书面申请人民法院调查收集，人民法院未调查收集的。

(6)原判决、裁定适用法律确有错误的。

(7)审判组织的组成不合法或者依法应当回避的审判人员没有回避的。

(8)无诉讼行为能力人未经法定代理人代为诉讼或者应当参加诉讼的当事人，因不能归责于本人或者其诉讼代理人的事由，未参加诉讼的。

(9)违反法律规定，剥夺当事人辩论权利的。

(10)未经传票传唤，缺席判决的。

(11)原判决、裁定遗漏或者超出诉讼请求的。

(12)据以作出原判决、裁定的法律文书被撤销或者变更的。

(13)审判人员审理该案件时有贪污受贿,徇私舞弊,枉法裁判行为的。

根据《民事诉讼法》第201条的规定,当事人对已经发生法律效力的调解书,提出证据证明调解违反自愿原则或者调解协议的内容违反法律的,可以申请再审。经人民法院审查属实的,应当再审。

根据《民事诉讼法》第202条的规定,当事人对已经发生法律效力的解除婚姻关系的判决、调解书,不得申请再审。

3. 当事人申请再审的期限 根据《民事诉讼法》第205条的规定,当事人申请再审,应当在判决、裁定发生法律效力后6个月内提出再审申请。在有新的证据,足以推翻原判决、裁定;原判决、裁定认定的基本事实缺乏证据证明;原判决、裁定认定事实的主要证据是伪造的;据以作出原判决、裁定的法律文书被撤销或者变更;审判人员审理该案件时有贪污受贿,徇私舞弊,枉法裁判行为等情形的,自知道或者应当知道之日起6个月内提出再审申请。

4. 当事人申请再审的材料 根据《民事诉讼法》第203条的规定,当事人申请再审的,应当提交再审申请书等材料。人民法院应当自收到再审申请书之日起5日内将再审申请书副本发送对方当事人。对方当事人应当自收到再审申请书副本之日起15日内提交书面意见;不提交书面意见的,不影响人民法院审查。人民法院可以要求申请人和对方当事人补充有关材料,询问有关事项。

5. 当事人申请再审的审查 根据《民事诉讼法》第204条的规定,人民法院应当自收到再审申请书之日起3个月内审查,符合规定的,裁定再审;不符合规定的,裁定驳回申请。有特殊情况需要延长的,由本院院长批准。

6. 再审案件的审理 根据《民事诉讼法》第207条的规定,人民法院按照审判监督程序再审的案件，发生法律效力的判决、裁定是由第一审法院作出的，按照第一审程序审理，所作的判决、裁定，当事人可以上诉。发生法律效力的判决、裁定是由第二审法院作出的，按照第二审程序审理，所作的判决、裁定，是发生法律效力的判决、裁定。上级人民法院按照审判监督程序提审的，按照第二审程序审理，所作的判决、裁定是发生法律效力的判决、裁定。

7. 人民检察院抗诉和提出检察建议

(1)抗诉 通俗地讲，抗诉是指人民检察院不同意人民法院的判决或者裁定。根据《民事诉讼法》第 208 条的规定，最高人民检察院对各级人民法院已经发生法律效力的判决、裁定，上级人民检察院对下级人民法院已经发生法律效力的判决、裁定，发现符合再审条件的，或者发现调解书损害国家利益、社会公共利益的，应当向该人民法院提出抗诉。根据《民事诉讼法》第 211 条的规定，人民检察院提出抗诉的案件，接受抗诉的人民法院应当自收到抗诉书之日起 30 日内作出再审的裁定。

(2)检察建议 根据《民事诉讼法》第 208 条的规定，地方各级人民检察院对同级人民法院已经发生法律效力的判决、裁定，发现符合再审条件的，或者发现调解书损害国家利益、社会公共利益的，可以向同级人民法院提出检察建议，并报上级人民检察院备案。

(3)当事人申请检察建议或者抗诉 根据《民事诉讼法》第 209 条的规定，有下列情形之一的，当事人可以向人民检察院申请检察建议或者抗诉：①人民法院驳回再审申请的；②人民法院逾期未对再审申请作出裁定的；③再审判决、裁定有明显错误的。《民事诉讼法》第 209 条还规定，人民检察院对当事人的申请应当在 3 个月内进行审查，作出提出或者不予提出检察建议或者抗诉的决定。当事人不得再次向人民检察院申请检察建议或者抗诉。

(十二)执行程序

执行是指人民法院依照法定程序,以国家强制力为后盾,迫使义务人履行发生法律效力的法律文书中的义务。

1. 执行程序的一般规定

(1)执行管辖　根据《民事诉讼法》第224条的规定,发生法律效力的民事判决、裁定,以及刑事判决、裁定中的财产部分,由第一审人民法院或者与第一审人民法院同级的被执行的财产所在地人民法院执行。刑事判决、裁定中也会涉及财产的执行。

【例】 村民甲殴打村民乙造成村民乙重伤,人民法院在刑事附带民事诉讼中判决村民甲在承担刑事责任的同时赔偿村民乙医疗费等费用,对这部分财产内容可以申请人民法院执行。

《民事诉讼法》第224条还规定,法律规定由人民法院执行的其他法律文书,由被执行人住所地或者被执行的财产所在地人民法院执行,如仲裁裁决就属于由人民法院执行的其他法律文书。

根据《民事诉讼法》第226条的规定,人民法院自收到申请执行书之日起超过6个月未执行的,申请执行人可以向上一级人民法院申请执行。上一级人民法院经审查,可以责令原人民法院在一定期限内执行,也可以决定由本院执行或者指令其他人民法院执行。

(2)当事人、利害关系人和案外人的异议

①当事人、利害关系人对执行的异议　根据《民事诉讼法》第225条的规定,当事人、利害关系人认为执行行为违反法律规定的,可以向负责执行的人民法院提出书面异议。当事人、利害关系人提出书面异议的,人民法院应当自收到书面异议之日起15日内审查,理由成立的,裁定撤销或者改正;理由不成立的,裁定驳回。当事人、利害关系人对裁定不服的,可以自裁定送达之日起10日内向上一级人民法院申请复议。

【例】 某村民在作为被告的民事案件中败诉，原告申请执行他的财产，被告或者作为利害关系人的被告的配偶以债务已经清偿为由向人民法院提出异议。

②案外人对执行的异议　根据《民事诉讼法》第 227 条的规定，执行过程中，案外人对执行标的提出书面异议的，人民法院应当自收到书面异议之日起 15 日内审查，理由成立的，裁定中止对该标的的执行；理由不成立的，裁定驳回。

【例】 村民甲申请执行村民乙的农用车，但是村民丙声称村民乙使用的农用车属于他所有，向人民法院提出异议。

(3)执行和解　根据《民事诉讼法》第 230 条的规定，在执行中，双方当事人自行和解达成协议的，执行员应当将协议内容记入笔录，由双方当事人签名或者盖章。申请执行人因受欺诈、胁迫与被执行人达成和解协议，或者当事人不履行和解协议的，人民法院可以根据当事人的申请，恢复对原生效法律文书的执行。

(4)执行担保　根据《民事诉讼法》第 231 条的规定，在执行中，被执行人向人民法院提供担保，并经申请执行人同意的，人民法院可以决定暂缓执行及暂缓执行的期限。被执行人逾期仍不履行的，人民法院有权执行被执行人的担保财产或者担保人的财产。

(5)执行承担　执行承担是指在执行程序中出现法定情形，被执行人的义务由其他的公民、法人或组织履行。根据《民事诉讼法》第 232 条的规定，作为被执行人的公民死亡的，以其遗产偿还债务。作为被执行人的法人或者其他组织终止的，由其权利义务承受人履行义务。

(6)执行回转　执行回转是指执行完毕后，将已经被执行的财产返还给被执行人。根据《民事诉讼法》第 233 条的规定，执行完毕后，据以执行的判决、裁定和其他法律文书确有错误，被人民法院撤销的，对已被执行的财产，人民法院应当作出裁定，责令取得财产的人返还；拒不返还的，强制执行。

2. 执行申请

(1)民事判决、裁定、调解书等的执行申请　根据《民事诉讼法》第236条的规定,发生法律效力的民事判决、裁定,当事人必须履行。一方拒绝履行的,对方当事人可以向人民法院申请执行,也可以由审判员移送执行员执行。调解书和其他应当由人民法院执行的法律文书,当事人必须履行。一方拒绝履行的,对方当事人可以向人民法院申请执行。

(2)仲裁裁决的执行申请　根据《民事诉讼法》第237条的规定,对依法设立的仲裁机构的裁决,一方当事人不履行的,对方当事人可以向有管辖权的人民法院申请执行。受申请的人民法院应当执行。

被申请人提出证据证明仲裁裁决有下列情形之一的,经人民法院组成合议庭审查核实,裁定不予执行:①当事人在合同中没有订有仲裁条款或者事后没有达成书面仲裁协议的;②裁决的事项不属于仲裁协议的范围或者仲裁机构无权仲裁的;③仲裁庭的组成或者仲裁的程序违反法定程序的;④裁决所根据的证据是伪造的;⑤对方当事人向仲裁机构隐瞒了足以影响公正裁决的证据的;⑥仲裁员在仲裁该案时有贪污受贿,徇私舞弊,枉法裁决行为的。

人民法院认定执行该裁决违背社会公共利益的,裁定不予执行。

《民事诉讼法》第237条还规定,裁定书应当送达双方当事人和仲裁机构。仲裁裁决被人民法院裁定不予执行的,当事人可以根据双方达成的书面仲裁协议重新申请仲裁,也可以向人民法院起诉。

(3)公证债权文书的执行申请　根据《民事诉讼法》第238条的规定,对公证机关依法赋予强制执行效力的债权文书,一方当事人不履行的,对方当事人可以向有管辖权的人民法院申请执行,受申请的人民法院应当执行。公证债权文书确有错误的,人民法院裁定不予执行,并将裁定书送达双方当事人和公证机关。

(4)申请执行的期间　根据《民事诉讼法》第239条的规定,申请执行的期间为2年。期间从法律文书规定履行期间的最后一日起计算;法律文书规定分期履行的,从规定的每次履行期间的最后一日起计算;法律文书未规定履行期间的,从法律文书生效之日起计算。

3. 执行措施　执行措施是指人民法院依照法定程序执行生效法律文书的方法。

(1)被执行人报告财产情况　根据《民事诉讼法》第241条的规定,被执行人未按执行通知履行法律文书确定的义务,应当报告当前以及收到执行通知之日前1年的财产情况。被执行人拒绝报告或者虚假报告的,人民法院可以根据情节轻重对被执行人或者其法定代理人、有关单位的主要负责人或者直接责任人员予以罚款、拘留。

(2)扣押、冻结、划拨、变价被执行人的财产　根据《民事诉讼法》第242条的规定,被执行人未按执行通知履行法律文书确定的义务,人民法院有权向有关单位查询被执行人的存款、债券、股票、基金份额等财产情况。人民法院有权根据不同情形扣押、冻结、划拨、变价被执行人的财产。人民法院查询、扣押、冻结、划拨、变价的财产不得超出被执行人应当履行义务的范围。人民法院决定扣押、冻结、划拨、变价财产,应当作出裁定,并发出协助执行通知书,有关单位必须办理。

(3)扣留、提取被执行人的收入　根据《民事诉讼法》第243条的规定,被执行人未按执行通知履行法律文书确定的义务,人民法院有权扣留、提取被执行人应当履行义务部分的收入。但应当保留被执行人及其所扶养家属的生活必需费用。人民法院扣留、提取收入时,应当作出裁定,并发出协助执行通知书,被执行人所在单位、银行、信用合作社和其他有储蓄业务的单位必须办理。

(4)查封、扣押、冻结、拍卖、变卖被执行人的财产　根据《民事诉讼法》第244条的规定,被执行人未按执行通知履行法律文书确定的义务,人民法院有权查封、扣押、冻结、拍卖、变卖被执行人应当履行义务部分的财产。但应当保留被执行人及其所扶养家属的生活必需品。

根据《民事诉讼法》第245条的规定,人民法院查封、扣押财产时,被执行人是公民的,应当通知被执行人或者他的成年家属到场。被执行人是法人或者其他组织的,应当通知其法定代表人或者主要负责人到场。拒不到场的,不影响执行。被执行人是公民的,其工作单位或者财产所在地的基层组织应当派人参加。对被查封、扣押的财产,执行员必须造具清单,由在场人签名或者盖章后,交被执行人1份。被执行人是公民的,也可以交他的成年家属1份。

根据《民事诉讼法》第247条的规定,财产被查封、扣押后,执行员应当责令被执行人在指定期间履行法律文书确定的义务。被执行人逾期不履行的,人民法院应当拍卖被查封、扣押的财产。不适于拍卖或者当事人双方同意不进行拍卖的,人民法院可以委托有关单位变卖或者自行变卖。国家禁止自由买卖的物品,交有关单位按照国家规定的价格收购。

(5)搜查被执行人的财产　根据《民事诉讼法》第248条的规定,被执行人不履行法律文书确定的义务,并隐匿财产的,人民法院有权发出搜查令,对被执行人及其住所或者财产隐匿地进行搜查。

(6)强制交付法律文书指定的财物或票证　根据《民事诉讼法》第249条的规定,法律文书指定交付的财物或者票证,由执行员传唤双方当事人当面交付,或者由执行员转交,并由被交付人签收。有关单位持有该项财物或者票证的,应当根据人民法院的协助执行通知书转交，并由被交付人签收。有关公民持有该项财物或者票证的，人民法院通知其交出。拒不交出的，强制执行。

(7)强制迁出房屋或者强制退出土地 根据《民事诉讼法》第250条的规定，强制迁出房屋或者强制退出土地，由院长签发公告，责令被执行人在指定期间履行。被执行人逾期不履行的，由执行员强制执行。

《民事诉讼法》第250条规定，强制执行时，被执行人是公民的，应当通知被执行人或者他的成年家属到场；被执行人是法人或者其他组织的，应当通知其法定代表人或者主要负责人到场。拒不到场的，不影响执行。被执行人是公民的，其工作单位或者房屋、土地所在地的基层组织应当派人参加。执行员应当将强制执行情况记入笔录，由在场人签名或者盖章。

《民事诉讼法》第250条还规定，强制迁出房屋被搬出的财物，由人民法院派人运至指定处所，交给被执行人。被执行人是公民的，也可以交给他的成年家属。因拒绝接收而造成的损失，由被执行人承担。

(8)办理财产权证照转移手续 根据《民事诉讼法》第251条的规定，在执行中，需要办理有关财产权证照转移手续的，人民法院可以向有关单位发出协助执行通知书，有关单位必须办理。人民法院要求办理的证照包括房产证、土地证、山林所有权证、车辆执照等。

(9)强制履行法律文书指定的行为 根据《民事诉讼法》第252条的规定，对判决、裁定和其他法律文书指定的行为，被执行人未按执行通知履行的，人民法院可以强制执行或者委托有关单位或者其他人完成，费用由被执行人承担。

【例】 人民法院判决村民甲向村民乙赔礼道歉，但是村民甲拒绝赔礼道歉，人民法院可以委托报纸以村民甲的名义刊登道歉声明。

4. 执行中止和终结

(1)执行中止　执行中止是指在执行过程中,人民法院基于法定情形暂时停止执行程序,待该情形消除后再恢复执行程序。

根据《民事诉讼法》第256条的规定,有下列情形之一的,人民法院应当裁定中止执行:①申请人表示可以延期执行的;②案外人对执行标的提出确有理由的异议的;③作为一方当事人的公民死亡,需要等待继承人继承权利或者承担义务的;④作为一方当事人的法人或者其他组织终止,尚未确定权利义务承受人的;⑤人民法院认为应当中止执行的其他情形。

(2)执行终结　执行终结是指在执行过程中,由于出现法定情形,执行程序不可能或没有必要继续进行,人民法院结束执行程序。

根据《民事诉讼法》第257条的规定,有下列情形之一的,人民法院裁定终结执行:①申请人撤销申请的;②据以执行的法律文书被撤销的;③作为被执行人的公民死亡,无遗产可供执行,又无义务承担人的;④追索赡养费、扶养费、抚育费案件的权利人死亡的;⑤作为被执行人的公民因生活困难无力偿还借款,无收入来源,又丧失劳动能力的;⑥人民法院认为应当终结执行的其他情形。

四、行政诉讼

行政诉讼就是通常所说的"民告官",是指人民法院基于公民、法人或其他组织的请求,对行政机关具体行政行为的合法性进行审查并作出裁决,解决行政争议的诉讼活动。由于行政诉讼与民事诉讼的许多规定具有相似性,本节依据《中华人民共和国行政诉讼法》(以下简称《行政诉讼法》)重点解释行政诉讼的特殊问题。

(一)受案范围

根据《行政诉讼法》第 2 条的规定,公民、法人或者其他组织认为行政机关和行政机关工作人员的具体行政行为侵犯其合法权益,有权依照该法向人民法院提起诉讼。

具体行政行为是指行政机关行使行政权力,对特定的公民、法人和其他组织作出的单方行为,如对村民的罚款、拘留等处罚。与具体行政行为相对应的是抽象行政行为。抽象行政行为是指行政机关针对不特定的公民、法人和其他组织实施的制定法规、规章和有普遍约束力的决定、命令等行政规则的行为,它的表现形式是行政法律文件。

1. 人民法院受理的具体行政行为　根据《行政诉讼法》第 11 条的规定,人民法院受理公民、法人和其他组织对下列具体行政行为不服提起的诉讼:

(1)对行政机关所作的拘留、罚款、吊销许可证和执照、责令停产停业、没收财物等行政处罚不服的。

(2)对限制人身自由或者对财产的查封、扣押、冻结等行政强制措施不服的。限制人身自由的强制措施主要有:强制扣留、强制治疗、强制戒毒、强制隔离、强制传唤和收容教养等。限制财产的强制措施主要有:查封、扣押、冻结、强行拆除、强制销毁等。

(3)认为行政机关侵犯法律规定的经营自主权的。经营自主权是指企业和其他经济组织享有的依据自己的经营决策自主地使用人力、物力和财力以及自由决定产、供、销等各个环节的权利。

(4)认为符合法定条件申请行政机关颁发许可证和执照,行政机关拒绝颁发或者不予答复的。许可证是指法律、法规、规章规定的应当由主管机关根据公民、法人或者其他组织的请求核发的证书、批准书等,如给村民经营的饭店发放卫生许可证。执照是指公民、法人或者其他组织在申请登记从事经营活动时,主管行政机关依法审核后发给的证件，如给村民的商店发放营业执照。

(5)申请行政机关履行保护人身权、财产权的法定职责，行政机关拒绝履行或不予答复的。

【例】 某村民的人身受到伤害，有权请求公安机关制止这种侵害，如果公安机关拒绝履行保护职责或者沉默拖延，那么该村民可以向人民法院提起行政诉讼。

(6)认为行政机关没有依法发给抚恤金的。

【例】 某村民是烈士的遗属，如果民政机关没有按照规定给她发放抚恤金，她可以提起行政诉讼。

(7)认为行政机关违法要求履行义务的。法律、法规可以为公民、法人和其他组织设定行政法上的义务，如纳税义务、缴费义务、提供劳务的义务等。对这些法定义务，公民、法人和其他组织必须履行。但是，除了这些法定的义务，行政机关不得要求履行额外的义务。被农民所痛恨的乱收费、乱罚款、乱摊派就是典型的行政机关违法要求履行义务。

(8)认为行政机关侵犯其他人身权、财产权的。

【例】 某村民不服知识产权局对专利权权属的裁决，可以提起行政诉讼。

2. 人民法院不受理的事项 根据《行政诉讼法》第12条的规定，人民法院不受理公民、法人或者其他组织对下列事项提起的诉讼：

(1)国防、外交等国家行为。

【例】 村民不能就为保卫领土主权采取的军事行动、与某国断绝外交关系的行为提起行政诉讼。

(2)行政法规、规章或者行政机关制定、发布的具有普遍约束力的决定、命令。

【例】 虽然某村民认为《农药管理条例》的内容有错误，但是不能提起行政诉讼。

(3)行政机关对行政机关工作人员的奖惩、任免等决定。

(4)法律规定由行政机关最终裁决的具体行政行为。

【例】 《行政复议法》第30条规定，根据国务院或者省、自治区、直辖市人民政府对行政区划的勘定、调整或者征用土地的决定，省、自治区、直辖市确认土地、矿藏、水流、森林、山岭、草原、荒地、滩涂、海域等自然资源的所有权或者使用权的行政复议决定为最终裁决。对这种行政复议决定不得提起行政诉讼。

(二)管　辖

1. 级别管辖

(1)基层人民法院管辖的行政案件　根据《行政诉讼法》第13条的规定，基层人民法院管辖第一审行政案件。

(2)中级人民法院管辖的行政案件　根据《行政诉讼法》第14条的规定，中级人民法院管辖下列第一审行政案件：①确认发明专利权的案件、海关处理的案件；②对国务院各部门或者省、自治区、直辖市人民政府所作的具体行政行为提起诉讼的案件；③本辖区内重大、复杂的案件。

(3)高级人民法院管辖的行政案件　根据《行政诉讼法》第15条的规定，高级人民法院管辖本辖区内重大、复杂的第一审行政案件。

(4)最高人民法院管辖的行政案件　根据《行政诉讼法》第16条的规定，最高人民法院管辖全国范围内重大、复杂的第一审行政案件。

2. 地域管辖　根据《行政诉讼法》第17条的规定，行政案件由最初作出具体行政行为的行政机关所在地人民法院管辖。经复议的案件，复议机关改变原具体行政行为的，也可以由复议机关所在地人民法院管辖。

根据《行政诉讼法》第18条的规定，对限制人身自由的行政强制措施不服提起的诉讼，由被告所在地或者原告所在地人民法院管辖。

根据《行政诉讼法》第 19 条的规定，因不动产提起的行政诉讼，由不动产所在地人民法院管辖。

此外，根据《行政诉讼法》的规定，行政诉讼也有选择管辖、移送管辖和指定管辖。

（三）诉讼参加人

根据《行政诉讼法》的规定，行政诉讼的参加人包括当事人和诉讼代理人。当事人包括原告、被告、第三人、共同诉讼人等。与民事诉讼相比较，行政诉讼的被告具有特殊性。

根据《行政诉讼法》第 25 条的规定，行政诉讼的被告包括以下几种类型：

(1)公民、法人或者其他组织直接向人民法院提起诉讼的，作出具体行政行为的行政机关是被告。

【例】 县工商行政管理局对村民作出罚款处罚，村民不服可以直接以工商行政管理局为被告提起诉讼。

(2)经复议的案件，复议机关决定维持原具体行政行为的，作出原具体行政行为的行政机关是被告；复议机关改变原具体行政行为的，复议机关是被告。

【例】 县工商行政管理局对村民作出罚款处罚，村民不服向市工商行政管理局申请复议。如果市工商行政管理局决定维持罚款处罚，那么县工商行政管理局是被告；如果市工商行政管理局改变罚款处罚，那么市工商行政管理局是被告。

(3)两个以上行政机关作出同一具体行政行为的，共同作出具体行政行为的行政机关是共同被告。

【例】 工商行政管理局和卫生局联合执法，共同对村民作出罚款处罚，村民不服提起行政诉讼，工商行政管理局和卫生局是共同被告。

(4)由法律、法规授权的组织所作的具体行政行为,该组织是被告。由行政机关委托的组织所作的具体行政行为,委托的行政机关是被告。

【例】《植物检疫条例》授权县级以上各级农业、林业行政部门所属的检疫机构负责执行国家的植物检疫工作,村民不服检疫部门的处理要以检疫部门为被告提起行政诉讼。

【例】 税务局委托某农民专业合作社以该税务局的名义依法征收税款,该农民专业合作社就是受委托的组织,村民不服专业合作社的税收决定,要以税务局为被告提起行政诉讼。

(5)行政机关被撤销的,继续行使其职权的行政机关是被告。

【例】 国家林业部被撤销,改设国家林业局,对国家林业部原来作出的具体行政行为提起诉讼,现在要以继续行使其职权的国家林业局为被告。

(四)证　据

根据《行政诉讼法》的规定,行政诉讼证据包括书证、物证、视听资料、证人证言、当事人的陈述、鉴定结论、勘验笔录、现场笔录。人民法院有权要求当事人提供或者补充证据,有权向有关行政机关以及其他组织、公民调取证据。诉讼参加人可以向人民法院申请保全证据,人民法院也可以主动采取保全措施。行政诉讼的举证责任和被告收集证据具有特殊性。

1. 行政诉讼的举证责任　举证责任是指法律规定由谁承担提供证据证明案件事实的责任。如果法律规定应当举证的一方当事人拿不出证据时,他就要承担败诉的风险或者对他不利的后果。

根据《行政诉讼法》第32条的规定,被告对作出的具体行政行为负有举证责任,应当提供作出该具体行政行为的证据和所依据的规范性文件。

【例】 某县公安局对某村民处以拘留的行政处罚，在行政诉讼中要提供村民违法的证据和处以拘留的法律依据。

法律之所以这样规定，是因为公民、法人和其他组织处于被管理的地位，无论是知识水平、专业水准还是人力物力都不及行政机关，让他们证明行政机关的错误存在困难。法律规定行政机关负有举证责任，这意味着行政机关如果要赢官司，就要拿出证据证明它作出的行政行为是正确的，这样就加大了它败诉的风险，有利于保护公民、法人和其他组织的合法权益。

2. 被告收集证据的限制 根据《行政诉讼法》第33条的规定，在诉讼过程中，被告不得自行向原告和证人收集证据。也就是说，作为被告的行政机关不得直接向作为原告的公民、法人或者其他组织收集证据，也不得直接向证人收集证据。法律这样规定的目的是避免行政机关利用自己的职权对原告和证人施加压力，影响案件结果的公正性。

(五)起诉和受理

1. 起诉 认为合法权益受到侵犯的当事人可以选择先行行政复议或者直接提起行政诉讼。根据《行政诉讼法》第37条的规定，对属于人民法院受案范围的行政案件，公民、法人或者其他组织可以先向上一级行政机关或者法律、法规规定的行政机关申请复议，对复议不服的，再向人民法院提起诉讼；也可以直接向人民法院提起诉讼。

根据《行政诉讼法》第38条的规定，申请人不服复议决定的，可以在收到复议决定书之日起15日内向人民法院提起诉讼。复议机关逾期不作决定的，申请人可以在复议期满之日起15日内向人民法院提起诉讼。

根据《行政诉讼法》第39条的规定，公民、法人或者其他组织直接向人民法院提起诉讼的，应当在知道作出具体行政行为之日起3个月内提出。

2. 受理 根据《行政诉讼法》第42条的规定，人民法院接到起诉状，经审查，应当在7日内立案或者作出裁定不予受理。原告对裁定不服的，可以提起上诉。

(六)第一审程序

1. 审理前准备 根据《行政诉讼法》第43条的规定，人民法院应当在立案之日起5日内，将起诉状副本发送被告。被告应当在收到起诉状副本之日起10日内向人民法院提交作出具体行政行为的有关材料，并提出答辩状。人民法院应当在收到答辩状之日起5日内，将答辩状副本发送原告。被告不提出答辩状的，不影响人民法院审理。

2. 具体行政行为的执行 根据《行政诉讼法》第44条的规定，诉讼期间，不停止具体行政行为的执行。但有下列情形之一的，停止具体行政行为的执行：

(1)被告认为需要停止执行的。

(2)原告申请停止执行，人民法院认为该具体行政行为的执行会造成难以弥补的损失，并且停止执行不损害社会公共利益，裁定停止执行的。

(3)法律、法规规定停止执行的。

3. 行政诉讼不适用调解 根据《行政诉讼法》第50条的规定，人民法院审理行政案件，不适用调解。也就是说，人民法院审理行政案件，只能依法作出裁判。原因在于，行政诉讼的被告是行政机关，行政机关是代表国家行使行政管理职权的机构，这种职权是通过法定程序赋予的，行政机关只能依法行使该职权而不能放弃。行政机关依职权作出具体行政行为不存在讨价还价的余地。

4. 行政诉讼的判决 根据《行政诉讼法》第54条的规定，人民法院经过审理，根据不同情况，分别作出以下判决：

(1)具体行政行为证据确凿,适用法律、法规正确,符合法定程序的,判决维持。

(2)具体行政行为有下列情形之一的,判决撤销或者部分撤销,并可以判决被告重新作出具体行政行为:

①主要证据不足的。

【例】 税务机关在没有证据证明村民偷税的情况下对村民进行处罚。

②适用法律、法规错误的。

【例】 质监局依据《产品质量法》对村民就农产品质量问题作出处罚,因为农产品不适用《产品质量法》,该处罚属于适用法律错误。

③违反法定程序的。

【例】 人民警察在对村民进行治安管理处罚时,没有将询问笔录交村民核对,也没有让村民签名或者盖章,就据以作出处罚决定。

④超越职权的。

【例】 公安派出所以违反《治安管理处罚法》为由对村民处以1 000元的罚款,根据该法的规定公安派出所只能处以500元以下的罚款,该处罚属于超越职权。

⑤滥用职权的。

【例】 某县公安局对本应处以警告处罚的村民处以行政拘留的治安管理处罚。

(3)被告不履行或者拖延履行法定职责的,判决其在一定期限内履行。

【例】 工商行政管理局故意拖延,不给村民办理饭店的营业执照,可以判决其在一定期限内发给营业执照。

(4)行政处罚显失公正的,可以判决变更。

【真实案例】

2001年7月2日，原告张××之弟张××因乡政府的引水胶管漏水将其玉米地淹了，将引水管拔掉，被刘××、石××发现并告之被告××乡政府工作人员。乡政府工作人员喇×××、李××、陈×、××乡××村文书刘××及附近村民20多人前往现场查看，要求张××将胶管接好，张××不从。喇×××、陈×叫张××到乡政府去把事情说清楚，喇×××将张××的右手拉住，陈×扭住张××的左手，致使张××倒地。原告张××劳动回来看见后，就用手中的锄头将陈×打伤后逃离。陈×当晚被送至××中心医院治疗。2001年7月2日，被告××乡政府白××、喇×××、梁××、阿×××及村干部李××、刘××、石××到原告张××家。原告张××外逃，遂要求原告张××之妻刘××暂交10 000.00元人民币供陈×住院治疗，刘××不同意。被告××乡政府白××、喇×××、梁××、阿×××及村干部李××、刘××、石××经研究联名将原告张××的房屋进行查封。原告张××不服××乡政府2001年7月2日对其房屋进行查封的具体行政行为，向法院提起诉讼。

法院认为，被告××乡政府将原告张××的房屋进行查封，是违法行为。原告张××的房屋被查封达67天，给原告张××的生产、生活造成损失，被告应对原告家人刘××等5人生活、住宿、误工进行赔偿，每人每天5元，计1 675元。刘××误工费，每天20元，计1 340元，诉讼支出车船费120元。根据《中华人民共和国行政诉讼法》第五十四条第二项、第六十八条第一款之规定，判决如下：

一、被告××乡政府查封原告房屋是违法行为。

二、被告××乡政府自判决生效之日起10日内向原告支付损失费3 135元。

三、驳回原告的其他诉讼请求。

依法受理案件受理费500元,其他诉讼费300元,由被告承担500元,由原告承担300元。

(案例来源:北大法律信息网)

根据《行政诉讼法》第55条的规定,人民法院判决被告重新作出具体行政行为的,被告不得以同一事实和理由作出与原具体行政行为基本相同的具体行政行为。

5. 第一审程序的期限 根据《行政诉讼法》第57条的规定,人民法院应当在立案之日起3个月内作出第一审判决。有特殊情况需要延长的,由高级人民法院批准;高级人民法院审理第一审案件需要延长的,由最高人民法院批准。

(七)第二审程序

1. 上诉 根据《行政诉讼法》第58条的规定,当事人不服人民法院第一审判决的,有权在判决书送达之日起15日内向上一级人民法院提起上诉。当事人不服人民法院第一审裁定的,有权在裁定书送达之日起10日内向上一级人民法院提起上诉。逾期不提起上诉的,人民法院的第一审判决或者裁定发生法律效力。

2. 审理 根据《行政诉讼法》第59条的规定,人民法院对上诉案件,认为事实清楚的,可以实行书面审理。

3. 判决 根据《行政诉讼法》第60条的规定,人民法院审理上诉案件,应当在收到上诉状之日起2个月内作出终审判决。有特殊情况需要延长的,由高级人民法院批准;高级人民法院审理上诉案件需要延长的,由最高人民法院批准。

根据《行政诉讼法》第61条的规定,人民法院审理上诉案件,按照下列情形,分别处理:

(1)原判决认定事实清楚,适用法律、法规正确的,判决驳回上诉，维持原判。

(2)原判决认定事实清楚，但适用法律、法规错误的，依法改判。

(3)原判决认定事实不清，证据不足，或者由于违反法定程序可能影响案件正确判决的，裁定撤销原判，发回原审人民法院重审，也可以查清事实后改判。当事人对重审案件的判决、裁定，可以上诉。

(八)审判监督程序

1. 当事人申诉　根据《行政诉讼法》第62条的规定，当事人对已经发生法律效力的判决、裁定，认为确有错误的，可以向原审人民法院或者上一级人民法院提出申诉，但判决、裁定不停止执行。

2. 人民法院提起再审　根据《行政诉讼法》第63条的规定，人民法院院长对本院已经发生法律效力的判决、裁定，发现违反法律、法规规定认为需要再审的，应当提交审判委员会决定是否再审。上级人民法院对下级人民法院已经发生法律效力的判决、裁定，发现违反法律、法规规定的，有权提审或者指令下级人民法院再审。

3. 人民检察院抗诉　根据《行政诉讼法》第64条的规定，人民检察院对人民法院已经发生法律效力的判决、裁定，发现违反法律、法规规定的，有权按照审判监督程序提出抗诉。

(九)执行程序

根据《行政诉讼法》第65条的规定，当事人必须履行人民法院发生法律效力的判决、裁定。

公民、法人或者其他组织拒绝履行判决、裁定的，行政机关可以向第一审人民法院申请强制执行，或者依法强制执行。

行政机关拒绝履行判决、裁定的，第一审人民法院可以采取以下措施：

(1)对应当归还的罚款或者应当给付的赔偿金，通知银行从该行政机关的账户内划拨。

(2)在规定期限内不履行的，从期满之日起，对该行政机关按日处 50～100 元的罚款。

(3)向该行政机关的上一级行政机关或者监察、人事机关提出司法建议。接受司法建议的机关，根据有关规定进行处理，并将处理情况告知人民法院。

(4)拒不履行判决、裁定，情节严重构成犯罪的，依法追究主管人员和直接责任人员的刑事责任。

五、信 访

根据国务院《信访条例》第 2 条的规定，信访是指公民、法人或者其他组织采用书信、电子邮件、传真、电话、走访等形式，向各级人民政府、县级以上人民政府工作部门反映情况，提出建议、意见或者投诉请求，依法由有关行政机关处理的活动。

(一)信访机构及信访工作要求

1. 信访机构 根据《信访条例》第 6 条的规定，县级以上人民政府应当设立信访工作机构。县级以上人民政府工作部门及乡、镇人民政府应当按照有利工作、方便信访人的原则，确定负责信访工作的机构或者人员，具体负责信访工作。

县级以上人民政府信访工作机构是本级人民政府负责信访工作的行政机构，履行下列职责：

(1)受理、交办、转送信访人提出的信访事项。

(2)承办上级和本级人民政府交由处理的信访事项。

(3)协调处理重要信访事项。

(4)督促检查信访事项的处理。

(5)研究、分析信访情况，开展调查研究，及时向本级人民政府提出完善政策和改进工作的建议。

(6)对本级人民政府其他工作部门和下级人民政府信访工作机构的信访工作进行指导。

根据《信访条例》第15条的规定，信访人对各级人民代表大会以及县级以上各级人民代表大会常务委员会、人民法院、人民检察院职权范围内的信访事项，应当分别向有关的人民代表大会及其常务委员会、人民法院、人民检察院提出。由此可见，各级人民代表大会以及县级以上各级人民代表大会常务委员会、人民法院、人民检察院在各自的职权范围内也设有相应的信访机构。

2. 信访工作要求　根据《信访条例》第3条的规定，各级人民政府、县级以上人民政府工作部门应当做好信访工作，认真处理来信、接待来访，倾听人民群众的意见、建议和要求，接受人民群众的监督，努力为人民群众服务。各级人民政府、县级以上人民政府工作部门应当畅通信访渠道，为信访人采用规定的形式反映情况，提出建议、意见或者投诉请求提供便利条件。任何组织和个人不得打击报复信访人。

根据《信访条例》第4条的规定，信访工作应当在各级人民政府领导下，坚持属地管理、分级负责，谁主管、谁负责，依法、及时、就地解决问题与疏导教育相结合的原则。

根据《信访条例》第5条的规定，各级人民政府、县级以上人民政府工作部门应当科学、民主决策，依法履行职责，从源头上预防导致信访事项的矛盾和纠纷。县级以上人民政府应当建立统一领导、部门协调、统筹兼顾、标本兼治、各负其责、齐抓共管的信访工作格局，通过联席会议、建立排查调处机制、建立信访督查工作制度等方式，及时化解矛盾和纠纷。各级人民政府、县级以上人民政府各工作部门的负责人应当阅批重要来信、接待重要来访、听取信访工作汇报，研究解决信访工作中的突出问题。

根据《信访条例》第 7 条的规定，各级人民政府应当建立健全信访工作责任制，对信访工作中的失职、渎职行为，严格依照有关法律、行政法规和本条例的规定，追究有关责任人的责任，并在一定范围内予以通报。各级人民政府应当将信访工作绩效纳入公务员考核体系。

根据《信访条例》第 8 条的规定，信访人反映的情况，提出的建议、意见，对国民经济和社会发展或者对改进国家机关工作以及保护社会公共利益有贡献的，由有关行政机关或者单位给予奖励。对在信访工作中做出优异成绩的单位或者个人，由有关行政机关给予奖励。

根据《信访条例》第 13 条的规定，设区的市、县两级人民政府可以根据信访工作的实际需要，建立政府主导、社会参与、有利于迅速解决纠纷的工作机制。信访工作机构应当组织相关社会团体、法律援助机构、相关专业人员、社会志愿者等共同参与，运用咨询、教育、协商、调解、听证等方法，依法、及时、合理处理信访人的投诉请求。

（二）信访渠道

信访渠道是指信访人反映情况，提出建议、意见或者投诉请求的途径。《信访条例》规定的信访渠道建设主要包括：

1. 相关事项公开 根据《信访条例》第 9 条的规定，各级人民政府、县级以上人民政府工作部门应当向社会公布信访工作机构的通信地址、电子信箱、投诉电话、信访接待的时间和地点、查询信访事项处理进展及结果的方式等相关事项。各级人民政府、县级以上人民政府工作部门应当在其信访接待场所或者网站公布与信访工作有关的法律、法规、规章，信访事项的处理程序，以及其他为信访人提供便利的相关事项。

2. 信访接待日制度 根据《信访条例》第 10 条的规定，设区的市级、县级人民政府及其工作部门，乡、镇人民政府应当建立行政机关负责人信访接待日制度，由行政机关负责人协调处理信访事项。信访人可以在公布的接待日和接待地点向有关行政机关负责人当面反映信访事项。县级以上人民政府及其工作部门负责人或者其指定的人员，可以就信访人反映突出的问题到信访人居住地与信访人面谈沟通。

（三）信访事项的提出

1. 信访事项 根据《信访条例》第 14 条的规定，信访人对下列组织、人员的职务行为反映情况，提出建议、意见，或者不服下列组织、人员的职务行为，可以向有关行政机关提出信访事项：

（1）行政机关及其工作人员。即各级人民政府、县级以上人民政府的工作部门及其工作人员。

（2）法律、法规授权的具有管理公共事务职能的组织及其工作人员。农产品检测机构、市政管理处等是法律、法规授权的具有管理公共事务职能的组织。

（3）提供公共服务的企业、事业单位及其工作人员。向社会提供公共服务的事业单位包括报社、公立医院、公立各级各类学校、科研院所等。向社会提供公共服务的企业包括自来水公司、煤气天然气公司、电力公司、热力公司、邮政局等。

（4）社会团体或者其他企业、事业单位中由国家行政机关任命、派出的人员。中国贸易促进会、中国残疾人联合会、消费者权益保护协会等社会团体中由行政机关任命的负责人或者监察机关派出的监察人员属于社会团体中由国家行政机关任命、派出的人员。国有控股企业中由国资委或地方国资委任命的董事长等高管或监事会组成人员等属于企业中由国家行政机关任命、派出的人员。科研院所中由监察机关派出的监察人员属于事业单位中由国家行政机关任命、派出的人员。

(5)村民委员会、居民委员会及其成员。村民委员会是村民自我管理、自我教育、自我服务的基层群众性自治组织,是和农民联系最密切的基层组织。

2. 提出信访事项的方式

(1)提出信访事项的一般方式　根据《信访条例》第17条的规定,信访人提出信访事项,一般应当采用书信、电子邮件、传真等书面形式。信访人提出投诉请求的,还应当载明信访人的姓名(名称)、住址和请求、事实、理由。有关机关对采用口头形式提出的投诉请求,应当记录信访人的姓名(名称)、住址和请求、事实、理由。

(2)采用走访形式提出信访事项　根据《信访条例》第18条的规定,信访人采用走访形式提出信访事项的,应当到有关机关设立或者指定的接待场所提出。多人采用走访形式提出共同的信访事项的,应当推选代表,代表人数不得超过5人。

根据《信访条例》第16条的规定,信访人采用走访形式提出信访事项,应当向依法有权处理的本级或者上一级机关提出。信访事项已经受理或者正在办理的,信访人在规定期限内向受理、办理机关的上级机关再提出同一信访事项的,该上级机关不予受理。

【例】 某村民就土地征收向县级信访机关提出了信访事项,在县级信访机关办理信访事项时,该村民不得向市级信访机关就同一事项提出信访。

3. 信访人的义务　根据《信访条例》第19条的规定,信访人提出信访事项,应当客观真实,对其所提供材料内容的真实性负责,不得捏造、歪曲事实,不得诬告、陷害他人。

根据《信访条例》第20条的规定,信访人在信访过程中应当遵守法律、法规,不得损害国家、社会、集体的利益和其他公民的合法权利,自觉维护社会公共秩序和信访秩序,不得有下列行为:

（1）在国家机关办公场所周围、公共场所非法聚集，围堵、冲击国家机关，拦截公务车辆，或者堵塞、阻断交通。

（2）携带危险物品、管制器具。

【例】 某村民携带炸药或者匕首去信访，这种行为是被禁止的。

（3）侮辱、殴打、威胁国家机关工作人员，或者非法限制他人人身自由。

【例】 某村民在信访机关情绪失控，劫持了接访的工作人员，这种行为是被禁止的。

（4）在信访接待场所滞留、滋事，或者将生活不能自理的人弃留在信访接待场所。

【例】 某村民在信访接待场所起哄闹事，损毁信访接待场所的办公用具，这种行为是被禁止的。

（5）煽动、串联、胁迫、以财物诱使、幕后操纵他人信访或者以信访为名借机敛财。煽动他人信访是指以提供虚假信息或者其他方式，组织、鼓动其他人参与信访，借机制造事端。串联他人信访是指联络、组织他人参与信访，以便制造声势，向政府和其他国家机关施加压力。胁迫他人信访是指通过言语、行为等方式或者采取暴力等不正当手段，威胁强迫他人信访。以财物诱使他人信访是指通过向他人提供或者允诺提供钱财或者物品等方式，引诱他人进行信访。幕后操纵他人信访是指为达到个人非法目的，在背后策划、操纵、指使他人信访。以信访名义借机敛财是指通过向他人许诺自己可以通过信访帮助别人解决问题为借口，向他人收取金钱、财物等。

（6）扰乱公共秩序、妨害国家和公共安全的其他行为。

（四）信访事项的受理

1. 县级以上人民政府信访机构对信访事项的受理　根据《信

访条例》第21条的规定，县级以上人民政府信访工作机构收到信访事项，应当予以登记，并区分情况，在15日内分别按下列方式处理：

(1)对应由其他机关处理的信访事项，应当告知信访人分别向有关的人民代表大会及其常务委员会、人民法院、人民检察院提出。对已经或者依法应当通过诉讼、仲裁、行政复议等法定途径解决的，不予受理，但应当告知信访人依照有关法律、行政法规规定程序向有关机关提出。

(2)对依照法定职责属于本级人民政府或者其工作部门处理决定的信访事项，应当转送有权处理的行政机关。情况重大、紧急的，应当及时提出建议，报请本级人民政府决定。

(3)信访事项涉及下级行政机关或者其工作人员的，按照"属地管理、分级负责，谁主管、谁负责"的原则，直接转送有权处理的行政机关，并抄送下一级人民政府信访工作机构。县级以上人民政府信访工作机构要定期向下一级人民政府信访工作机构通报转送情况，下级人民政府信访工作机构要定期向上一级人民政府信访工作机构报告转送信访事项的办理情况。

【例】 某村民向市级信访机关就县级土地部门的工作提出信访，市级信访机关应直接将信访事项转送县级土地部门，并抄送该县级人民政府信访机关。

(4)对转送信访事项中的重要情况需要反馈办理结果的，可以直接交由有权处理的行政机关办理，要求其在指定办理期限内反馈结果，提交办结报告。有关行政机关应当自收到转送、交办的信访事项之日起15日内决定是否受理并书面告知信访人，并按要求通报信访工作机构。

2. 县级以上人民政府信访机构以外的行政机关对信访事项的受理

(1)行政机关受理信访事项的一般规定　根据《信访条例》第

22条的规定，信访人直接向各级人民政府信访工作机构以外的行政机关提出的信访事项，有关行政机关应当予以登记；对符合规定并属于本机关法定职权范围的信访事项，应当受理，不得推诿、敷衍、拖延。对不属于本机关职权范围的信访事项，应当告知信访人向有权的机关提出。有关行政机关收到信访事项后，能够当场答复是否受理的，应当当场书面答复；不能当场答复的，应当自收到信访事项之日起15日内书面告知信访人。但是，信访人的姓名（名称）、住址不清的除外。有关行政机关应当相互通报信访事项的受理情况。

（2）行政机关及其工作人员的义务　根据《信访条例》第23条的规定，行政机关及其工作人员不得将信访人的检举、揭发材料及有关情况透露或者转给被检举、被揭发的人员或者单位。

（3）涉及两个或者两个以上行政机关信访事项的受理　根据《信访条例》第24条的规定，涉及两个或者两个以上行政机关的信访事项，由所涉及的行政机关协商受理。受理有争议的，由其共同的上一级行政机关决定受理机关。

【例】 某村民的信访事项涉及土地管理部门和环境保护部门，如果受理有争议，应由管理两个机关的人民政府决定哪一个机关受理信访。

（4）行政机关分立、合并、撤销时信访事项的受理　根据《信访条例》第25条的规定，应当对信访事项作出处理的行政机关分立、合并、撤销的，由继续行使其职权的行政机关受理。职责不清的，由本级人民政府或者其指定的机关受理。

3. 对重大、紧急信访事项的处理　根据《信访条例》第26条的规定，公民、法人或者其他组织发现可能造成社会影响的重大、紧急信访事项和信访信息时，可以就近向有关行政机关报告。地方各级人民政府接到报告后，应当立即报告上一级人民政府，必要时，通报有关主管部门。县级以上地方人民政府有关部门接到报告后，应当立即报告本级人民政府和上一级主管部门，必要时，通报有关主管部门。国务院有关部门接到报告后，应当立即报告国务院，必要时，通报有关主管部门。行政机关对重大、紧急信访事项和信访信息不得隐瞒、谎报、缓报，或者授意他人隐瞒、谎报、缓报。

根据《信访条例》第 27 条的规定，对于可能造成社会影响的重大、紧急信访事项和信访信息，有关行政机关应当在职责范围内依法及时采取措施，防止不良影响的产生、扩大。

(五)信访事项的办理和督办

1. 信访事项办理程序

(1)办理信访事项的回避　根据《信访条例》第 30 条的规定，行政机关工作人员与信访事项或者信访人有直接利害关系的，应当回避。

【例】　某村民提出信访，办理信访事项的工作人员是他的侄子，该工作人员应当回避。

(2)办理信访事项的调查和听证　根据《信访条例》第 31 条的规定，对信访事项有权处理的行政机关办理信访事项，应当听取信访人陈述事实和理由。必要时可以要求信访人、有关组织和人员说明情况。需要进一步核实有关情况的，可以向其他组织和人员调查。

根据《信访条例》第 31 条的规定，对重大、复杂、疑难的信访事项，可以举行听证。听证应当公开举行，通过质询、辩论、评议、合议等方式，查明事实，分清责任。

2. 信访事项办理结果　根据《信访条例》第 32 条的规定，对信访事项有权处理的行政机关经调查核实，应当依照有关法律、法规、规章及其他有关规定，分别作出以下处理，并书面答复信访人：

(1)请求事实清楚，符合法律、法规、规章或者其他有关规定的，予以支持。

(2)请求事由合理但缺乏法律依据的，应当对信访人做好解释工作。

(3)请求缺乏事实根据或者不符合法律、法规、规章或者其他有关规定的，不予支持。

根据《信访条例》第33条的规定，信访事项应当自受理之日起60日内办结。情况复杂的，经本行政机关负责人批准，可以适当延长办理期限，但延长期限不得超过30日，并告知信访人延期理由。

3. 信访事项办理的复查和复核

(1)信访事项办理的复查　根据《信访条例》第34条的规定，信访人对行政机关作出的信访事项处理意见不服的，可以自收到书面答复之日起30日内请求原办理行政机关的上一级行政机关复查。收到复查请求的行政机关应当自收到复查请求之日起30日内提出复查意见，并予以书面答复。

【例】 某村民不服某县土地管理部门对信访事项的处理，可以向市级的土地管理部门申请复查。

(2)信访事项办理的复核　根据《信访条例》第35条的规定，信访人对复查意见不服的，可以自收到书面答复之日起30日内向复查机关的上一级行政机关请求复核。收到复核请求的行政机关应当自收到复核请求之日起30日内提出复核意见。

《信访条例》第35条还规定，信访人对复核意见不服，仍然以同一事实和理由提出投诉请求的，各级人民政府信访工作机构和其他行政机关不再受理。

4. 信访事项的督办　根据《信访条例》第36条的规定，县级以上人民政府信访工作机构发现有关行政机关有下列情形之一的，应当及时督办，并提出改进建议：

(1)无正当理由未按规定的办理期限办结信访事项的。

(2)未按规定反馈信访事项办理结果的。

(3)未按规定程序办理信访事项的。

(4)办理信访事项推诿、敷衍、拖延的。

(5)不执行信访处理意见的。

(6)其他需要督办的情形。

收到改进建议的行政机关应当在 30 日内书面反馈情况。未采纳改进建议的,应当说明理由。

索　　引